高等学校教育类专业精品系列教材

编　委　会

JIAOYU PINGJIA

高等学校教育类专业精品系列教材

教育评价

吴宏超◎主编

广东高等教育出版社
Guangdong Higher Education Press
·广州·

图书在版编目（CIP）数据

教育评价/吴宏超主编．—广州：广东高等教育出版社，2023.7
（高等学校教育类专业精品系列教材）
ISBN 978－7－5361－7417－7

Ⅰ.①教…　Ⅱ.①吴…　Ⅲ.①教育评估－高等学校－教材　Ⅳ.①G449.7

中国版本图书馆 CIP 数据核字（2022）第 247591 号

出版发行	广东高等教育出版社 地址：广州市天河区林和西横路 邮政编码：510500　电话：（020）87553335 http://www.gdgjs.com.cn
印　　刷	东莞市翔盈印务有限公司
开　　本	787 毫米×1 092 毫米　1/16
印　　张	19.25
字　　数	422 千
版　　次	2023 年 7 月第 1 版
印　　次	2023 年 7 月第 1 次印刷
定　　价	49.00 元

前　　言

教育评价事关教育发展方向。2020年《深化新时代教育评价改革总体方案》由中共中央、国务院印发，这是中华人民共和国成立后第一个关于教育评价系统性改革的文件，对于全面贯彻党的教育方针，完善立德树人体制机制，引导全党全社会树立科学的教育发展观、人才成长观、选人用人观具有重大意义。深化教育评价改革，必将有利于推动构建服务全民终身学习的教育体系，培养担当民族复兴大任的时代新人，培养德智体美劳全面发展的社会主义建设者和接班人，加快推进教育现代化，建设教育强国，办好人民满意的教育。

在教育发展的新时代，学习教育评价最新研究成果、掌握教育评价相关方法成为教育界一项重要任务。本书以高等院校师生、各级教育管理者和教育科研人员为主要读者对象。本书的撰写目的在于为基本形成富有时代特征、彰显中国特色、体现世界水平的教育评价体系做出努力和探索。

本书在编写过程中力求体现以下几个特点：

第一，吸纳了最新关于教育评价改革的政策精神。如《深化新时代教育评价改革总体方案》《关于深化教育教学改革全面提高义务教育质量的意见》《关于新时代推进普通高中育人方式改革的指导意见》《国家义务教育质量监测方案（2021年修订版）》《〈对省级人民政府履行教育职责的评价办法〉实施细则》等一系列国家最新教育评价改革政策。

第二，把政府教育评价作为重要的内容。本书的第五章“政府履行教育职责评价”，从教育评价专业角度重新认识政府履行教育职责评价的含义，有助于读者了解政府履行教育职责评价的发展情况，对政府履行教育职责评价的内容及过程有一个总体认识。

第三，介绍了国内外重要教育评价的实践。国内以上海市、苏州市为代表，了解我国开展教育质量监测与评价的意义、现状和趋势；国外总结美国、英国、日本、法国等国家教育评价的特点。通过国内外教育评价改革的对比，提出一些对我国教育评价改革的政策建议。

“路漫漫其修远兮，吾将上下而求索。”书稿的完成是众多人共同努力的结果，华南师范大学教育科学学院研究生叶培、周雅婷、余佳慧、郑妍静、徐晶、杨科等人具体参与国内外相关资料的搜集和书稿校对工作。在编写过程中，我们发挥了集体智慧，集思广益，共襄其成，但由于教育评价问题的复杂性，加之我们掌握的资料和水平所限，书中存有疏漏之处在所难免，恳请各位同仁批评指正！借鉴引用了学术界和各地有关教育评价的成果和资料，在此致以深深的谢意！

吴宏超

2022 年 9 月 2 日于广州

目　　录

第一章　教育评价概述

第二章　教育评价的历史渊源

第三章　教育评价方案的编制与实施

第四章 教育评价方法

第五章 政府履行教育职责评价

第六章 学校评价

第七章 教师评价

第八章 学生评价

第九章　课程评价

第十章　教育质量监测与评价

第十一章　教育评价的国际经验及启示

第一章
教育评价概述

学习目标

了解：评价与价值的概念；教育评价概念的发展。

理解：教育评价的概念；教育评价与教育测量、教育研究的关系；教育评价的功能；教育评价的分类；教育评价模式。

掌握：教育评价的意义；教育评价模式的优缺点。

学习概要

本章以评价与价值为切入点阐释教育评价的内涵，再介绍教育评价的功能和意义，以及不同标准下的教育评价种类，最后对现代教育评价的主要模式进行述评。评价是指根据某种价值观对事物及其属性进行价值判断。教育评价则是根据一定的教育价值观对教育现象进行的价值判断。教育评价为教育决策提供信息依据。教育评价具有多方面的功能和极其重要的意义，其功能主要表现在导向、诊断、激励、监督检查、筛选择优等方面，其意义主要表现在为教育管理服务以及为提高教育质量服务等方面。根据不同的分类标准可以将教育评价分为不同的类型。根据评价的对象和范围不同，可分为宏观教育评价、中观教育评价和微观教育评价；根据评价的实施时间和作用不同，可分为诊断性评价、形成性评价和总结性评价；根据评价的参照标准不同，可分为相对评价、绝对评价和个体内差异评价；根据评价的主体不同，可分为自我评价和他人评价；根据评价的方法不同，可分为定性评价和定量评价。现代教育评价的模式有多种，本章介绍了其中主要的教育评价模式，即泰勒的目标评价模式、CIPP 评价模式、目标游离评价模式、应答评价模式。

◇第一节◇

教育评价的界定

一、评价与价值

怎样理解、解释教育评价，是现代教育评价基本理论的重要问题。我们认为，要想正确地理解教育评价和揭示教育评价的含义，必须首先弄清“评价”和“价值”两个词语的含义。在我国的词典中“评价”是“泛指衡量人物或事物的价值”。英语中“evaluate”（评价）是从“value”（价值）而来的，只是加上子前缀 e-，具有加强词根的意义。由此看来，评价与价值是分不开的。①

根据辩证唯物主义的价值观，价值反映着主客体的关系，是客体对主体需要的满足，是主观性和客观性的统一。客观事物的效用性与主观的需要及愿望相结合，就有了一定的价值，符合的程度越大，价值就越大。同样，教育价值由教育客体（教育中的人和事）满足主体（人或社会）需要的程度决定。个体对教育的需要形成了教育的个体价值，国家和地区对教育的需要形成了教育的社会价值。任何社会的教育都是在满足个体与国家、地区这两个方面的需要中得到发展的。教育活动满足社会群体或个体需要的程度就是教育的价值。

“评价”一词早在 900 多年前我国的北宋时期就已出现。《宋史 · 戚同文传》中就有“市物不评价，市人知而不欺”的记载。这里的“评价”是讨价还价、评论货物的价格的意思。《辞海》（1999 年版缩印本）对“评价”一词的解释是：“评价，评论货物的价格……今亦泛指衡量人物或事物的价值。”评价是指根据某种价值观对事物及其属性进行判断、衡量，亦即对人或物做出好与坏、真与假、善与恶、美与丑、优与劣等的判断。评价意味着对某一事物的价值给了一般的衡量。

二、教育评价的概念

教育评价是一门新兴的学科，它的理论体系、指导思想、评价模式和方法技术等都还处于不断完善、不断发展的过程中，因此，虽然各国教育评价专家、学者对教育评价做了种种界说和解释，但迄今尚未形成统一的、为大家所公认的科学定义。为了进一步探讨教育评价的本质属性，确切认识教育评价在整个教育系统中的地位

---

① 王汉澜. 教育评价学［M］. 郑州：河南大学出版社，1998：14.

和作用，以便对教育评价做出正确全面的表述，下面介绍几种具有代表性的界说。①

（一）早期解释

泰勒（R. W. Tyler）在20世纪40年代初将教育评价解释为："确定教育目标在实际上被理解到何种程度的过程。"

后来日本学者进一步把它界定为："教育评价就是系统地、有步骤地从数量上测量或从性质上描述儿童的学习过程和结果，据此判定是否达到了所期望的教育目标的一种手段。"

这种解释和界说认为，以教育目标为依据，评量学习结果达到目标的程度，就是教育评价。

（二）20世纪60年代的界说

克龙巴赫（L. Cronbach）对教育评价的阐释是基于突破行为目标模式的观点，他提出："评价是为决策提供信息的过程。"后来有人对这一界说做了具体的描述，"教育评价是一种有系统地去寻找并搜集信息资料，以便协助决策者在诸种可行的途径（方案）中择一而行的历程"。这种观点强调了评价的信息作用，扩大拓宽了评价的功能、范围，从广义上对评价进行了创造性的解释。

斯塔弗尔比姆（D. L. Stufflebeam）对泰勒的评价模式提出异议，他的观点和克龙巴赫有着很大的一致性。他认为"教育者需要一个较广义的评价定义，而不只是局限于确定目标是否达到"，评价应"有助于更好地执行和改进我们的方案"。他强调："评价最重要的意图不是为了证明（prove），而是为了改进（improve）。"

（三）较深层的定义

斯克里文（M. Scriven）和豪斯（House）对教育评价的定义为："评价是一种对优缺点和价值的评估，是一种既有描述又有判断的活动。"

日本心理学家大桥正夫认为："教育评价就是对照教育目标，对教育行为产生的变化进行价值上的判断。"

这种评价观点认为教育评价的着眼点在于教育现象的价值，也就是评价应当着重判断教育的效果，看其是否具有价值。这里的关键主要是价值判断。尽管各国评价学者对教育评价有不同的界说，但在这一点上却相当一致。

（四）对教育评价的界定和理解

20世纪80年代以来，我国教育界对教育评价理论进行了各种探讨，对教育评

① 胡中锋. 教育评价学［M］. 3版. 北京：中国人民大学出版社，2016：5.

价的概念也进行了专门研究，在系统地学习、借鉴国外评价理论的同时，力图从我国实际出发，对教育评价的含义做一些描绘和阐释。如“教育评价是对教育的社会价值作出判断的过程”，“教育评价是按照一定的价值标准，对受教育者的发展变化及构成其变化的诸种因素进行价值判断的过程”。

基于国内外评价学者对评价概念的阐释和对资料的分析整理，我们发现，尽管各国评价专家学者的哲学观、方法论不同，教育观也不同，但他们对教育评价的认识却有某些共同特点：①承认评价是一个过程；②价值判断是评价的本质特征；③以一定的教育价值观为依据；④采用一切可行的科学手段。

根据上述特点，我们把教育评价界定为：教育评价是根据一定的教育价值观或教育目标，运用可行的科学手段，通过系统地搜集信息、分析解释，对教育现象进行价值判断，从而为不断优化教育和教育决策提供依据的过程。

要理解这一概念，必须明确以下几点：

1. 教育评价的对象、范围和地位

随着时间的推移，教育评价从早期以学生学习结果为对象，逐渐扩大了应用的范围。现代教育评价以教育的全领域为对象，已成为整个教育系统不可分割的有机组成部分。从宏观到中观、微观，各种教育现象都可以作为评价对象，而且不仅是教育结果，教育计划、教育活动和教育过程也可以作为教育评价的对象，这就意味着现代教育评价已经成为现代教育不可缺少的一部分。因此，必须正确认识评价在整个教育系统中的重要地位，必须明确每项评价的具体对象。

2. 教育评价的目的和作用

这涉及评价的指导思想和教育观等基本理论问题。教育评价是为了鉴定、考核，还是为了推动、改进；是为了选拔、淘汰，还是为了教育、发展，这是两种不同的教育观和评价观。过去传统的教育评价偏重于鉴定、筛选的功能，其目的是“选拔适合教育的儿童”，它是为“应试教育”服务的，而现代教育评价则强调评价的反馈、矫正功能，即调控功能，其目的是“创造适合儿童的教育”，即评价是为了诊断评价对象的现状，以便发现问题，使教育、教学工作不断改进、不断完善、不断适合教育对象的需要，为促进儿童个性全面发展和提高教育质量服务。

由此可见，教育评价的目的在于：为教育决策提供信息和依据，为改进教育服务的过程、不断完善和改进教育过程、提高教育质量服务。

3. 教育评价的依据

价值判断是教育评价的本质特征，是教育评价的核心。根据什么进行价值判断？如何进行判断？这就是价值判断的实质和关键。必须有一个衡量和判断的客观依据和标准，也就是教育的价值目标和标准问题。它涉及什么是价值、教育价值、教育价值观的问题。我们应当根据马克思主义价值观和社会主义现代化建设的需要，根据人才成长发展的规律，确立我们的教育价值观和价值取向，确定教育评价的价值目标和标准。从这个意义上说，教育方针、政策和教育目标就是我们的教育价值观的集中体现，我们应当以教育方针和教育目标为依据确定评价的目标和标准。根据评价目标、指导思想，价值判断的内涵应包含获取多方面信息、分析解释和综合判断三个方面，从而得到判断结果。

4. 教育评价的手段

教育评价是运用科学的方法和手段，对教育现象及其效果进行测定的价值判断活动。教育评价的科学性在很大程度上取决于方法和手段的科学性。离开了科学的评价方法和手段，就不能称之为现代教育评价。

三、 教育评价与教育测量

在实践中，教育评价和教育测量是一对经常容易混淆的概念，历史上甚至一度将两者等同起来。教育测量与教育评价是有区别的，它们是两个不同的概念，但两者有着非常密切的联系。有必要厘清两者的关系，这样有助于理解教育评价的概念。

教育测量是借助一定的工具，给教育现象赋值，来获取评价对象数量的方法。在本质上，教育测量属事实判断的范畴，教育评价属价值判断的范畴；测量关心的是数量的多少，评价关心的是价值的高低；测量是一种纯客观的过程，评价带有主观性，是客观测量和主观估计的统一；测量是一种单一的活动，评价则是一种综合的活动。

教育测量是教育评价获得数据资料的重要手段，教育评价是在教育测量基础上的深化，评价只有在测量的基础上才能做出正确的判断。测量也需要评价，测量的结果只有通过评价的分析解释才能揭示其实际意义。测量是评价的依据，评价是测量的具体表现。

四、 教育评价与教育研究

教育评价与教育研究看起来比较相似，都要搜集、整理和处理教育信息，并对教育信息进行分析解释，但是，两者是有区别的。

第一，教育研究着眼于研究的结果，目的是寻求教育理论的发展与知识的增进和了解，获得正确的结论；而教育评价旨在为教育决策提供信息和依据。

第二，教育研究对结果的普遍性有较高要求，其研究所得的结果越具有普遍性越好；而教育评价则主要是对教育的价值进行判断，其结果不一定也不要求具有普遍性。

第三，教育研究主要是研究各种教育现象之间的关系，探索教育规律；而教育评价是判断教育的价值，促进教育科学决策，使教育的发展能符合社会或人们的需要。

第二节 教育评价的功能与意义

系统论的基本原理告诉我们，所谓系统，是由若干相互联系、相互作用的要素所构成的具有特定结构和功能的有机整体。任何一个系统都是较高一级系统的一个要素，任何一个要素，通常又是较低一级的系统。凡系统都有一定的结构和功能。构成系统的各要素在系统内组成的方式就是系统的结构，这种结构在运动状态下所发挥的效能就是功能。因此，系统结构与系统功能是相互制约、相互影响的。

教育评价作为教育系统中的一个子系统，和其他任何系统一样，也有其系统的结构和功能。教育评价功能是教育评价系统结构在运动状态下所发挥出的功效，是评价系统内部所固有的一种潜在能量，这种潜能只有在教育实践中才能表现或释放出来，而教育评价功能的外在表现就是作用或者意义。

一、 教育评价系统的结构

从教育评价系统结构上分析，教育评价一般由以下几个要素构成。

（一）价值目标和标准

价值目标和标准，是指根据社会政治经济的客观需要和人的发展规律的要求设计或制定的教育目标、培养目标和课程标准，以及根据这些目标设计的评价指标、标准等。具体来说，也就是实施教育评价所依据的评价标准体系。

（二）组织机构和人员

组织机构和人员，是指实施评价的组织机构、领导人员和评价者。一定的评价任务要求设置与之相适应的组织机构和人员，或领导小组和负责评价的人员。目前我国普通教育评价的实施，还没有专门组织机构和负责评价的专业人员。从评价方针的需要看，建立评价制度和设置专门机构是必要的，但就学校内部而言，一般由有关教师、班主任、学生家长参加学校内部评价，同时也吸收被评价者以自我评价的形式参加。

（三）评价方法和技术

评价方法和技术，是指实施教育评价的技术和方法、基本技能和能力。其中包括各种搜集评价信息的方法和技术、统计处理评价信息的方法和技术以及进行综合分析判断的方法和技术等。

（四）评价对象与评价人员的心理调控

评价对象与评价人员的心理调控，是指参与教育评价的主体与客体双方在评价过程中所表现的动机、需要和人际关系等心理状态，它直接影响评价过程、评价程序的顺利进行，影响评价任务的完成，因此对评价主体与客体的心理调控具有重大的意义和作用。只有通过各种调控取得及时的有针对性的有效控制，才能保证评价的效果，达到评价的目的。

教育评价系统就是由上述四个要素构成的。这四个要素相互联系、相互制约，构成了教育评价系统。

二、教育评价的功能

（一）导向功能

教育评价具有指引方向的功能。评价目标、指标体系、评价标准，就好像引导航行的“指航灯”，评价标准所肯定的内容，就成为有价值的、值得追求的东西；评价标准所否定的内容，则会成为人们所舍弃、回避的东西。通过评价目标、指标体系的引导，可以为学校指明办学方向，为教师与学生指明教与学的奋斗目标。

评价的导向功能是客观存在的，不以人的意志为转移，它对教育目的的实现和方针的贯彻有相当强的制约和保证作用。

教育评价是根据教育目标进行的，它通过对现状与目标之间的距离的判断，能有效地促进被评对象不断接近预定的目标。所以，教育评价具有导向功能。

（二）诊断功能

通过教育评价，可以发现教育、教学活动或被评价对象哪些地方见长，需要加以巩固和发扬；可以发现教育、教学过程中存在的问题和不足，然后针对此薄弱环节提出改进的措施：这就是教育评价的诊断功能。例如，通过对教育管理或教学活动的每个环节、每一步骤、每一要素的正确性、适应性进行分析和研究，我们就能判断出学校管理、教师教学或学生学习的薄弱环节或存在的问题，为有效地指导和改进其工作提供可靠的依据，从而达到直接促进教学发展和提高的目的。对于教育工作者来说，这才是最有实际意义的。

（三）激励功能

教育评价会激发被评者争先的欲望和情绪，从而创造出一种正式或非正式的竞争环境。在教育与教学管理中，根据工作的特点和活动的规律性，我们可以有意识地利用评价来强化评价对象间的竞争情绪，这样，不仅能起到激励先进、鞭策后进的作用，还可以使评价者预先设定的行为目标得以实现。

（四）监督检查功能

教育评价还具有监督检查功能。社会各界要了解、考察教育的发展状况，教育行政领导部门要对学校工作进行指导与管理，学校本身要对师生的教学活动进行调节和控制，教师要对学生的学习进行监督和帮助，都需要一个具有检查监督功能的形式和手段，即教育评价。利用评价的这个功能，我们可以全面地掌握教育的各种情况，敏锐地发现问题并及时加以解决，对任务完成数量与质量进行控制，为促进、提高教育活动的有效性提供科学的依据。

（五）筛选择优功能

在教育的实际工作中，经常要对教育的对象进行筛选择优。这就需要根据一个标准对众多的对象进行衡量和判断，也就是要对他们进行科学的教育评价。过去，我们往往凭经验或少数人的意见办事，结果未必准确，甚至产生了一些失误，这对被评对象是不公平的。

三、 教育评价的意义

（一）教育评价是教育管理的重要组成部分，是促进教育管理科学化的重要手段

教育管理的各个环节都需要评价。科学的教育评价需要对教育评价对象进行定性和定量分析，能够客观公正地反映出评价对象的实际状况和水平，摆脱过去依靠片面材料和简单定性就下结论的经验型的管理方式。教育评价既能为教育决策提供信息依据，又能检查决策执行的情况和效果，是教育管理科学化发展的重要手段。

没有评价的管理是一个不完整的管理系统，无反馈机制，这是一种不科学、不健全的管理。有评价的管理，能及时反馈信息，及时发现问题、解决问题，这是一种闭合回路的管理系统，是一种科学的管理。因此，可以说，没有评价就没有科学管理，缺少评价，任何管理都是不健全、不科学的。

（二）教育评价是深化教育改革的重要措施，保证教育改革沿着正确的方向前进

要进行一项教育改革，首先要进行改革方案的可行性评价；在改革进程中，必须加强形成性评价；在某一改革告一段落时必须进行终结性评价。教育评价可以使

决策者洞察到改革的情况变化，掌握在一定时期内改革的方向、发展倾向，以便对改革做出合乎逻辑的调整，使改革少走弯路，始终保持最优状态。只有这样才能避免盲目性，确保教育改革沿着健康的轨道发展。

（三）教育评价是全面提高教育质量的重要手段，促使教育活动朝着预定的目标接近

通过教育评价，可以及时获取学校各项教育教学工作是否有效的信息反馈及学生各方面发展的情况，及时总结成绩，纠正偏差，使教育教学工作持续、全面地保持良好状态，从而有效地促进学校教育和教学质量的提高。

同时，教育评价能对学校各项工作进行综合检验，可以根据学校工作的现状和实现教育目标的差距，在规划学校工作的近期和远期的发展上，综观全局，有明确的方向，有切合实际的战略和策略，区分实现教育目标的优先次序，确定最佳方案，从上到下形成巨大的“合力”，减少“内耗”，实现预期的教育目标。

（四）教育评价是教育科学研究的重要内容

现代教育科学研究被划分为三大领域：教育基础理论研究、教育发展理论研究和教育评价研究。可见，教育评价是教育科学研究的重要内容。

第三节
教育评价的分类

根据不同的分类标准，可将教育评价分为不同的种类。

一、以评价的对象和范围来分类

（一）宏观的教育评价

它是以教育的全领域或涉及宏观决策方面的教育现象、措施为对象的教育评价。如对教育目标、教育结构、教育制度、教育内容、教育方法、教育行政管理、教育社会效益等方面的评价。它是总体的、全局性的、高层次的评价。

（二）中观的教育评价

它是以学校内部各方面工作为对象的教育评价。如办学水平、办学条件、领导班子、教师队伍，以及教学工作、思想政治教育工作、体卫工作、总务工作，以至

教师教学、班主任工作、团队工作和家长工作等。

（三）微观的教育评价

它是以学生发展为对象的教育评价。如学生知识质量、思想品德、身体健康、审美情操、劳动技能、实践能力等方面的评价。

二、以评价实施的时间和作用来分类

这种分类来自布鲁姆，他认为，“不能把学校看作是以供选拔的机关，而应把学校看作是以个人发展作为第一功能的教育机关”。为此，他把教育评价分为三类。

（一）诊断性评价

诊断性评价是指在教育、教学活动开始之前，为使计划更有效地实施而进行的预测性、摸底性评价。旨在摸清评价对象的基础和情况，分析存在的问题，为解决问题搜集必要的资料，为计划的有效实施提供可靠的信息资源。例如开学时的摸底考试。

（二）形成性评价

形成性评价是指在教育、教学活动计划实施的过程中，对计划、方案的执行情况进行的评价。旨在了解动态过程的效果，及时反馈信息，及时调节，使计划、方案不断完善，以顺利达到预期的目的。例如随堂测试。

（三）总结性评价

总结性评价又称为终结性评价，是指在某一教育、教学活动项目告一段落或完成以后进行的评价。旨在了解这项活动达到预期目标的情况以及它的最终效果或效益。例如期中测试、期末测试。

这种评价分类在实践中使用较为广泛，在后文的学生评价、课程评价中还会有具体的介绍。

三、以评价的参照标准来分类

（一）相对评价

相对评价是指以常模为参照标准，看评价对象在常模中所处的位置来进行的评价，因此又称为常模参照性评价。常模是指被测或被评事物的整体状态，常模通常为被评团体的平均情况，例如一个班级的测验平均成绩。这种评价能科学地看出评价对象在团体中的位置，以及它与同类事物中的其他个体之间的差距，适用于选拔工作。例如分班考试、高考等。

相对评价的特点为：一是评价基准是在评价对象团体内部确定的；二是参照的标准是在对团体进行测量以后确定的；三是它关心的是团体成员在该团体中所处的相对位置。

（二）绝对评价

绝对评价是指以预先制定的目标为参照标准，看评价对象达到既定目标的程度来进行的评价，因此又称为目标参照性评价。这种评价不受评价对象所在团体的状况影响，主要用于检查实现目标或计划的情况。例如各种执照考试、等级考试等。

绝对评价的特点为：一是评价基准是在评价对象团体以外确定的；二是参照标准是在对团体进行测量以前确定的；三是它关心的是评价对象达标的程度。

（三）个体内差异评价

个体内差异评价是指以评价对象自身某一时期的情况为参照标准，看评价对象当前情况来进行的评价。这种评价实施简单，有助于减轻评价对象的压力，但由于缺乏客观的标准，不易给评价对象提供明确的目标，难以发挥评价的应有功能。一般来说，个体内差异评价常常与相对评价结合起来运用。

四、以评价的主体来分类

（一）自我评价

自我评价是指评价对象按照一定的评价目的与要求，对自身的工作、学习、品德等方面的表现进行的价值判断。例如学校办学水平评价，由学校内部的校长、教师和学生进行评价等。自我评价能充分发挥评价对象在评价中的积极性，激发被评价者的自尊心、自信心，使之自觉地、主动地接受评价。但是自我评价缺乏外界参照体系，不便进行横向比较，主观性大，容易出现评价偏颇。

（二）他人评价

他人评价是指评价对象以外的人进行的评价，又称外部评价。例如督导评价、专家同行评价、社会评价等。他人评价一般较严格、慎重，也比较客观，可信度较高，具有一定的权威性，自评只有经过他评后才能得到有关方面的认可。但外部评价耗费的人力和时间也较多。

五、以评价的方法来分类

（一）定量评价

这是将评价对象进行数量化的分析和计算，从而判断出它的价值。如运用教育测量与统计的方法等，对评价对象进行数字描述。它可以使一些概念精确化，加强评价的区分度，降低评价的主观性和模糊性，增加评价的说服力。

（二）定性评价

这是将评价对象做概念、程度上的质的规定，然后进行分析评定，以说明评价对象的性质或程度。如用系统分析法、逻辑分析法等搜集和处理信息，做出判断，进行文字描述。这种评价比定量评价简便易行，但它不如定量评价精确具体。不过，在实际评价工作中，定性评价也是不可缺少的，因为在复杂的教育现象中，有些可以量化，有些不能量化或不易量化。所以应该将定量评价与定性评价结合起来使用。

第四节 教育评价的模式

教育评价模式就是教育评价基本理论与方法的总体概括，是某种教育评价类型的总构思。它包括评价的大体范围、基本程序、主要内容和一般方法。[①] 从20世纪三四十年代泰勒的第一个教育评价模式诞生以来，已经出现了众多的教育评价模式，本节介绍其中比较主要的几种评价模式。

一、目标评价模式

泰勒是现代教育评价的创始人，他于20世纪40年代提出的目标评价模式是教育评价理论历史发展中第一个较为完整的教育评价模式，也是影响最大的模式，至今仍是最为主要的教育评价模式。

目标评价模式又称为泰勒模式，是把总目标转化为可测量的行为目标，然后根据既定目标进行教育评价的一种模式。泰勒模式要求先制定评价目标，再根据目标选择和组织学习经验，然后评价目标达到程度。因此，泰勒模式是一个单向的封闭系统。

---

① 金娣，王刚. 教育评价与测量［M］. 北京：教育科学出版社，2002：24.

泰勒模式的优点如下：工作流程相对比较简单，结构也比较紧凑，且逻辑严密、层次分明，操作性很强，故为大多数人所接受，运用范围较为广泛。

但泰勒模式也有其自身固有的局限性：它容易僵化，缺乏灵活性；它只重视对结果的评价，忽视了对过程的评价；另外它也忽视了教育的价值问题。

二、CIPP 评价模式

20 世纪 60 年代，有人对泰勒的目标评价模式进行了反思，产生了新的教育评价模式，CIPP 模式就是其中之一。CIPP 模式是 1966 年美国的斯塔弗尔比姆创立的，它是由背景评价（context evaluation）、投入评价（input evaluation）、过程评价（process evaluation）和成果评价（product evaluation）四种评价的头一个英文字母而命名的。

CIPP 模式是在泰勒模式的基础上直接衍生出来的。该模式优势之处在于：它将评价目标本身纳入评价活动之中，目标本身的合理性受到评价，使目标更加全面、科学，体系更加完整；CIPP 模式对形成性评价比较重视，以决策为导向而不是以目标为导向，注重为决策提供信息；CIPP 模式把评价看成是教育活动的一部分，有助于评价改进工作、提高教育质量。

但是 CIPP 模式也存在问题：过分注重评价的决策功能，导致其缺乏完全意义上的价值判断；同时，由于其要求各类信息源的配合、充裕的经费以及可靠的分析技术，在使用中受到很大的限制。

三、目标游离评价模式

目标游离评价模式是美国的斯克里文针对目标评价模式的弊端提出的。他认为目标评价模式只考虑到预期效果，忽视了非预期效果。依据事先确定的目标进行评价往往使评价的范围受到限制，因为实际的教育效果除了预期效果的影响外，还会产生许多非预期的效果，这些非预期效果的影响有时甚至是至关重要的，而泰勒将评价仅限于衡量达到目标的程度显然是不全面的。

教育评价的预定目标主要反映评价者的意图，而评价方案实际上起到了什么作用却被忽视了。在任何一次教育评价的过程中，都可能存在目标偏离的情况，即出现目标游离。目标游离模式主张不把方案、计划制定者的预定活动的目的告诉评价者，以利于评价者收集有关方案的全部成果信息。

目标游离模式优点在于：突破了预设目标的限制，强调教育活动的实际成效；重视形成性评价和终结性评价的结合；评价模式更加科学化。

该模式也存在问题：难以做出合适的价值判断、难以协调评价者和管理者关系、实际操作比较困难。如评价组织中的各个评价者具有不同的价值标准，就会给评价的操作带来很大的困难。

四、 应答评价模式

应答评价模式是由美国的斯塔克（R. E. Stake）于 1973 年提出的。这一模式的主要特点是以问题特别是直接从事教育活动的决策者和实施者所提出的问题作为评价的先导，而不主张以预定的目标或假设为出发点。应答评价模式要求评价者同与评价有关的人员之间进行持续不断的对话，了解他们的愿望，对教育方案做出修改，对大多数人的愿望做出应答，以满足各种人的需要。斯塔克认为解决教育问题只有依靠那些直接接触问题的人，教育评价应该帮助被评价者更好地了解自己的优缺点，明确今后改进工作的方向。

应答评价模式强调在评价活动中使用非正式的观察、访谈和定性描述分析的自然主义的方法。因而应答模式有如下优点：在做出有效价值判断方面优于泰勒模式；重视非正式评价；重视各类人员在评价中的作用，强调评价的民主性。

但该评价模式实施的效率比较低，存在较大主观性，容易出现分歧，且在评价活动中耗费人力、物力，实施时间较长、操作难度较大。

问题思考

1. 什么是教育评价？
2. 教育评价的功能有哪些？
3. 为什么需要进行教育评价？
4. 简述几种教育评价模式的优缺点。

第二章 教育评价的历史渊源

学习目标

了解：中国教育评价的历史脉络；西方教育评价的历史脉络；我国教育评价的政策背景。

理解：西方教育评价发展阶段；我国教育评价发展阶段。

掌握：中国古代选士制度；科举的教育考试性质；科举制的意义。

学习概要

研究教育评价活动及其发展历史，厘清它的发展脉络，可以帮助我们更好地理解它的现在，探索和预测它的未来。本章顺承时间脉络梳理了教育评价发展历程，包括中国教育评价的历史脉络、西方教育评价的历史脉络和我国教育评价的政策背景。首先介绍中国古代的教育评价，了解教育评价的源流和发展。然后介绍教育评价在欧美国家的发展情况。最后，了解我国教育评价的政策演变过程，介绍教育评价政策的发展阶段。通过本章的学习，了解教育评价的产生和发展情况。

第一节 中国教育评价的历史脉络

我国开创了教育测验的先河，早在西周时代就有以射选士之举。古代考选制度非常发达，历朝历代都有通过考试来选拔贤才的制度，影响最大的是延续了 1 300 多年的科举制。而西方则在工业革命和心理测量研究的推动下，孕育了一场教育测量运动。1921 年，孙中山在演说中明确指出：“现在欧美各国的考试制度差不多都是学英国的。穷流溯源，英国的考试制度原来还是从我们中国学过去的。所以中国的考试制度，就是世界中最古老最好的制度。”

一、中国古代教育评价

选士制度，是中国传统文化中独具特色的选官制度、人才选拔制度。所谓“士”，是创造、阐释与传播文化知识的阶层，即今日所称之知识分子与官僚两种社会角色合而为一，形成中国历史上一个特殊的文化、政治阶层——士大夫。中国古代教育评价活动一直与选士制度密切相关，形成了一整套包括教育、考试、选才在内的严密完整的评价制度。可以说，有什么样的人才选拔制度，就有什么样的教育评价。

选士是我国历代统治阶级十分重视的问题，只是采用的方式、方法不尽相同。据史书记载，我国早在西周时期就已经建立了贡士制度；春秋战国时期建立了养士制度；汉代采用的是察举取士制度；魏晋南北朝时期普遍盛行九品中正制度；隋唐开始实施科举考试制度，直至清朝末年。诸朝代的统治阶级所采取的选士制度各具特色。

（一）西周的选士制度

西周是中国奴隶制社会的全盛时期。此时分封制、井田制、宗法制和文化教育都获得充分发展。西周的选士制度包括乡里选举、诸侯贡士制及学校视学考试的一整套体系，它构成了世界上最早的人才选拔制度。

1. 乡里选士

乡里选士主要在周王直辖的乡内进行，以庶民为对象。乡里选士从地方教化开始。掌管民政的司徒颁行教化内容，“以乡三物教化万民而宾兴之”；乡大夫定期考核，将德行道义兼优者选送司徒。考核内容主要包括学生的德行和道艺，即道德品质和学识能力。具体表现为“六德”“六行”“六艺”。“六德”为知、仁、圣、义、忠、和六种道德规范。“六行”为考、友、睦、姻、任、恤六种道德行为。“六艺”为礼、乐、射、御、书、数六种科目。西周地方选士一年举行一次，三年举行一次大考。王畿内的乡里选士，显示出西周在人才的选拔与任用上开始淡化世袭制、注重选贤任能的一种趋势。

2. 诸侯贡士制

王畿之外的诸侯国也有贡士之制。周王对诸侯贡士的时间和人数都有规定，并且天子对诸侯能否及时贡献，及贡士的质量如何，还有相应的惩罚之制。诸侯贡士制表现了西周贵人才、求人才的意识。在巩固自身力量、增加国家稳定统治砝码的同时，又能减少人才身处其属国内给周王朝带来的威胁。从这个角度看，让诸侯国如期选送人才献于周天子，其实是一种策略性的统治手段。

3. 视学考试制度

西周时期基本形成了完整的两类两级官学系统，即国学与乡学两类，国学又包括大学与小学两级，“大学在郊，天子曰辟雍，诸侯曰泮宫”“小学在公宫南之左”。学校通过内部的视学考试制度来选拔人才。据《学记》所载：西周大学每隔一年考试一次，即所谓“比年入学，中年考校”。其考试内容为：“一年视离经辨志；三年视敬业乐群；五年视博习亲师；七年视论学取友；谓之小成。九年知类通达，强立而不反，谓之大成。”意为：第一年考查学生析句分段的能力和学习的志向；第三年考查学生是否专心学习，和周围的人是否和睦相处；第五年考查学生学识是否广博，同老师是否亲密无间；第七年考查学生研究学问的本领和识别朋友的能力，符合标准的就叫作小成；第九年做到认识事物能触类旁通、闻一知十和政治上成熟，以及立场坚定不移，符合这一标准的就叫作大成。这是我国有记载的最早的比较系统的学校教育评价制度。

（二）汉代的选士制度

自汉初以来，大一统的中央集权统治亟待征举、吸收下层优秀人才参加国家治理，以确保官僚机器的正常运转。为此，一套选拔统治人才的制度逐步建立，主要包括皇帝征召、私人荐举等多种形式，其中以察举制最为制度化。所谓“察举”，即经考察后予以举荐之意。[①] 顾名思义，所谓察举的“察”是考察，“举”是举荐，察举就是由地方官察访人才，举荐给朝廷的制度，察举的核心是推荐。从人才选拔与官员任用的制度安排而言，它开创了中国制度文明史的新纪元，是科举制的初始形态。

1. 察举制

（1）察举制的确立。

据《汉书·高帝纪》所载，在汉高祖十一年（前 196 年）二月，曾发布了一道著名的求贤诏书，特布告天下。诏书还命令各相国、诸侯王、郡守等地方长官向朝廷举荐本地贤士，并由公家备以车驾，送至相国府，考察记录其品行、状貌、年龄。如有贤才而不举送，将罢免当地长官的职务。这是中国历史上第一次公开下诏广泛察举人才。

文帝二年（前 178 年）下诏“举贤良方正能直言极谏者，以匡朕之不逮”。皇帝制定举荐科目，中央至地方高级官吏按科目要求荐举人才，送至朝廷，再由皇帝对被举者亲行策问，并据对策评定等第高下，而酌授官职。因其试题写在竹简上，称为“策题”，这是有记载的最早的试题。皇帝以策题取士称之为“策问”，应试者在竹简上作答，称之为“对策”。“策问”与“对策”既是我国以考试取士的开端，

---

① 刘虹．中国选士制度史［M］．长沙：湖南教育出版社，1992：29.

也是世界笔试考试的开端。①

察举制开创了考试制度的先河，同时也为后世科举制度奠定了基础。汉武帝时，随着国家文教政策的渐趋成熟和定型，主要以儒术取士的察举制度得以真正确立其主体地位。同时武帝时察举取士的范围扩大到布衣之士，体现了选贤任能的人事选拔原则。

（2）察举制的主要科目。

察举的科目可分为两大类：一类为每年举行的科目，称作常科，一般每年由地方官吏按规定的名额、标准向朝廷推荐人才；另一类为特科，没有固定时间，皇帝根据需要临时制定选士标准和名目的科目。

常科主要包括孝廉、秀才（茂才）、贤良方正、贤良文学、直言极谏、明经、明法等科目，其中又以孝廉一科最为重要。“举孝廉”的目的，一方面是为了选拔干练官吏，加强中央集权的力量；另一方面也是扶持郡国教化，借此在社会上形成“在家为孝子，出仕做廉吏”的风尚。常科中还有“秀才”“明经”等科目。“秀才”科主要选拔奇才异能或有非常之功的士人，“明经”科察举通晓儒经的人才。此外，为推举任用有特殊才能的青少年，还设立了“童子科”。

（3）察举制的取士标准。

察举制的取人标准是多种多样的，以德行、经术、吏能、功次、文法等，都可以构成得举之资格。察举制的取人标准，注重人的整体素质，把士人笼统地视为一个完整的人格。所以察举制下，被举者中有大量的孝子、隐士、侠客、贤人、名流等人物，其所为人称道的人格素质使之成了察举对象；而士人在社会上的个人声望，往往也就对察举实施产生重大影响。察举制下，得举者固然有不少布衣平民，但也有大量仕州仕郡的掾吏，甚至还有中央朝廷的官员。察举既是入仕途径，也包含了铨选、升迁，有时甚至还有考课的成分。

由于汉代察举、征辟的主要对象是士人，选士的主要标准是德行经术，这就从人才选拔的途径保证了“独尊儒术”文教政策的贯彻，从而大大激发了社会各阶层人士学习经学的积极性。由此，国家无须耗费大量的人力、物力去创办更多的学校，也无须制定什么强制性的措施去督促人们读书，只要建立起一套符合国家利益的稳定的选士制度，士人就会自动施教、自觉向学，并使自己学习的内容与标准主动地与选士的标准统一起来。所以说，汉代选士制度是影响当时学校教育运行的最重要因素，也是汉代统治者教育宏观管理的最重要的行政措施。

（4）察举制的局限性。

察举制度依据的主要标准是读书人的道德水平和文学才华，而这两个方面都是

① 涂艳国．教育评价［M］．北京：高等教育出版社，2007：46.

很难用相对客观的、可操作的指标来衡量的。一个人的道德品质基本是通过他的言行表现出来，而言行又不一定是其道德品质的真实反映。当道德品质可以成为做官、谋取功名利禄的条件的时候，言不由衷、矫言饰行的比例就会明显上升。

2. 汉代太学的“学选”制度

汉武帝元朔五年（前125年）创立的太学，既是全国最高学府，又是一个国家考试机关。太学的考试基本上采用“设科射策”的形式。“策”是指教师（主考）所出的试题。“射”是以射箭的过程来形象描写学生对试题的理解和回答过程。“科”即是教师（主考）用以评定学生成绩的等级标记，从优到劣依次分为甲科、乙科（有时也细分为甲、乙、丙三科或上弟、中弟、下弟等）。学生所取得的实际等级是授官的依据，通常甲科（上弟）为郎中，乙科（中弟）为太子舍人，丙科（下弟）为文学掌故。每次考试结束后依据考试结果授予不同的官职，或给予奖赏，考试成绩低下的，则令退学。

（三）魏晋南北朝的九品中正制

1. 九品中正制的产生

魏晋南北朝时期，战争频繁，社会动荡，士人流徙迁移，致使察举制难以实行。此时士族地主把持朝政大权，为维持其特权，在地主阶级内部“严士庶之别”，选士制度保证士族优先做官的权利。

2. 九品中正制的发展

“九品中正制”始创于三国时期的曹魏。曹操为实现其统霸天下的宏图，唯才是举，用人不问门第身份。这样的做法遭到门阀世族的反对。曹丕即帝位后，为获得士族的拥护以巩固统治，实行“九品中正制”，承认了士族做官的特权。

3. 九品中正制的具体做法

九品中正制的具体做法是：郡设小中正，州设大中正，由地方上有声望的人充任，将士人按“才能”评定为九等，实际上是按门第高低列等，政府按等选用。具体分为九品：上上、上中、上下、中上、中中、中下、下上、下中、下下。

九品中正制实施初期选任中正比较慎重，国家也能选到一些有用之才。但是后来世家大族的势力日益膨胀，中正官职几乎全部被位居朝廷的大士族所把持。他们品评士人，往往把门第家世作为唯一标准，以至于“上品无寒门，下品无世族”。

九品中正制选举法全为世家大族所操纵，限制庶族地主的政治权利。门阀制度的膨胀对学校教育产生极大的消极影响，士族享有受教育的特权和优先选官的特权，挫伤了人们求学的积极性。

（四）隋至清末的选士制度

1. 科举制

科举制，即分科举士，是中国传统社会采取分科考试的方式选拔政府官吏的一项重要社会制度。在其创立后的1 000多年中，始终是古代中国读书人，特别是寒门子弟的一条主要晋升之阶。在科举制的作用和影响下，中国传统社会各阶层相对处于一种流动状态，有效促进了民族文化心理的整合，也给中国古文明的稳定和发展提供了一种内在的动力机制。

（1）科举制的发展脉络。

为了加强中央集权和发展社会经济，隋朝统治者进行了一系列政治改革，地主经济得到很大的发展，庶族地主的势力更为加强。庶族地主尤其是中小地主为了维护和扩大其经济利益，迫切需要废除九品中正制，打破门阀士族在政治上的垄断，代之以一种新的选官制度，以便通过较为公平的竞争，进入仕途，跻身统治者的行列。科举制度就是适应这一社会变动而产生的。

隋文帝先恢复利用察举制度来解决官员补充问题，然后对察举制度进行改革，把察举的设科、推荐、考试，与地方按行政区定时、定额、定科选送人才结合起来，逐渐形成以文化才能为选拔标准的科举考试制度。隋代在开皇年间举行过五次察举，有时设一个科目或两个科目，甚至多个科目，需要什么类型的人才就定什么科目，科目随时变化。

隋炀帝当政的大业年间，科举考试制度的因素有了重大的发展。大业二年（606年），“始建进士科”，说明以文才为选士已经确立，使科举考试科目有了多种类型，更加适应当时选官制度的政治需要，终于形成新型科举考试制度。隋炀帝大业二年始置进士科，进士科的设置标志着科举制的创立。后经唐代的发展和宋、元、明、清的演变，逐渐成为一种完备化、定型化的选士考试制度。

（2）科举考试的主要科目。

唐代承续隋代科举考试制度，武德四年（621年）恢复科举。唐代科举考试有常科与制科两种。常科每年举行一次，科目大多是承续前朝，但也有不少发展变化，科举考试科目增多。特科由皇帝下诏决定，考试时间、科目与录取人数依皇帝喜好而定。两类考试性质不同，因而在考生来源、考试内容与方法等方面有较大差异。

常科按六类考试予录取：“凡诸州每岁贡人，其类有六：一曰秀才、二曰明经、三曰进士、四曰明法、五曰明书、六曰明算。”其中，明经和进士两科备受尊崇。明经是以儒家经学为考试内容的科目，中国古代统治者重视以儒家经典学说统一思想，因而注重以经术取士。进士科以文章词华的优劣作为录取与否的重要标准。在重视文学的社会氛围中，进士科的声望不断提高，不少进士及第者青云直上、飞黄腾达，很快就能爬到帝制政权的巅峰。

如果说秀才、明经、进士三科是选拔经术和文学通才的科目，而明法、明书、明算则是选拔专业性或技术性专才的科目。明法科的考试内容主要是律、令各一部，目的是选拔精通法律的官员。明书科简称书科，又称明字科，考试内容以文字学为主，兼及书法。明算科又简称算科，用于选拔精通数学的专门人才。在重治术，轻技术，重道轻器的传统社会中，专业人才并不受重视。

科举考试自隋唐确立以来，考试的内容各朝虽有不同，但都大同小异，都是以儒家经典为基础，都是为了加强中央集权和封建皇权而服务的。

（3）科举考试方法。

各科考试经常采用的考试方法，主要有贴经、墨义、策问等。所谓贴经，即将经书上某列贴上三个字，要求将所贴的三个字填写出来。这种考试适合考查记诵性的知识。所谓墨义，是一种简单的对经义的问答，只要熟读经文和注疏就能回答。所谓策问，是设题指事，由被试者做文章，题目的范围是当世要事和计谋策略，要求对现实中诸如政治、吏治、人事、教化、生产等问题提出建议，或写出政论性的文章。

唐代规定，通过进士的考试后若想进入官吏阶段还需经过吏部的考核。其标准包括“身、言、书、判”四个方面。具体地说，就是要求身体健康，仪表五官端庄；能言善辩，口齿伶俐；文笔流畅；字迹秀丽，楷法遒美；裁决有章、断事得体，具有必要的法律知识和从官临政的才能。若四方面皆合标准，则先以德行取；德行一样，则先取才能。

唐宋以后科举制日益完善。以科举考试的分级为例，唐代科举一般分为县试与礼部试两级，宋代增设殿试，明清增至四级：童试（选秀才）、乡试（选举人）、会试（选贡士）和殿试（选进士）。再以评阅试卷为例，早期只在卷面上批上“通”或者“不”，到清代时评卷采用的是五级评定法。宋代以后，科举考试规模扩大，及第后待遇更加优厚，凡中进士者立即授官，无须再经吏部考试。科举考试的组织也更加严密，采取了“锁院”“糊名”“誊录”“别头试”等办法，来提高考试的公平性和真实性。

（4）科举考生来源。

常科考生来源分为两类，一是生徒，二是乡贡。生徒是指中央官学和州县官学应举者。他们在学校考试合格后，直接参加最高行政机关之一尚书省主持的省试。省试又叫礼部试，因为由尚书省所属的礼部组织考试。乡贡就是“投牒自举”的自学成才者。经考试合格者再由府州解送到京师参加尚书省试。因这些考生随各州进贡物品解送，所以成为乡贡。府州解试内容大体与中央相同，时间一般是在秋天，第一名称为解元或解头。

（5）科举的教育考试性质。

现代许多类型的考试的历史渊源都可以追溯到科举。作为一种古代的考试制度，科举牵涉面很广，内涵十分丰富，性质极为复杂。从设科开考选拔官员的目的来看，它是一种文官考试（公务员考试）；从考试内容来看，它既是一种哲学（经学）考试，也是一种文学考试；从考试的功能来看，科举考试也可算作一种智力测验；从考试的作用和方式来看，科举则是一种教育考试。科举的实质是通过考试从读书人中选拔优秀者任予官职，一头连着官职，一头连着教育。

（6）科举制的意义。

科举制度在教育评价上的建树令世人所瞩目。

第一，科举制的实行，无疑打破了世家士族对社会政治、经济等权力资源的垄断，是对士族势力的重大打击。当时许多士族后裔在不可能以门第致高位的情况下，也只有通过科举途径入仕。与此同时，科举取士的种种举措为处于社会中下层的士人跻身官僚体系，实现社会垂直流动敞开了方便之门。大量出身低微的士人通过科举入仕进入官僚系统之中，成为国家机器的组成部分。

第二，在科举考试这一程序、形式中，个人特定的知识、能力在社会阶层重构过程中起到了关键作用。士人们如果希望在社会阶层重构中处于有利地位，就必须泛观博览、苦读诗书、精研音律。科举考试的这一特点，使人们自然而然将对于科举仕进的企羡转化为对文化知识尤其是与科举考试直接相关的知识的崇尚。当崇尚文化知识成为一种社会普遍的价值取向时，社会成员必然会致力于自身知识的积累与文化素质的提高，从而促进文化教育事业的发展。

第三，在考试的理论与方法上做出突出贡献，诸如考试的组织、管理、评分中的合理部分被保留下来，并沿用至今。科举考试不仅为东亚一些国家所模仿，而且为英、法、德、美等西方国家所借鉴，进而对世界各国产生直接或间接的影响。

2. 学校评价制度

作为“国家抡才大典”，科举考试与学校教育具有密切关系。科举是一种文官选拔性考试，是一种取士制度，而中国古代学校的目标，则在于培养统治人才，即以养士为目标。取士与养士两者互为依存，无论在直接或间接方面，均有其不可分割的联系。同科举制一样，学校也出现了很多新发展。

（1）隋唐时期的学校评价制度。

隋唐时期学校考试分为三种：旬考、岁考、毕业考。旬考在旬假前举行，考学生十日之内所学的课程，分背诵和讲解两类。旬考因相隔时间太近，后改为月考。岁考是考一年以内所学的课程，口问大义十条，答对了八条为上等，六条为中等，三条为下等，下等即不及格，须重习。如不及格达三次，延长在校时间至九年仍不及格，则令其退学。毕业考试由博士出题，国子祭酒监考。学生凡能通过二经者，方能与试。

考试及格者可出校应省试；欲继续求学者，四门学的毕业生则补入国子学。

（2）宋代的“三舍法”。

宋代王安石改革太学时创立三舍法。其主要内容为：将太学分为外舍、内舍和上舍三个程度不同、依次递升的等级，太学生依次升舍。每两年举行一次升舍考试，成绩为优、平两等者，再参酌平时行艺升舍。上舍考试亦每两年考试一次，成绩评定分为三等：平时行艺与所试学业俱优为上等，一优一平为中等，全平或一优一否为下等。上等者直接授官，中等者直接参加殿试，下等者直接参加省试，即所谓“上等以官，中等免礼部试，下等免解”。

“三舍法”是在太学内部建立起严格的升舍考试制度，对学生的考察和选拔力求做到将平时行艺与考试成绩相结合，学行优劣与对他们的任职使用相结合，这有利于调动学生学习的积极性，提高太学教学质量。

（3）元代的“升斋等第法”和“贡生制”。

元代学校考试制度的典型代表是国子学实行的“升斋等第法”和“贡生制”。“升斋等第法”就是把国子学分为上、中、下三个等级六个斋舍，学生按照程度分别进入各个斋舍学习不同的内容，依据其学业成绩和品德行为，依次递升的方法。汉人学生升至上两斋，蒙古人、色目人升至中两斋后，只要两年未曾犯过，则允许按月参加考试，依其成绩判分，一年内积至八分为及格，可充高等生员。坐斋三年以上即可充贡举，其中最优者六人可直接授官。这种选拔优异生员直接授官的制度成为“贡生制”，是西周以来学校考试与选士制度相结合的传统的延续。

（4）明代的“六堂教学法”。

明代国子监教学组织分为“六堂”，初等生员入“正义”“崇志”“广业”三堂，修业一年半以上；初等生员修业期满，文理流畅的，升中等，入“修道”“诚心”二堂，修业一年半以上；中等生员修业期满，经史兼通，文理全优的，升高等，入“率性”堂。生员升入“率性”堂，则用积分制，按月考试，一年内积分达到八分者为及格。但在学校需满700天才可毕业，毕业后即派相应的官职。

（五）中国古代教育评价的特点

纵观我国古代教育评价活动的发展历程，可以看到，我国古代社会的教育评价活动有两个突出特点：第一，教育评价与选士制度紧密结合，学校考试是学生入仕的重要途径；第二，科举考试是这一时期最完备的教育评价制度。在历代科举考试的演化中，人们对考试的意义及其与学校教育的关系的认识越来越清晰。在考试的组织、管理、方法、评分等方面逐渐形成了一整套较为严密的制度。这是中国传统文化的一大特色，也是对教育评价理论和实践的贡献，为现代教育评价制度的形成与发展奠定了一定的实践基础。

二、 中国近代教育评价

1905 年，中国废除科举制，开始参照西方现代学校制度兴办新式学校，现代意义上的教育评价在西方教育测量和教育评价理论的影响下，开始发展起来。

（一）清末“新教育”中的教育测评活动

20 世纪初，受教育科学化运动的影响，西方教育测量与评价呈现出蓬勃发展的态势，兴起了教育测量与评价运动。经历鸦片战争后，中国思想界发生了急剧的变化，改良主义思潮逐渐形成并发展，终于出现了百日维新的改革。清政府为了维护其统治不得不开始推行新政。教育上也做出了一些改革，实行“新教育”，设立新学堂，建立新学制。这一方面加速了科举制的衰亡，同时促使了新的测评制度的出台。

壬寅—癸卯学制中，明确学制为初、中、高三段并七级，对各级各类学校培养目标做出了具体规定，对一些专门领域提出了具体专业素养要求，如规定初等小学的培养目标为“启其人生应有之知识，立其明伦理爱国家之根基，并调护儿童身体，令其发育”，以此为依据对学生进行测评。对学校的测评考试也做了明确的规定：学堂考试分不定期的临时考试及学期、年终、毕业、升学等 5 种考试形式。按百分制评分，评价指标为：80 分以上为最优等，60 分至 80 分为优等，40 分至 60 分为中等，20 分至 40 分为下等，20 分以下为最下等，以 20 分为及格线。这样，在 20 世纪初，出现了与封建科举制度并存的新教育下的教育测评制度。

为了加强对教育的管理和督查，清末建立督导制度，并设立了相应机构。1905 年，清政府下令停止科举，同时成立学部，作为统辖全国教育的行政机关。学部成立的第二年奏定官制，部内设视学官。视学的督导范围，包括各级教育行政部门的工作及各类学校的教育、教学和卫生、设施、经费等各个方面。视学在巡视评价的基础上写出报告，作为对教育行政官员及办学人员的升降、奖惩的依据。

（二）五四运动后教育测评活动的蓬勃开展

五四运动后，国民思想空前解放，西方教育思想大量涌入。我国早期的教育理论工作者，在西方测验运动的影响下，做了大量工作，教育测验活动空前活跃，主要表现在四个方面。

第一，翻译引进国外的测验量表。1922 年费培杰首先将《比纳智力测验量表》译成中文，1924 年陆志伟又发表了修订的《斯坦福—比纳量表》。20 世纪 40 年代末，韦科斯勒量表也被引入我国。

第二，自编各种测验相继出现。1928 年俞子夷编制的《小学毛笔书法量表》问世，这是我国最早的标准测验量表。以后廖世承、陈鹤琴、陈杰夫等人又编制了各种测验。至1928年各科测验已不下数十种，一时在我国也形成了一种测验运动。

第三，建立研究组织，开设测量课程。1931年，在一些学者的倡导下，成立了中国测量学会，开展测验理论研究。这是我国教育测量方面的第一个专门学术研究的组织。早在1920年廖世承和陈鹤琴就在南京高师开设测验课程，并用心理测验量表对学生进行了测验，这是我国正式运用科学心理测验的开始。自中国测量学会成立后，全国各大学教育系和中等师范学校普遍开设了教育测量学的课程。

第四，理论研究取得了进展。中国测量学会成立后，关于测量的理论研究得到了加强，发表了一些有关理论探讨的文章。1932年，《测验》杂志创刊，进一步促进理论研究的发展。这期间，出版了一批有关测量的著作。如孟宪承等人合著的《测验之学理的研究》、陈选善的《教育测验》、王书林的《心理与教育测量》等。20世纪40年代以前，我国出版的心理与教育测量方面的专著已达20多部。

（三）新民主主义革命时期党领导下的教育测评活动

中国共产党从成立起，就十分重视教育工作，及时制定了教育纲领，从社会教育、政治教育和学校教育三个方面提出了明确的教育目标和要求，作为发展教育的方向和评价教育的准则。1940年1月，毛泽东的《新民主主义论》发表，科学地揭示了文化教育和政治、经济的关系，阐明了新民主主义文化教育是民族的、科学的、大众的新文化和新教育，中国新民主主义革命时期的文化教育纲领得以确立，评价教育的准则得到了进一步明确。

依据党的教育纲领，中国人民抗日军事政治大学（简称“抗大”）确立了“坚定正确的政治方向，艰苦奋斗的工作作风，机动灵活的战略战术”的教育方针。在教育测评方面，积极改革考试方法，开展富有创造性的教育测评活动。首先，转变测评思想，把考试作为推动学习、检查教学和学员学习情况的一种手段。同时在考试方法上进行改革，其具体做法为：

第一，改革书面考试。考前教员先拟定考题，指定参考书目，学员自行准备后小组讨论，再吸收、补充他人见解，结合本人观点材料做成答卷，学员交换阅卷。

第二，加强了实际斗争中的考试。抗大组织学员到战斗和工作第一线接受检验。评价方法的创新，有效地克服了“分数主义”“锦标主义”“及格主义”，促进了学员学习的主动性和积极性。

（四）民国时期的毕业会考制度

民国政府为了全面控制学校，于1932年5月，教育部公布了《中小学毕业会考暂时规定》，通令各省市县教育行政主管部门对所属公立及立案的私立中小学应届毕业生，在经过所在学校考试合格后实行会考。要求各科考试成绩合格者始得毕业；一科或两科不及格者，可复试一次，复试仍不及格者，可补习一年再参加该科考试一次；会考三科以上不及格者，应令其留级，亦以一次为限。

另外，1912 年教育部成立时便在部内设置了视学处，1914 年又设置省及县视学，规定部视学“承长官之命掌学务之视察”，省视学“承省教育行政长官之命，视察全省教育事宜”，县视学“秉承县知事，视察全县教育事宜”。随即陆续出台了《视学规程》等一系列有关督导工作的规定，强化了督导的法规建设。

第二节

西方教育评价的历史脉络

在西方，伴随着现代学校教育的普及和中国科举制度的传入，渐以笔试代替口试，1702 年英国的剑桥大学最早以笔试代替了口试。笔试的出现是学生学业测评方法的一大进步，也引发了“教育测量运动”，研究测量的标准化和客观化问题。

一、 教育评价学的萌芽

（一）以考试为主时期

西方学校早期多以口试评定学生学业状况，19 世纪上半叶以前，学校评价学生的基本方法是对学生逐个进行口试。其执行主体主要是教师，其目的是检查学生的学习情况。评价通常伴随在教学过程中或在教学之后进行，随意性和主观性很大，缺乏统一的标准和应有的客观。

19 世纪工业革命给西方社会带来了经济和技术的迅速发展。广泛和迅速地提高劳动者的素质和技能成为当时社会发展的迫切需要。西方学校的规模不断扩大，班级授课制已成为普遍的教学组织形式，笔试的出现成为必然。

1845 年，美国麻省波士顿教育委员会第一次使用试卷大规模地测验学生学习成绩，测试科目主要是地理学、法语、历史、自然哲学、天文学、写作和算数，等等。这是教育评价史上的一件大事，因为它开创了用学生测验分数作为依据来评价一所学校的教学质量或教育方案的模式。笔试第一次在西方得到官方的认可。此后，笔试在西方就逐渐流传开来。

评价方法从口试为主发展到以笔试为主，是一个了不起的进步。因为相对于口试而言，笔试拥有极大的优势：第一，口试不能用相同的考题考查不同的应试者，考试就失去了统一的标准，而笔试可让应试者做相同的题目，进行公平竞争；第二，口试耗费的时间多，效率低，在相同的时间里，笔试能获得更多有关学力的信息资料；第三，口试不能保存原始资料，而笔试可保存考试资料，以便事后吸取经验，总结教训，也有利于改进以后的考试；第四，口试成绩在很大程度上受考官的情绪、考场气氛、应试者的性格等因素的左右，而笔试则比较客观、可靠，可以减少考官对个别应试者的偏袒或歧视。

（二）教育测量运动的发端

书面考试取代了口试之后，如何提高测验客观性的新问题出现。针对这个问题，一些学者做了许多研究。

1864 年，英国格林威治医学院校长乔治·费舍（G. Fisher）为了对自己学校学生的试题答案和作品进行客观评分，收集了大量学生成绩样本，区分优劣，汇编成了成绩量表，称作《量表集》。这是用科学方法研究教育测量问题的最初尝试。他的成果成为 50 年后桑代克（E. L. Thorndike）等人开展“教育测量运动”的重要依据。他本人被后人称为致力考试客观化的先驱。

1879 年，冯特（Wundt）在德国莱比锡大学设立了第一个心理学实验室，为进一步揭示人的心理本质问题设计了种种周密的实验方案和实现这些方案的各种严密的测量方法。此后，在实验心理学的研究中，心理学家们摸索出了一套测量的方法。

1882 年，英国高尔顿（Sirf. Galton）在伦敦设立了人类学测验实验室，对人类个别差异进行研究。他在统计学者皮尔逊（K. Pearson）的帮助下，设计了许多统计方法。一些教育家借鉴这些统计方法，把不同学生的学习能力和学习效果量化，并加以客观比较。

1895 年，法国的比纳（A. Binet）等设计了一套智力测验方法，主要是为了鉴别学习差的儿童，以便采取补救措施。

1897 年，美国的莱斯（J. M. Rice）对 20 所学校的 1.6 万名学生所做的拼字测验的结果引起了人们对教育测量极大的关注。测验结果显示：8 年中每天花 45 分钟进行拼字练习的学生的测验成绩同每天花 15 分钟进行拼字练习的学生的测验成绩并没有多大区别。于是，他提出要对教学方案进行改进。1895—1905 年，莱斯还编制了算术、拼音、语言等测验，他自己也被称为教育测量的先驱者。

在这一阶段，一是用试卷分学科测量学生的学业成绩，提高了考试的效率，增强了客观性和可比性；二是学者们开展了各种研究，取得显著的成果，这些成果引发了一场教育测验运动。

（三）教育测验运动的兴盛

19 世纪末到 20 世纪 30 年代的教育评价进入了一个新的阶段，这一阶段也被称为教育测量运动。

教育测量运动的中心人物是美国著名心理学家桑代克。1904 年，桑代克发表的《心理与社会测量导论》，被高度评价为测量学上划时代的著述，并被称为教育测量形成的标志。书中介绍了统计方法及编造测验的基本原理，特别是提出了“凡存在的东西都有数量，凡有数量的东西都可以测量”的基本观点，为教育测量奠定了理论基础。1909 年，桑代克发表了《书法量表》，此后又编出了《拼音量表》《作文量表》《图画量表》，形成了测量史上最早的标准量表。从桑代克发表《书法量表》到 1928 年为止，已有标准心理测验和标准学历测验 3 000 余种之多。人们不仅在学业、检查、教育诊断、课程调查、教育实验方面应用客观性测验，就连教师也开始在教学中采用客观测验。

1915 年以后，大学介入了教育测验领域的研究，并指导当地测验运动，取得了很大的成就，出现了三种不同性质的测验，即学业测验、智力测验和人格测验。

总之，这一时期，教育测验有以下重大发展：在测验的内容上，由单科测验向综合测验发展，由单一的智力测量发展到学力测量、人格测量；在测验的范围上，由小学向其他学校发展；受心理测验的影响，教育测量的客观化、标准化得到了极大的重视。以往学校系统的测量主要采用标准参照测验，在这期间出现了常模参照测验；教育测量的理论得到了充分发展，并且日趋成熟和完善；教育测验与心理测验相互交融，但已出现了专门的教育测量。

二、 教育评价学的产生与发展

（一）泰勒模式阶段（1930—1945 年）

1929—1940 年，资本主义世界爆发了举世罕见的经济危机。美国经济在这次危机中严重受挫，导致了大量工厂倒闭，大批工人失业；同时也导致了大量学校关门、大批教师失业。而在 20 世纪 30 年代，美国完成初等教育的人数剧增，但经济的大萧条使得大批青少年无法就业，只能进入学校学习。而当时美国的中学在大学入学考试这根“指挥棒”的制约下，其课程为大学入学服务，不适应失业青年的需要。

基于现实需要，1933 年，进步教育协会实施了一项为期八年的高中教育改革实验研究，即“八年研究”。该研究在全国选了 30 所中学参加实验研究，这些学校被称为“进步学校”，同时征得 300 所大学同意，对来自这些学校的学生进行新教育计划的实验。为了评价其研究成果，进步教育协会邀请了美国俄亥俄州立大学 R. W. 泰勒教授对教育改革的成效进行了评估，并于 1942 年发表了“八年研究”报告，即《史密斯—泰勒报告》。

上述报告中，泰勒和他的同事对教育测验运动进行了反思，认为以往的测验是以教科书为中心的，仅考查学生对课程规定内容的机械记忆，不能考查学生运用课本知识解决实际问题的复杂行为和技巧，不能检查学生的实际动手能力。

通过这场研究，泰勒和他的同事正式提出了教育评价的概念，即教育评价就是衡量实际活动达到教育目标的程度，测验是它的手段。同时，还将教育目标作为评价过程的核心和关键，对实施评价的方法、步骤以及评价结果的运用等，做出了可操作的详细说明。这是泰勒创立的“目标模式”，又称“泰勒模式”。

泰勒的“目标模式”将教育评价分为四步：第一，确定教育目标；第二，设计评价情境；第三，选择和编制评价工具；第四，分析评价结果。

这一评价模式具有以下优点：①评价结构十分严谨。它将目标作为教育活动和评价活动的主要依据，使评价有了可以把握的标准。②操作性比较强。将目标作为评价的标准，并将行为目标作为评价的对象，使评价有了明确的依据与标准，便于操作。③提高了评价的效率。泰勒提出将结果与目标进行比对的方法大大节省了评价过程中人力与物力的消耗。④改善了评价的功能。泰勒的教育评价强调学生的目标达成度，使评价活动直接反映学生成绩与所要求的目标间的差异。这对判定学生成绩与目标间的差距，判明学生的学习进展情况提供了许多有用的信息。

这一模式的不足之处在于：①它是一种注重结果的总结性评价，没有突出教育评价的改进功能。②评价受到技术的限制。教学活动的所有目标通常很难全列出来，同时罗列出来的目标又不一定都能转化为行动目标。这就给教育评价带来了难题，要么难以进行评价，要么只能评价部分教育目标。③忽视了非预期的教育效果。实际的教学活动中不仅会产生各种目标所规定的预期目标，而且会产生许多非预期但是却有教育价值的效果。目标模式对非预期的教育效果没有给予应有的关注，扼杀了非预期行为的价值和师生在教学中的创造性。④目标本身的合理性没有得到判断。

“八年研究”就教育评价的发展产生了巨大影响。在此之前的教育评价都是根据学生在测验中的行为表现做出判断，而这种测验通常只能检测简单的技能和学生对知识的记忆。“八年研究”证实：教师在教学中通常追求多项教育目标而不是单一的知识目标；通过问卷、观察、作品分析和测验都可以评估学生在每个目标上的进展情况，而不是只有测量这一种方法。

（二）稳定发展阶段（1946—1957 年）

这一阶段，教育评价研究没有大的突破，泰勒模式仍然是教育评价工作的重要指导思想，但是也取得了一些新的成就，在教育评价方法和技术上有了两个重要的进展，使得教育评价在泰勒评价理论的基础上向科学化、可操作化的道路上迈进了一大步。

一是标准化测验的迅速发展，出现了许多新的全国性标准化测验。1947 年，林德克威斯特（E. F. Lindquist）和泰勒等帮助国家建立了教育测验服务机构，促进了教育测验的进一步发展。20 世纪 50 年代，标准化测验的实践迅速扩大，专业组织参与了测验的设计。1950 年古里克生（Gulliksen）发展了经典测量理论，使其系统化。1953 年，林德克威斯特发展和应用了实验设计原理。1954 年，美国心理联合委员会提出关于成绩测验技术方案；1955 年美国教育调查联合委员会和国家教育测量委员会提出关于成绩测验技术方案。这两个方案是 1966 年编辑教育和心理联合地区测验标准手册以及 1974 年修订教育和心理测验标准的基础。

二是教育技术得到进一步发展，出现了教育目标分类学。为了更加明确各类教育目标，使教育评价达到预期效果，1956 年美国心理学家布鲁姆对认知领域的教育目标进行科学分类。随后克拉斯沃尔（D. R. Krathwohl）等人又对情意、技能领域的教育目标进行分类研究。以上研究充实和完善了教育目标分类理论，使教育评价走上了科学化发展道路。

（三）反思与改造阶段（1958 年—20 世纪 70 年代中期）

20 世纪 50 年代后期和 60 年代早期，联邦政府投入大量资金，较大规模地评价课程发展计划，这标志着一个教育评价新时期的开始。

1957 年苏联的人造卫星先于美国上了天。它沉重地打击了美国人的优越感并开始引起他们的反省。经过一番争论，美国的政府和公众都把科技落后的原因归咎于教育的落后，为了改变这种状况，1958 年美国联邦议会通过了《国防教育法》，要求政府拨巨款投资于教育。在投入大量经费发展教育的同时，政府和公众要求对教育工作实行科学的评价。1963 年美国政府正式提出要对教育的效能和质量进行评价，并大量拨款用于教育评价理论、技术与方法的研究和专门的教育评价工作人员的培养。

在这一时期，人们在遵循泰勒模式对政府的投资效益进行评价的过程中发现了一些问题，一些学者对当时占据统治地位的泰勒模式提出了异议。这些异议包括：第一，教育评价如果单纯地以目标为中心和依据，那么目标本身的合理性和可行性又可以怎样得到保证呢？第二，任何教育活动，除了要达到的预期目标之外，还会产生各种非预期效应和效果，对它们又怎样来评价呢？第三，教育过程是受教育者个人自我实现的过程，每个人都是自身的创造者，是自己生活的创造者，因此，如果用统一的标准和模式要求他们，限制他们的自由发展，用固定的准绳衡量教育和教学结果，这是根本不能接受的。这些争论导致许多新的评价模式的产生，其中主要有斯塔费尔比姆的“CIPP”模式、斯克里芬的“目标游离模式”和斯塔克的“应答模式”等。

20 世纪 60 年代后期和 70 年代早期，美国一些学者又掀起了一场对于相对评价的批判。这场批判中提出的中心问题是：教育评价的本质是什么？它应当起到什么作用？教育评价在现实生活中究竟应当完成什么任务？等等。这场辩论把教育评价推入了一个新的发展阶段。

（四）批判与重建阶段（20 世纪 70 年代以来）

20 世纪 70 初，随着对课程改革运动的深刻反省，传统评价方式受到猛烈冲击，人们渴望发展评价的新理论和新方法。1972 年 11 月，14 位学者聚集到英国剑桥大学丘吉尔学院（Churchill College），讨论评价理论与方法的创新问题。他们认为，在传统的教育评价中，心理实验或心理测验的方法一直占优势，这类方法适用范围狭窄，无法解决评价中遇到的复杂问题。因此，他们建议用新的文化人类学的研究范式取代旧有范式，即认为评价不是对预期教育结果进行测量和描述，而是对整个方案，包括前提假设、理论基础、实施效果及困难问题等进行全面深入的研究。质性评价方法由此兴起，并开创了一个新的评价时代。

20 世纪 70 年代，世界各国还创办了许多为评价者交流评价工作信息的专业杂志，如《教育评价和政策分析》《评价研究》《评价评论》《方案评价新探》《评价和方案计划》和《评价信息》，等等。实践证明，这些杂志在传播评价工作各方面的信息方面，很好地发挥了交流平台的作用，是教育评价繁荣发展的重要促进力量。

许多大学也开始开设评价方法论的课程（不同于调查研究方法论），一些大学，例如，伊利诺斯大学、斯坦福大学、波士顿大学、明尼苏达大学和西密执根大学增设了研究生的评价课程，奴伐大学可能是最先要求在博士生课程中增设评价课程。同时，还建立了研究中心，用以研究和发展评价，如斯坦福评价协会、伊利诺斯大学的教育研究和课程评价中心、西密执根大学评价中心、波士顿大学评价和教育政策研究中心等。

这一时期出现了一系列新的教育评价模式。这些评价模式的共同特点就是评价中不只是单纯地从评价者的需要出发，而是考虑到所有参与人的需要，强调个体的经验、活动和主观认识的作用，不过分追求客观性，并试图摒弃数量特征，从人的角度出发，重视人文社会科学方法在评价中的运用。在评价过程中，评价者的职责就是把收集到的这些资料与众人讨论，并以磋商的形式逐渐消除分歧，最后达成共同的、公认的、统一的观点。

◆第三节◆

我国教育评价的政策背景

一、 初步探索阶段（1949—1977 年）

这一时期，教育评价制度进展缓慢，出台的政策文件相对较少，有关教育评价制度的概念和体系虽尚未形成，但已经开始了对教育评价制度的初步探索，如国家出台的《关于改革学制的决定》《关于整顿和发展中等技术教育的指示》等早期教育评价政策文件。

中华人民共和国成立初期，由于政治上的原因，认为苏联的教育是社会主义的教育，予以全盘肯定并采取全盘照搬的拿来主义态度。而欧美教育和旧中国的教育遗产被贴上“资产阶级”和“封建主义”的标签而遭到全盘否定。在这种条件下，欧美的先进教育思想无法引入，旧中国的研究成果被全部清除。当时，我国的教育评价研究主要表现为以五分制为核心的苏联式成绩考评法。如广东教育与文化月刊社编的《学习五级分制计分法》（1952 年版）一书，说明如何贯彻五级分制。外国语学校外语教学丛书编委会编的《五级分制与考试的检查工作》（1953 年版）一书，讨论如何在外语教学和考试中应用五级分制。

20 世纪 50 年代末，中苏矛盾初见端倪。60 年代初，政治上的斗争延伸到教育领域，由 50 年代对凯洛夫教育学的全面接受转向对之进行全面批判。此后，各校恢复百分制，注重对学生进行全面评价，特别注重对学生政治表现的评价。

1966 年始，由于“文化大革命”，高等学校的招生被迫中断。

1972 年起，多数高校开始恢复招生，但此时主要招收具有两年以上实践经验和初中毕业以上文化程度的工农兵学员，以推荐为主，取消了文化课的考试。高考制度的废止，致使我国教育评价研究再次受到重创。直到 1977 年，国务院批转了教育部《关于 1977 年高等学校招生工作的意见》，我国教育评价制度的研究和实践才开始重新起步。

总的来说，在初步探索阶段，我国的教育评价工作重点不再局限于宏观层面的教育评价，而是扩展到了学校和教学评价等方面。虽然政策体系尚未建立，制度的雏形并未完全显现，但其内涵已渗透在相关政策中，为后期教育评价政策的制定和实施提供了一定的经验基础和政策空间。

二、 快速兴起阶段（1978—1989 年）

1977 年 8 月，教育部在北京召开全国高等学校招生工作会议，会议确定了《关于1977年高等学校招生工作的意见》。新的招生制度采取“自愿报名，统一考试，地市初选，学校录取，省、市、自治区批准”的办法。统一招生制度的恢复，受到社会各界的普遍欢迎，也对教育评价提出了新的要求，极大地推动了教育评价的理论研究与实践改革。

1978—1989年是我国教育评价制度的快速兴起阶段，这一时期出台了《关于教育体制改革的决定》《关于转发国家教育委员会中、小学教师职务试行条例等文件的通知》等为代表的教育评价相关政策，标志着我国教育评价制度的研究和实践进入了全面开展阶段。1978年党的十一届三中全会以后，我国进入改革开放和社会主义全面建设时期，为进一步推进教育评价制度的发展，党中央做出了一系列新的部署。

1985年5月，《中共中央关于教育体制改革的决定》（以下简称《决定》）的颁布标志着我国教育评价的研究与实践又进入一个新的发展时期。《决定》强调，国家及其教育主管部门要加强对高等教育的宏观指导与管理，教育管理部门要组织教育界和用人部门定期对高等学校的办学水平进行评估，对成绩卓越的学校要给予支持与奖励，办得不好的学校要整顿以至停办。同年11月，国家教委出台《关于开展高等工程教育评估研究和试点工作的通知》，提出建立高等工程教育评估制度的要求，并全面部署了对高等工程教育的评价研究和试点工作。由于国家的重视、支持与引导，教育评价研究在20世纪80年代中后期大规模地开展起来了。

1986年出台的《关于第七个五年计划的报告》中又指出：“要加强教育事业的管理，逐步建立系统的教育评估和监督制度。”由于国家的引导、组织和扶持，我国教育评价制度建设得以迅速发展。同年，中央职称改革工作领导小组颁布的《关于转发国家教育委员会中、小学教师职务试行条例等文件的通知》为标志，我国教师评价制度基本成型。

总的来说，在快速兴起阶段，教师替代前一个阶段的教育和学校，成为我国教育评价制度的研究重点。结合前期政策制定的经验，我国教育评价制度不断调整和适应，在国家政策的大力推动下，我国教育评价制度获得了空前的发展动力和制度空间，政策内容更为具体。

三、繁荣发展阶段（1990—2009年）

1990年10月和1991年4月，国家发改委分别发布了《普通高等学校教育评估暂行规定》和《教育督导暂行规定》，对教育评价的目的与作用、基本形式、组织程序以及相关政策都做了规定。这两个文件使中国教育评价理论研究和实践活动进入了一个新的阶段，逐步正规地开展教育评价工作，提高教育管理水平。其中《普通高等学校教育评估暂行规定》是中华人民共和国成立以来第一个关于教育评价的行政性法规，是教育评价一般规律与我国教育实情相结合的产物，它标志着我国教育评价理论和实践工作走向了规范化，并为其进一步的发展提供了重要的制度保证。

1993 年《中国教育改革和发展纲要》颁布，该文件对教育评价的地位、作用有了明确的规定："建立各级各类教育的质量标准和评价指标体系，各地教育部门要把检查评价学校教育质量作为一项经常性的任务。"《中国教育改革和发展纲要》的出台，推动中国教育评价的理论研究走向深入发展。

1999 年，中共中央、国务院颁布了《关于深化教育改革全面推进素质教育的决定》，它主要着眼于在知识经济背景下"深化教育改革，全面推进素质教育，构建一个充满生机的有中国特色社会主义教育体系，为实施科教兴国战略奠定坚实的人才和知识基础"。其第 13 条要求"加快改革招生考试和评价制度，改变'一考定终身'的状况"，要"逐步建立具有多种选择的，更加科学和公正的高等学校招生选拔制度"，要"建立符合素质教育要求的对学校、教师和学生的评价机制"。

2001 年 5 月，国务院又颁布了《国务院关于基础教育改革与发展的决定》（以下简称《决定》），它以"全面贯彻党的教育方针，大力推进基础教育的改革和健康发展"为宗旨。其第 25 条规定："改革考试评价和招生选拔制度"；同时它还要求"加强和完善教育督导制度"。伴随着《决定》的实行，新一轮基础教育课程改革在全国范围内开展起来。

为了推进课程改革的顺利推进，教育部于 6 月颁布了《基础教育课程改革纲要（试行）》（以下简称《纲要》），要求"大力推进基础教育课程改革，调整和改革基础教育的课程体系、结构、内容，构建符合素质教育要求的新的基础教育课程体系"。对于学生的发展，《纲要》要求从"知识与技能、过程与方法、情感态度与价值观"等方面进行全面评价。对于课程评价，《纲要》要求要"建立促进学生全面发展的评价体系"，"建立促进教师不断提高的评价体系"，"建立促进课程不断发展的评价体系"。《纲要》还要求"继续改革和完善考试制度"。

随着新一轮基础教育改革的推进，人们发现，要使课程改革在实践中取得成效，必须进行考试制度的改革。于是教育部又于 2002 年颁布了《教育部关于积极推进中小学评价与考试制度改革的通知》，它指出："现行中小学评价与考试制度与全面推进素质教育的要求还不相适应，突出在强调甄别与选拔功能，忽视改进与激励的功能；注重学习成绩，忽视学生全面发展和个体差异；关注结果而忽视过程，评价方法单一；尚未形成健全的教师、学校评价制度等。"

总的来说，在繁荣发展阶段，党领导我国的教育评价制度开始向正规化、系统化的方向迈进，相继出台了高等学校教育评估、中小学校督导评估、普及义务教育评估、职业院校人才培养工作评估等专门文件，为后续我国教育评估制度的全面发展和政策体系的完善提供了经验和政策基础。在这个阶段，初步建立了教育评价制度，为在全国正规开展教育评价工作提供了制度保证。

四、 全面提质阶段（2010—2020 年）

2010 年《国家中长期教育改革和发展规划纲要（2010—2020 年）》中明确提出了“整合国家教育质量监测评估机构及资源，完善监测评估体系”“探索与国际高水平教育评价机构合作，形成中国特色学校评价模式”“明确各级政府责任，规范学校办学行为，促进管办评分离”“探索综合评价、多元录取的考试招生制度”等推进教育评价改革的具体要求。这是之后一个时期指导我国教育评价制度改革和发展的纲领性文件。我国教育评价制度至此进入到全面提质阶段。

2013 年《中共中央关于全面深化改革若干重大问题的决定》的第 42 条“深化教育领域综合改革”中强调，“推行综合评价多元录取机制，多元主体参与的运行机制”。可见，在这一时期，综合评价制度逐步确立，并进入到全面推进时期。同时在综合评价制度稳步推进以及立德树人教育体系逐步完善的背景下，教育评价制度的多元主体格局也基本形成。教育领域的发展需求和信息技术的日新月异，对我国教育评价制度提出了新要求和新挑战。

2014 年，国务院发布《国务院关于深化考试招生制度改革的实施意见》，指出：“改革开放 30 多年以来，我国考试招生制度不断改进完善，初步形成了相对完整的考试招生体系，为学生成长、国家选才、社会公平做出了历史性贡献，对提高教育质量、提升国民素质、促进社会纵向流动、服务国家现代化建设发挥了不可替代的重要作用。这一制度总体上符合国情，权威性、公平性社会认可，但也存在一些社会反映强烈的问题，主要是唯分数论影响学生全面发展，一考定终身使学生学习负担过重，区域、城乡入学机会存在差距，中小学择校现象较为突出，加分造假、违规招生现象时有发生。”为此，需要进一步推进高考改革，并就招生计划分配方式、考试形式与内容、招生录取机制、监督管理机制等方面提出了改革意见。

改革开放以来，我国教育体制改革不断深化，政府、学校、社会之间关系逐步理顺，但政府管理教育还存在越位、缺位、错位的现象，学校自主发展、自我约束机制尚不健全，社会参与教育治理和评价还不充分。为进一步提高政府效能、激发学校办学活力、调动各方面发展教育事业的积极性，2015 年 5 月，教育部颁布了《教育部关于深入推进教育管办评分离　促进政府职能转变的若干意见》，要求推进教育管办评分离，厘清政府、学校、社会之间的权责关系，健全学校自主发展、自我约束的运行机制，转变政府职能，开展第三方评估，以建构三者之间新型的良性互动机制。

同时，各级学校进行了教育评价的改革。2018 年 11 月，中共中央、国务院印发的《关于学前教育深化改革规范发展的若干意见》是中华人民共和国成立以来第一个以中共中央、国务院名义印发的关于学前教育工作的文件，具有重要的里程碑意义。2019 年 6 月，中共中央、国务院印发《关于深化教育教学改革　全面提高义务教育质量的意见》和《关于新时代推进普通高中育人方式改革的指导意见》，其中，《关于深化教育教学改革　全面提高义务教育质量的意见》是中华人民共和国成立以来，中央出台的第一个聚焦义务教育阶段教育教学改革的重要文件，是新时代我国深化教育教学改革、全面提高义务教育质量的纲领性文件。《关于新时代推进普通高中育人方式改革的指导意见》是 21 世纪以来国务院办公厅出台的第一个关于推进普通高中教育改革的重要纲领性文件。

2019 年 12 月，中共中央办公厅、国务院办公厅《关于减轻中小学教师负担　进一步营造教育教学良好环境的若干意见》，进一步做好统筹规范督查检查评比考核等事项，督促大中小学和幼儿园清理学校内部对教师的评价事项，有效解决长期以来反响强烈的各种问题。

这一时期更加注重发展和强调改革创新，关注教育公平，明确了提高教育质量和育人为本的新思想、新理念；教育评价政策所辐射的范围愈发广泛，更多的政府职能部门和社会机构开始协同参与到教育评价政策的制定和实施中；多次提到要建立健全各级各类学校教育、教师和学生的综合评价制度机制，推动教育领域综合评价改革；提高人才培养质量、推动教育全面发展、建设教育强国是该阶段最为显著的目标定位。

五、　深化改革阶段（2020 年至今）

目前，我们的教育总体上符合我国国情、适应经济社会发展需要，但也存在一些突出问题和短板，特别是教育的压力普遍迁移，学前教育、基础教育普遍存在超前、过度教育现象，既有损学生身心健康成长，也加重家庭经济和精力负担；高等教育经历了量的快速扩张，质的提升矛盾越来越突出；教育重知识、轻素质状况尚未得到根本扭转，教风、学风亟待进一步净化；党对教育领域的领导和党的建设、思想工作亟待加强。解决这些问题，迫切需要深化教育体制改革。①

为了解决这些问题，中共中央、国务院于 2020 年 10 月 13 日印发的《深化新时代教育评价改革总体方案》（以下简称《总体方案》），其目标是经过 5 ~ 10 年努力，各级党委和政府科学履行职责水平明显提高，各级各类学校立德树人落实机制更加完善，引导教师潜心育人的评价制度更加健全，促进学生全面发展的评价办法更加多元，社会选人用人方式更加科学。到 2035 年，基本形成富有时代特征，彰显中国

① 习近平. 习近平谈治国理政：第 3 卷［M］. 北京：外文出版社，2020：347.

特色、体现世界水平的教育评价体系。《总体方案》尝试"完善立德树人体制机制，扭转不科学的教育评价导向，坚决克服唯分数、唯升学、唯文凭、唯论文、唯帽子的顽瘴痼疾，提高教育治理能力和水平，加快推进教育现代化、建设教育强国、办好人民满意的教育"。

《总体方案》是中华人民共和国第一个关于教育评价系统改革的文件。它的出台实施，对于全面贯彻党的教育方针，完善立德树人体制机制，破除"五唯"顽瘴痼疾，引导全党全社会树立科学的教育发展观、人才全面观、选人用人观具有重大意义，必将有利于推动构建服务全民终身学习的教育体系，培养担当民族复兴大任的时代重任。

为解决教育领域长期存在"重智、轻德、弱体、少美、缺劳"的问题和完善德智体美劳全面培养的教育机制，政府出台了多项相关政策。2020 年 3 月，中共中央、国务院下发《关于全面加强新时代大中小学劳动教育的意见》，明确对地方各级政府和有关部门保障劳动教育情况以及学校组织实施劳动教育情况进行督导，督导结果作为衡量区域教育质量和水平的重要指标，作为对被督导部门和学校及其主要负责人考核奖惩的依据，同时开展劳动教育质量监测，强化反馈和指导。10 月，《关于全面加强和改进新时代学校体育工作的意见》和《关于全面加强和改进新时代学校美育工作的意见》出台，要求把学校体育工作摆在更加突出位置，进一步强化学校美育育人功能，构建德智体美劳全面培养的教育体系。德智体美劳全面发展的教育思想随着时代发展逐步嵌入我国的教育目标，并融进我国的教育体系构建过程中，开启了从五育并举到五育融合的新转向。

随后，教育部针对各级各类学校的教育评价纷纷出台，要求建立以发展素质教育为导向的义务教育质量评价体系。2021 年 3 月，教育部印发的《义务教育质量评价指南》提出：要"坚持育人为本，面向全体学生，注重综合素质评价"，要"坚持问题导向，完善评价内容"，要"坚持以评促建，有效发挥引导、诊断、改进、激励功能，促进义务教育优质均衡发展"。2022 年 1 月，教育部印发的《普通高中学校办学质量评价指南》提出，建设"促进学生全面而有个性的发展"的普通高中学校教育，"推动深化普通高中课程改革和高考综合改革、促进普通高中多样化有特色发展"。2 月，教育部印发的《幼儿园保育教育质量评估指南》要求"尊重幼儿年龄特点和成长规律，注重幼儿发展的整体性和连续性"，坚持"以游戏为基本活动"，从而"有效促进幼儿身心健康发展、幼儿园安全优质发展"。

深化改革阶段对教育评价改革的总体要求、重点任务、组织实施做出了全面系统的部署，开启了新时代我国教育评价改革的大幕。

问题思考

1. 简述中国古代各个时期的选士制度。
2. 简述中国古代各个时期的学校教育评价制度。
3. 简述中国古代选士制度和学校评价制度之间的联系。
4. 简述西周的选士制度。
5. 简述汉代的选士制度。
6. 简述科举制。
7. 简述五四运动后我国的教育测评活动。

第三章
教育评价方案的编制与实施

学习目标

了解：熟悉教育评价程序的三个主要阶段，以及每个阶段的主要工作与任务；理解教育评价的准则和标准的内涵，了解评价者与被评价者的心理调控措施。

理解：掌握教育评价指标体系相关理论与技术，熟悉评价者和被评价者的常见评价心理。

掌握：识记教育评价的基本原则。

学习概要

本章围绕教育评价的程序着重阐述了三个方面的内容。

教育评价的基本程序及每个阶段的主要任务。教育评价的程序大致可以分为三个阶段：评价准备阶段，主要工作任务包括分析评价背景、建立组织机构、设计评价方案；评价实施阶段，主要工作任务包括试评价和正式评价，正式评价具体包括收集信息、整理信息、评议评分、综合评价；评价结果分析处理阶段，主要工作任务包括分析诊断问题、检验评价结果、反馈评价信息、总结改进评价工作等。

教育评价的准则与标准及其设计方法。教育评价的准则是在教育评价活动之前对被评属性或方面质的规定，教育评价的标准是对被评属性或方面量的要求。教育评价准则包括指标体系和概括性问题两种形式。其中，指标体系及其权重的设计是重点。指标体系的设计需要遵循一定的原则，重点处理好具体和抽象的关系、独立和相关的关系、定量与定性的关系等，其设计方法主要有因素分解法、理论推演法、经验法、头脑风暴法等，设计权重的方法主要有专家意见平均法、德尔菲法、秩和运算法、层次分析法等。教育评价的标准包括评价量表和评价标准两种形式。常见的评价量表有形容词量表、数字式量表、形容词—数字式量表、内涵定义式量表、外延定义式量表等；评价标准一般包括相对评价标准和绝对评价标准两种。

教育评价中的心理及其调控。教育评价中的心理主要分为评价者心理和被评价者心理，其中评价者心理主要表现为自尊心理、首因效应、近因效应、晕轮效应、类群效应、从众心理、逆反心理等，被评价者心理主要表现为疑惧心理、被审心理、应付心理、迎合心理、敏感心理、护短心理、嫉妒心理等，针对两者不同的心理状态，需要进行不同的心理调控。

第一节

教育评价的基本原则

一、客观性原则

客观性原则是指评价的过程和结果都应符合实际客观、尊重客观事实、实事求是。贯彻这个原则应注意以下几点。

第一，注重调查研究。要深入了解实际情况、广泛听取意见、全面搜集资料，确保评价信息来源的客观性。

第二，整理资料时，不随意夸大或缩小客观事实，鉴定要准确，评议要恰如其分。

第三，分析资料时，要努力排除个人主观偏见或个人情感因素的干扰，保持清醒和冷静的头脑，善于明察事实真相，洞察事件背景。要以客观事实为基础去分析问题。

第四，做评价结论时，要防止用主观印象来代替客观测定。做出结论时要以客观存在的事实为依据。

二、导向性原则

教育评价具有指挥导向。在教育评价中，对一间学校的管理人员、教职工和学生提出一套评价指标和标准，实际上是给他们提出明确具体的要求和发展目标。这套评价指标和标准在实践中时刻左右着办学方向和师生的努力方向，是教育和教学的“指挥棒”，给管理人员和师生的工作、学习指挥定向。贯彻这个原则应做到以下两方面。

第一，制定教育评价指标时，要认真学习教育理论，掌握教育规律，学习上级有关文件，领会精神实质，掌握好方针政策，力求使评价指标和标准符合国家的有关要求，并且反映时代精神，具有先进性和超前性。

第二，确保教育评价活动有利于促进学生身心健康发展，符合我国教育目的和要求，能够正向引导学生成长。

三、科学性原则

科学性原则是指教育评价的过程（包括确定指标体系、编制和实施评价方案）的各个环节都符合科学要求。贯彻这个要求应做到以下几方面。

第一，遵循教育评价活动的客观规律。只有按照教育评价活动的客观规律去开展评价活动，才能取得科学的评价结论，因此要认真学习和研究教育评价的理论，总结教育评价的经验，探索、归纳教育评价的规律。

第二，构建一个科学合理的评价指标体系，设计出符合科学实施程序的教育评价方案，并正确而熟练地掌握科学的评价方法、手段和技术。

第三，端正评价态度。在评价过程的每一个细节，都要严肃认真地对待，必须有严谨的科学态度和不怕麻烦、一丝不苟的工作精神。

第四，将定性分析与定量分析结合起来。所谓定性分析，就是对教育过程和结果在性质上进行分析。所谓定量分析，就是对教育过程和结果从数量方面进行分析。要注意从评价对象的实际出发，尽可能把定量评价和定性评价统一起来，不要从一个极端走向另一个极端。

第五，将静态评价和动态评价结合起来。静态评价，就是对评价对象已经达到的水平或已经具备的条件进行评价。它的特点是在评价时不考虑评价对象过去的情况和今后的发展趋势，只考虑评价对象在特定的时间和特定的空间中的现实状态。动态评价，就是对评价对象的发展状态的评价。其特点是进行纵向比较，注意评价对象的发展潜力和发展趋势。这个原则要求我们在进行教育评价时，要善于纵横比较，既要看评价对象的现状，又要用发展的眼光看待问题。

第六，将他评与自评结合起来。他评是指别人的评价，包括评价小组、与评价对象有直接关系者和群众。这是评价活动的主要方面。自评是指被评价者作自我评价，自评结果可作为总评的参考。自评更重要的意义在于调动被评价者积极参与评价活动，发挥其主体作用，同时，通过自评达到自我教育的目的。自评的大前提是，自评者必须忠诚老实、公正客观。否则，自评的结果不能作为印证他评结果的依据。

第七，将终结性评价和过程性评价结合起来。终结性评价注重活动的效果，过程性评价注重平时表现。将两者结合起来，可令评价结论更加全面和合理。

第八，坚持评价的整体性。整体性是指在进行教育评价时，要对组成教育评价对象的各个因素，进行不同侧面、不同水平的全方位的评价，不能以偏概全，以局部代整体。由于教育工作的复杂性和教育任务的多样性，教育质量往往从不同的侧面或不同的水平上反映出来，表现为一个由多因素组成的综合体。因此，要真实地反映教育的质量，必须进行多层面的考察和评定，分析教育评价对象各组成部分之间的关系，注意评价的整体性。

四、 公平性原则

公平性原则是指在评价活动中，在真理面前人人平等，一视同仁；要秉公办事，不要有私心杂念。评价指标要体现公平竞争性。贯彻这个原则应做到以下几方面。

第一，在同一范围内，对同类评价对象使用同一标准，不能使用不同标准。

第二，在短期内，如果评价标准未改动，对同类评价对象的评价标准应保持一致。

第三，评价指标、标准、权数和分值的确定都要合理、合情，评价等级和打分也要合理、合情。

第四，注意增值评价活动的透明度，在活动过程中坚持群众性和民主性。

五、 可行性原则

可行性原则是指评价方案在实施时行得通，评价指标和标准符合实际、具体可行，并能为被评价者理解和接受。贯彻这个原则应做到以下几方面。

第一，方案的确定要考虑人力、物力、财力、时间、空间、技术等各种因素。方案实施前应进行可行性分析和估计，最好先在小范围内试行，然后逐步推广。

第二，评价指标体系不要过于烦琐，评价计算体系应简便易算。

第三，指标应具有直接可测性或可操作性。指标的直接可测性，就是指标作为具体的目标，应用操作性语言加以定义。

第四，评价指标和标准不宜过高，评价结论也不宜过高，应是被评价者经过自己的努力可以达到的目标和评价者经过努力可以完成的任务。

六、 发展性原则

发展性原则是指在进行教育评价时，不能为评价而评价，而要把评价和发展结合起来，不仅要让被评价者了解自己的优缺点，而且也要为其以后的发展指明方向。贯彻这个原则应做到以下几方面。

第一，发展的建议必须在评价的基础上进行，不能离开评价随意建议。

第二，建议要明确、抓住要害，切忌含糊其辞，令人无所适从。

第三，建议时，要给建议对象留有思考和选择的余地，不能强迫命令。

◇第二节◇

教育评价的程序

一、 教育评价的基本程序

教育评价程序指的是教育评价活动的各项要素与内容，按其相关联系、活动顺序，组织实施的次序或步骤。从教育评价活动过程的纵向顺序来看，教育评价的程序由评价准备、评价实施和评价结果处理三大部分构成，每一阶段又有若干主要工作，包含了目的、任务、内容、要求、方法、手段和时限等基本要素。

评价是从评价的准备开始的。评价的准备，包括分析评价背景、建立组织机构和设计评价方案。

评价的实施是评价过程中的重要阶段，一般包括试评价和正式评价两个大的环节，其中，正式评价主要有收集信息、整理信息、评议评分、综合判断等工作。

评价结果的分析处理阶段是评价实施阶段的延续，主要工作有检验评价结果、分析诊断问题、反馈评价结果，最后，总结评价过程，用于进一步改善评价工作。这一阶段既包括对评价对象存在问题的诊断，也包括对教育评价活动本身质量的分析，同时还要向不同方面的人员进行评价结果的反馈，并通过对评价工作的总结，为接下来的评价工作提供必要的改进信息。下面将就三个环节主要工作及相应的技术方面做详细介绍。

（一）教育评价的准备阶段

“凡事预则立，不预则废”，评价的准备阶段对于科学地进行教育评价活动是必不可少的。在很大程度上，评价准备的质量直接决定了评价开展的质量。评价准备阶段的工作主要包括分析评价背景、建立组织机构和设计评价方案等方面。

1. 分析评价背景

背景分析是评价准备阶段的一项重要工作，它的主要任务是确定评价活动要解决的主要问题。基于不同的评价目的，评价要解决的问题也是不同的，明确这些问题的由来、适切性以及相关利益者的需求等，可以加强评价活动的针对性，使评价能取得更好的实效。

（1）社会背景分析。

社会背景分析是教育评价发挥联系学校与社会桥梁作用的重要体现，社会背景分析的重点是明确在特定的发展阶段，政治、经济、文化、科学等的发展对学校教育有哪些重要影响，又提出了哪些重大要求。从教育与社会发展的关系来看，教育作为社会大系统的子系统，总是受到一定社会的政治、经济、文化、科学的发展影响，离开了教育发展的历史背景和时代要求，教育评价就会迷失方向。从历史上来看，教育评价的几次重大发展和思想推进，都是在社会发生重大变革过程中产生和发展起来的。这充分说明，如果教育评价不能适应并满足社会的需要，任何评价活动都会被时代所淘汰。

（2）教育发展阶段重要问题分析。

在一定历史情境下，教育发展有其阶段性特征，可能是某一类学校带有倾向性的共性问题，也可能是某一所学校在特定时期产生的特有问题，调查研究并把握住这些问题，正是教育评价的价值和意义的体现。例如，在新课改的深化阶段，如何更好地贯彻落实“选课走班”的要求，优秀学校和薄弱学校面临的问题显然是不同的，前者可能重在提升教学管理质量，后者则可能主要在于解决校舍、师资等条件性障碍。因此，非常有必要在评价活动开展前进行教育发展阶段重要问题的分析。

（3）评价相关利益者需求分析。

评价相关利益者的需求分析主要包括两个方面：一是评价委托人的需求分析。从实践来看，委托人往往是出于对现状不满意而提出开展评价的要求的，有时候评价委托人对评价要解决什么问题、达到什么目的有着清楚的认识，有时候评价委托人并不很清楚评价要解决什么问题。在这种情况下，一开始就要明确评价委托人的需要究竟是什么。二是被评价者的需求分析。一次评价活动常常会涉及多个利益相关者，他们是否认可评价工作、对评价有何种心理预期、各种需求如何协商等，了解和把握不同利益者的上述需求对评价活动开展的时机与方法的选择具有重要影响。

背景分析常用的方法有调查、文献评论、会谈、诊断性测验等。

2. 建立组织机构

评价的组织准备，包括成立有关的评价组织，如建立教育评价委员会或教育评价领导小组。其主要任务是：设立一定的评价办事机构；聘请有关专家成立专家组；确定评价方案；解决评价过程中遇到的各种问题；公布评价结论等。

在国外，对学校及系所的评价通常由社会上具有一定权威性的第三方评估机构来组织进行，例如，美国有很多鉴定机构专门从事对学校和专业的评价活动。在我国，大多是教育行政部门委托专家组进行评价，专家组成员是评价活动的实际实施者，其主要任务是实地开展问卷调查或访谈调查，审阅有关材料，然后对被评价者做出评价结论，并最终向有关部门进行结果反馈。这些评价机构或评价人员是否掌握教育评价的理论与技术，是否熟悉教育评价的内容、方法和基本要求，以及办事是否客观公正、是否具有很好的人格品质等在很大程度上决定了评价工作的质量高低，因此，需要慎重选择评价机构与专家组成。[①]

3. 设计评价方案

准备阶段的实质性和关键性工作就是设计评价方案，这是教育评价的前提，直接关系着教育评价工作的成败。评价方案是评价活动的先行组织者，是依据一定的评价目的，根据教育活动和评价活动的一般规律，对评价的内容、范围、方法、手段、程度等加以规范的基本文件，其内容包括：评价的对象和目的要求、评价指标体系、评价方法和程序、评价的时间安排、评价的注意事项等。

一个好的评价方案需要具备以下特性：

（1）目的明确。评价是一种有目的的教育活动，评价要解决什么问题、实现什么结果就是评价活动的目的。评价方案必须基于并体现评价目的，并从各个方面保证评价目的能够实现，否则，容易使评价工作失去方向。

（2）完整规范。评价方案内容要细致周详，评价活动要有完整的具体程式，能够指导评价人员按照规定的程序、准则、标准开展评价工作。否则，评价工作就会乱无章法。

（3）切实可行。评价方案是针对评价活动的具体的指导性文件，不能只是抽象的、原则性的意见，应从实际出发，方法措施得当，具有切实可操作性。

评价方案的设计一般包括以下几个步骤：

（1）确定与表述评价目的。根据评价目的与要求，准确无误地表达评价目的，科学地规范评价方案的适用范围和基本要求。

（2）设计评价准则。根据特定的评价目的科学设计评价准则，这是评价方案的核心部分，也是一项技术性很强的工作。

（3）确定评价标准。按照各准则之间的内在逻辑形成分级系统，确定各自的评价标准，并依据它们的重要性程度，对各指标赋予相应的权重。

（4）选择评价方法或工具。根据评价工作的需要，选择适当的量化或定性评价方法，并设计合理的评价工具，如各类信息表格，力求精练、简明、统一等。

（5）明确评价程序及其他事项。明确评价活动从始至终的流程或步骤，告知评价人员各部分工作的注意事项，确保评价工作的协调一致。

（二）教育评价的实施阶段

教育评价的实施阶段，指的是实际进行评价活动的阶段。它是整个评价程序的中心环节，也是评价组织管理工作的重点。教育评价实施阶段的工作主要包括以下几个方面。

---

① 陈玉琨．教育评价学［M］．北京：人民教育出版社，1999：46.

1. 试评价

为了使教育评价更科学合理，在正式评价之前，一般都要进行试评价，以便总结经验，改进工作，提高教育评价的质量。试评价可以由评价组织者进行评价，也可以把被评价者的自我评价作为试评价。后者可以为后续的正式评价提供充分的、必要的信息，而且有利于调动被评者的积极性，促使被评者自我诊断，寻找问题，解决问题，起到促进工作的作用。

2. 正式评价

正式评价是评价实施阶段的一个重要步骤。一般由专家组进行评价，其主要作用体现在：第一，提高评价的可靠性。对试评价进行再检查，加强监督、检查，防止和杜绝各种弄虚作假和不良行为的发生，有助于提高评价活动的可靠性，从而提高评价活动的科学性。第二，提高评价结论的客观性和权威性。专家组的成员大多来自不同领域，具有丰富的教育工作经验，且要求作风民主，为人正派，公正廉明，对工作认真负责，处理问题实事求是，由他们开展评价工作，有助于提高评价的客观性，使评价结论易于为大家所接受。

3. 收集信息

收集评价信息是教育评价的基础性工作。评价信息是进行评价的客观依据，也是做出科学结论的必要条件，在很大程度上，所收集信息的质量，决定了教育评价活动的质量。因此，要尽可能地全面收集信息，同时还要注意有重点地收集信息。一般而言，收集评价信息应注意以下几点要求。

（1）注意评价信息的全面性。

即评价信息要全面反映被评价者的全貌和全过程，不能有某一方面或某一环节的疏漏。否则，容易以偏概全，无法科学准确地对被评价者做出全面的综合评价，必然造成教育决策的失误。

（2）注意评价信息的准确性。

教育活动内容复杂多变，可收集的评价有很多，信息收集不准确，将会带来较大评价误差，导致纠正措施的失准。因此，在收集教育评价信息时，应根据教育评价的目的及指标要求，收集那些最准确、最能反映教育活动实际的信息。

（3）注意评价信息的有效性。

信息的有效性是判断信息价值的一个重要指标，指一个测量反映被测事物的有效程度。例如，通过某一题型的数学测验来判断学生的数学应用能力时，不能简单地根据学生的成绩较低来做出学生数学应用能力较差的判断，也可能是学生未能掌握题目中涉及的某一概念，从而影响了答题。可见，根据这张试卷获得的信息对学生数学应用能力进行判断，其有效性是有限的。

（4）注意评价信息的丰富性。

全面性、准确性、有效性反映的都是对信息的质的要求，丰富性则是对信息的量的要求。从质和量的关系看，质是以一定量为必要条件的，没有一定的量也就没有一定的质。因此，反映被评价者的信息，必须有足够的量。当然，信息的丰富性并非越多越好，而是应足以保证对被评价者的质量做出准确客观的价值判断。

4. 整理信息

整理信息，是将收集到的全部评价信息反复加以核实，对评价信息的全面性、准确性、适切性及收集方法的可靠性，认真进行检查、分析和整理。信息的整理方法主要包括归类、审核和建档。

5. 评议评分

评议评分是评价实施阶段的一项关键性的工作，也是教育评价活动的核心工作。评价者要根据评价指标和标准，根据整理后的评价信息，判定评价者达到规定标准的程度，并进行量化处理。

6. 综合判断

综合判断是评价实施阶段的最后一项工作。综合判断是指分项评定的结果，运用教育学、统计学、模糊数学的相关理论和方法，对被评价者做出定量或定性的整体综合判断。常见的方法有评分法、评等法和评语法等。

（三）教育评价结果的分析处理阶段

教育评价程序的最后一个阶段，就是对评价结果进行分析和处理。这阶段的工作质量，关系到教育评价作用的发挥，关系到评价目的的实现，也关系到整个教育评价工作的深入发展与提高。其主要工作包括以下几个方面。

1. 检验评价结果

教育评价结果的检验，主要应从两个方面进行：一方面，检查评价程序每个步骤的正确性与适切性，看其是否贯彻了教育评价的基本原则，是否真正理解和把握了教育评价指标和评价标准，从而确认教育评价结果的正确与否；另一方面，运用教育统计学等检验方法，对评价结果的统计量进行检验，确认教育评价结果是否科学。检验时，两个方面应结合起来进行。

2. 分析诊断问题

根据评价目的，对评价的结果和评价的信息资料进行分析诊断，系统评价被评价者工作的优缺点和长短得失，帮助被评价者找出存在的问题，以及问题的原因所在，便于为被评价者提供有针对性的改进建议等。分析诊断问题的方法通常有以下几种。

（1）趋势直推法。

这种方法是从纵向的角度，以被评价者的过去和现在的情况为依据，对其未来发展情况进行推测。如对被评价者中的先进者，应强调运用趋势直推法进行分析诊断，为的是鼓励其在原有基础上继续前进。

（2）趋势横推法。

这种方法是从横向的角度，将被评价者与同类者相比较进行分析推断，进而确定被评价者在同类中的相对位置。如被评价者中表现一般者，应强调运用趋势横推法进行分析诊断，使其知道自己和别人的对比差距，从而激励其不断前进。

（3）因果分析法。

这种方法是在影响达标要素的诸因素中，分析出促进或干扰因素及其带来的后果。因果分析时需要注意原因要指向明确，如对教师教学质量评价结果进行因果分析时，属于教师自身教学能力的问题，应由教师本人主要承担；属于学校教学管理方面的问题，应由学校相关部门负责人承担等。

（4）效果与过程统一分析法。

这种方法指的是在分析教育评价结果时，既要看到被评价者的工作成绩，也要看到这些成绩取得的过程。如对学生学业水平评价结果的分析，不但要看学生的学习成绩如何，还要看这些成绩取得的方法和过程，如学习时间投入的多少，是否有适合的学习方法，是正常行为还是不轨行为等。

3. 反馈评价结果

为了充分发挥教育评价的作用，评价活动的结果需要向有关方面进行反馈。①向有关领导部门汇报；②向被评价者或被评单位反馈，必要时要对有关结论做出合理解释，并向被评者提出今后改进工作的有效建议；③在一定范围内公布评价结果，使同行之间能相互借鉴、相互监督、相互鞭策。

4. 总结评价工作

评价工作的总结一般包括：①总结评价工作经验教训，探寻评价活动规律，提高教育评价工作效率；②召开评价工作总结会，表彰、奖励先进单位和个人，推广优秀经验，改进教育评价工作，提高教育质量；③建立教育评价资料档案，将教育评价过程中的各项资料信息立卷建档，由专人妥善保管，以备查阅与研究之用。

综上所述，教育评价程序中的三个环节及各个阶段的主要工作是环环相扣的，前者影响和决定后者的质量，后者又为前者的改进提供信息和依据，任何一项工作出现问题，都会直接影响整个评价活动的开展。因此，评价组织者应该将评价活动看作一个统一的整体活动过程，统筹兼顾。

二、教育评价的准则与标准

（一）教育评价准则及其设计方法

教育评价的准则是在教育评价活动之前对被评属性或方面质的规定，教育评价的标准是对被评属性或方面量的要求。[①]

教育评价的准则和标准是评价方案的核心部分，规定了评价活动评什么、不评什么，对实际的教育活动有很大的引导作用。深入研究教育评价准则与标准的理论，对提高教育评价准则与标准的科学性有着重要意义。

评价准则是一定时期人们价值观念的反映，也是人们对教育活动客观规律认识的产物。科学的评价准则有助于规范评价内容、统一评价者的价值认识，有助于引导教育评价实践重视什么、忽视什么，有助于激励教育工作者，调动他们工作的积极性。在教育评价中，评价的准则通常有两种形式：一是指标体系，二是概括性问题。

1. 指标体系及其设计方法

（1）指标体系。

从评价学的观点来看，指标是一种具体的、可测量的、行为化的评价准则，是根据可测或具体化的要求而确定的评价内容。在教育评价活动中，有很多被评的属性或内容并不是可以直接测量的，比如，对学生社会责任感、公益意识、奉献精神等思想品德方面的评价，这是学生综合素质评价中的一个重要方面。不管从实践还是从理论角度看，学生的思想都是无法直接观察、直接测量的，这就意味着如果评价者确实无法观察到被评价者的内部的思想活动，而且没有找到科学的测量方法的话，那么，他就不能也不应该对别人的思想做出评价。但是，我们说思想无法直接测量，并不是说它根本无法测量。人的言行受其思想影响和控制，思想层面的活动往往通过人的言行表现出来，因此，我们可通过观察他人的言行来了解其思想，这就为我们判断人的思想及其他内在的、抽象的品质提供了渠道和方法。指标就是用具体的、可观察的东西来表示被评对象内在属性的准则，它是一种行为化的评价准则，因而是一种可测的评价准则。[②]

由于评价对象数量和质量要求的复杂程度不同，与之相适应的指标体系结果一般可以分为直线式和树状式两种。

直线式指标体系结构可以根据评价目标直接得到，一般用于微观教育评价或单

① 陈玉琨．中国高等教育评价论［M］．广州：广东高等教育出版社，1996：89.

② 陈玉琨．中国高等教育评价论［M］．广州：广东高等教育出版社，1996：94.

项评价等。树状式指标体系结构一般根据评价对象数量和质量要求分解成若干一级指标，一级指标又可以进一步分解成二级指标，甚至细化为三级指标，在教育评价指标体系中，建议一般不要超过三级。这种方式一般运用于中观或宏观教育评价等。

指标作为一种评价准则，主要以外在的、具体的行为表现来反映人的内在的、抽象的思想内容，这为评价测量提供了一条便利途径。一般来说，它既有优势也有不足。

指标的优势主要包括：第一，便于测量；第二，易于定量处理，方便获得综合结论；第三，测量过程误差较小，信度较高。

指标的不足主要有：第一，设计难度较大；第二，灵活度较低，很难反映被评价者的个性化特点和社会的多样化需要；第三，效度相对较低。

针对指标的上述优势和不足，评价组织者要有清醒的认识并正确地对待。

（2）指标体系设计的方法。

指标设计时应该遵循以下原则：

第一，目标导向性原则。教育评价指标是教育评价目标具体化、操作化的表现形式，直接影响着教育评价的进行和教育目标的实现，在教育评价过程中起着“指挥棒”的作用，具有很强的导向性。要把那些反映教育目标和评价目的要求的内容列入评价指标体系中，使抽象的目标变为功能性指标，以引导评价对象朝着正确的方向前进。

第二，全面性原则。制定评价指标体系，应满足指标的全面性、完备性要求，即教育评价指标体系不能遗漏任何重要方面的情况，应全面、系统地反映、再现和涵盖评价对象的各方面情况。如果指标体系不具有完备性，就有可能遗漏某些重要信息，评价者就无法从多角度、多侧面观察、分析评价对象，评价结果就会有失偏颇，最终造成评价工作的失误。

第三，可接受性原则。评价指标体系应该能够为被评价者所接受，要做到这一点，应该满足几点要求：一是制定指标体系时要广泛吸收被评价者的合理意见，使指标体系更切合实际；二是各个指标要难易适度，使被评价者在实现指标的过程中既有一定的难度，但通过主观努力，又有可能达到，太难或太容易都不恰当；三是指标要能使所有被评价者都能在同一基础上公平地进行评价与比较。

第四，可操作性原则。指标体系既要能对所评价的现象或事物进行度量，又便于评价过程中实施操作。要满足这一要求，需要做到以下几点：一是指标体系必须尽量条目简明，指标条目越多，也就意味着评价工作量越大，评价过程越复杂，因此，要对评价对象进行认真分析研究，找出评价的主要因素，并给予清楚、准确的表达；二是指标尤其是最后一级指标应可以测量，末级指标的内容应该用操作化的语言概括表达，使其可以通过一定的观察、测量手段获得有效信息，能够得出评价结论；三是各项指标要有科学合理的权重比例，便于进行分项评价和综合评价。

指标是一种具体化、现象化的准则，设计制定教育评价指标的过程就是将评价对象加以现象化的过程。具体来说，教育评价指标的设计方法主要有以下三种。

第一种，从内涵分析入手，抓住事物的本质属性，然后把这属性的现象性外观表现确定为指标。我们所要评价的事物常常具有多种属性和特点，为了对评价对象做出科学的评价，必须对其做深入的研究分析，准确把握它的本质属性，把反映本质属性的可观察的外显表现确定为指标，这是最简捷、最有效的方法。如在评价学校教育质量之前，我们必须要明确学校教育本质上是一种育人活动，而不是一种市场行为，衡量教育质量的标准不是经济收益的多少，而是培养人才的数量和质量。

第二种，从分析事物间的相互联系开始，抓住事物变化后产生的效应，把事物变化所产生的效应确定为指标。这种方法认为，事物与事物之间是有一定联系的，某一事物的变化可以引起另一事物的变化，我们可以通过观察、测量这一事物变化后引起的效果，即另一事物的变化情况，进而对该事物的变化做出判断。在实践工作中，由事物变化的效应来测量或评价事物的方法被广泛运用于教育评价活动，如人们通常根据学生某一学科的考试成绩来评价任课教师的教学质量，严格说来，学生考试成绩的高低并不等于教师教学质量，而是教学质量高低引起的众多效应之一，根据学生的考试成绩来评判教师的教学质量就是根据事物引发的效应来对事物做出判断与评价。

第三种，从事物的全部属性或相关属性入手，把因素群作为相关指标。在上述两种方法均无法采用的情况下，人们大多采用这种方法设计指标体系，即把和评价对象有关的因素都确定为指标。如在评价学生综合素质时，我们无法确定关于综合素质的某一（些）本质内容，也不能简单地仅仅根据成绩来评判学生的综合发展情况，因此，通过评价学生的思想品德、学业水平、身心健康、艺术素养、社会实践等因素，将这些方面综合起来来评判学生的综合素质发展状况，就是运用了这一方法。无论是思想品德、学业水平，还是身心健康、艺术素养、社会实践等，每一个方面都不能代表学生的综合素质，但学生综合素质发展受到上述各个方面的影响，离不开它们相互之间的作用。因此，我们可以用这些因素的全体或集合来对评价对象做出评判。

除此之外，也有研究从更直观的角度，提出设计制定评价指标体系的方法还有理论推演法、经验法、头脑风暴法等。

第一，理论推演法。这是指根据教育学、心理学有关理论推导出一套或几个评价指标。例如，我们可以依据建构主义学习理论而推演出几个教学评价指标：教师在教学前了解学生的知识起点、设计情境化的教学环境、适合学生知识起点的讲授或活动，学生对新知识做不同的理解或解读、有学生的反思与交流、有基本知识的变式运用、有学生整理的知识框架图和小结等。

第二，经验法。这是指来自中小学的设计者根据自己丰富的教育经验从而提出评价标准。如对教学的评价，他们提出这样几个评价指标：信息技术的使用水平、信息技术与教学的有关融合、教学情怀（教学兴趣）等。这种指标有现实针对性，受到中小学评价对象的肯定。

第三，头脑风暴法。这是指设计者在没有质疑批评的背景下打破设计评价指标的习惯定式，完全根据头脑里的自由想象提出一些评价指标。设计者围绕评价标准设计的主题，在不受任何限制的情况下，热情和想象力被激发起来，相互影响，相互感染，突破固有观念的束缚，自由发表见解独特的观点，最大限度地发挥设计者的创造性。设计者提出一些评价标准之后，再来进行讨论、选择和加工。

2. 概括性问题及其设计方法

概括性问题是针对指标体系的缺点而提出的另一种类型的评价准则。指标作为评价准则的可靠性虽然很高，但也是相对的，对于同一个具体的评价指标，不同评价者的评价结论也可能会产生很大差异，因为人们在认识、评价事物的过程中总是带有一定主观性、整体性特征，很难将某一个具体的行为表现从评价对象身上完整地剥离下来。因此，非常有必要把用于整体判断的概括性问题作为评价准则之一。

（1）概括性问题。

概括性问题是针对教育评价者所关心的方面，用一系列较为抽象的问题作为评价准则，类似于日常调查提纲。概括性问题不是针对具体的行为，而是强调人的整体感知，具有抽象性、概括性等特点。作为评价准则，概括性问题同样起着规范评价内容的作用，告诉评价者应该去关注哪些评价信息。

概括性问题与指标是两种类型的评价准则，但两者并不是对立的，而是有着一定的内在联系，在一定程度上，指标体系是概括性问题的进一步分解和具体化、行为化的结果，概括性问题则是指标体系的概括化、抽象化的结果。这就决定了概括性和指标体系的设计有共同之处。在指标体系运用受到限制的情况下，可以采用将其概括化处理的方式，以概括性问题的方式开展评价，而在概括性问题运用受到限制的评价场合，可以把概括性问题做行为化处理，以形成评价指标体系。同指标体系一样，概括性问题同样也有自己的优势与不足。

概括性问题的优势：第一，概括性问题效度高；第二，概括性问题在形成性评价中实用性较强，由于问题针对性强，用于改进的作用更大；第三，易于制定。

概括性问题的不足：第一，评价过程中一般误差较大，信度较低；第二，不易于作量化处理，也不易于获得综合性的定量结论。

（2）概括性问题的设计。

概括性问题的设计要遵循以下几点要求：

第一，要针对实际。即概括性问题应该是教育工作者所关心的、急于解决的问题。概括性问题的最大特点是不需要将被评因素做行为化或具体化处理，由于少了转化过程中诸多因素的干扰，因而具有较高的效度。我们应该充分利用这一优点，使概括性问题密切联系实际，获得更多、更有效地用于改进教育教学工作的信息。

第二，要明确简练。即概括性问题的表述应明确简洁，不要使人产生模棱两可的理解或歧义。概括性问题对问题的语言表述有较高的要求，需要评价方案设计者认真对待、细心琢磨，否则由于表述不明确容易使人产生歧义理解，就有可能导致评价工作的失误。

第三，要突出重点。即概括性问题要抓主要因素，不要抓次要因素；要抓重要问题，不要抓具体细节问题。指标的特点是要求具体，可以通过若干小问题反映大问题，用次级指标说明上级指标。概括性问题不同于指标，它强调对问题的总体把握和综合判断。因此，概括性问题的数量有限，更应该突出评价的重点，避免主次颠倒、因小失大。

3. 权重的确定方法

教育评价的指标体系和概括性问题构成了评价因素集，各因素的权重既表示了它们在因素集中的地位，也表示了某一因素与其他因素的关系。只有确定了各因素的权重（数）后，才能合理地进行分析和判断，因此，需要对评价准则的权重问题进行一定的研究。

权重（数）是指某一被评因素在因素集中的重要性程度，表示在其他因素不变的条件下，这一因素的变化对总变化的影响程度。权集则是反映各因素的相对重要性程度集合。以指标体系为例，不同的评价指标在完成、实现整体目标的过程中，所起的作用是不同的，为了使每项指标发挥其应有的作用，就需要赋予不同评价指标以不同的权重，并赋予相应的值，这个数值就叫对应指标的权重或权系数，确定权数的过程称作加权。

权重的表示形式一般有以下几种。

第一种是小数（0～1.0），每项指标的权重都应当大于0且小于或等于1；同一层次上各项指标权重之和必须等于1。

第二种是整数，一般规定同一层次上各项指标的满分值为100分，然后再根据不同指标的相对重要程度分配以适当的分数，也即把小数表示扩大100倍。

第三种是百分数。

确定权重主要有几种方法。

第一种是专家意见平均法。即让专家先分别给出评价指标体系中各个指标分配权数，然后求出每个指标所得权数的算术平均数，以这一平均数作为该指标的真正权数。

这种方法的特点是简便易行，能够充分交流意见，评价效果也比较满意。其不足之处在于：主观随意性较大，容易受到专家本身的素质、能力、水平等因素的影响。因此，要保证权重确定的合理性和科学性，使权重具有一定的信度和效度，关键在于专家的选择。

第二种是德尔菲法（Delphi Technique）。德尔菲法是一种通过有控制地收集专家意见的手段和程序，专家在研究问题时不进行面对面的交往，不直接交换意见，在互不影响的条件下，逐渐达到意见一致的过程。

其基本步骤是：首先，以分发问题表的形式向有关专家咨询，专家以“背靠背”的方式接受咨询，以尽可能减少权威、资历、口才、人数优势等对专家回答问题的影响。其次，第一批咨询表收回后经统计处理，将总体应答情况反馈给每个专家，包括所有专家回答意见的平均估计值和专家本人估计值的离差等，再让每个专家根据这一反馈情况，自由地决定是否修正或坚持自己的观点。再次，将第二批咨询表收回后进行整理统计后，再次重复前面的过程。最后，经过多轮咨询，直到专家的意见趋于一致，评价者在进行适当的数学处理，就可以得出每个指标的权重。

这种方法可以防止权威人物对群体决策产生的特殊作用，有助于克服在群体压力下个人意见产生歪曲和固执己见的倾向。既能保证逐步形成深思熟虑的观点，又能保证匿名发表意见，提出独立的见解和评定。

第三种是层次分析法。层次分析法是一种多目标、多标准的系统分析方法，主要采用定性分析与定量分析相结合的方法，依次将每一个层次上的因素相对重要程度逐一进行判断比较，并将两两比较判断的结果，按给定的比例标度定量化，构成判断矩阵，通过计算判断矩阵的最大特征值所对应的特征向量，从而决定各指标权重系数。

层次分析法是对人们主观判断做出客观描述的一种有效方法，它把专家的经验认识和理性分析结合起来，提高了权数分配的科学性。其主要表现有三点：一是从评价系统整体的最佳效益入手，对指标间的相对重要程度进行比较，提高了权集的有效性。二是通过对指标进行两两对偶比较，降低了人们在各个指标重要程度比较排序中的思维承受能力，提高了判断赋值的准确性。三是将指标分成若干层次，由最低层开始，在同一层次上对指标进行重要性比较，提高了判断赋值的可比性。

（二）教育评价标准及其设计方法

标准是教育评价学中的一个重要概念，通常有两种认识：一种认为标准就是测量的量表、尺度；另一种认为标准是事物质变的临界点，是事物质变过程中量的规定性，如人们通常所说“优、良、中、差”的程度或水平。下文中的评价量表指的就是第一种意义上的标准，评价标准指的是作为临界点意义上的标准。

1. 评价量表

量表是测量活动的尺度，是进行测量活动的标准物，离开了量表或尺度，测量活动也无法进行。史蒂文斯根据量表本身的属性，将量表分为名义量表（Nominal Scale）、位次量表（Ordinal Scale）、间距量表（Interval Scale）、比例量表（Ratio Scale）四种类型，对实际的测量活动具有重要意义。

一般而言，教育评价量表作为评价标准的一种形式，主要由三部分内容组成。①强度和频率。强度和频率是评定标准的具体内容和主要组成部分。强度是指达到指标体系项目要求的程度或各种规范化行为的优劣程度。例如，在等级评定中，达到优、良、中、差的程度分别是什么。频率是指达到指标体系项目要求的数量或各种规范化行为的相对次数。例如，学生各科成绩及格有多少人次、及格率多少，班集体是否达标，班集体是否优秀等。②标号。标号是指不同强度和频率的标记符号，通常用字母，比如 A、B、C、D 等，或汉字如甲、乙、丙、丁等，或数字如 1、2、3、4 等来表示，这些标号本身没有意义，只是表示一种分类，是评价标准的辅助部分。③标度。标度是指评定的档次，表示达到标准的程度，说明什么样的程度属于哪个等级。表示标度的方式一般有两种：一是用分数来表示，如根据学生的考试成绩来衡量学生知识技能的掌握情况，90 分及以上为优秀，75 ~ 89 分为良好，60 ~ 74 分为及格，60 分以下为不及格；二是用等级来表示，如 A、B、C、D 或一等、二等、三等、四等。

在教育评价中常用的量表有以下几种：

（1）形容词量表。

这是一种用形容词描述评价标准的方法，如“优、良、中、差”“很好、较好、一般、较差”“完全达到、基本达到、大部分达到、没有达到”等。用形容词作评价标准的优点是直观、简明；缺点是比较模糊，不够具体，难以进行定量处理。形容词量表的一般形式如表 3 – 1 所示。

表 3 – 1　形容词量表的一般形式

评价结果	很认真	认真	不认真	很不认真
学习态度				

（2）数字式量表。

这是一种用数字描述评价标准的方法，如学生学习效果可以用 1、2、3、4、5 来表示，其中，1 表示最低等级，5 表示最高等级。这些数字不能进行加减乘除四则运算，原因在于等级 1 和等级 2 之间的差距并不一定等于等级 3 和等级 2 之间的差距，即等级之间的级差并不一定相等。这种方法的优点是易于进行量化处理，缺点是每一等级的定义不明确，评价者有时很难把握，容易出现理解上的差异，宽严不一，导致较大的评价误差。数字式量表的一般形式如表3－2所示。

表3－2 数字式量表的一般形式

评价结果	1	2	3	4
学习态度				

（3）形容词—数字式量表。

为避免上述两种方法的缺陷，人们设计出将两种方法结合起来作为评价标准，用数字来确定等级，用形容词来描述等级。这种方法保留了形容词式标准容易掌握且直观的优点，也充分利用了数字式标准易于处理的长处。该量表的一般形式如表3－3所示。

表3－3 形容词—数字式量表的一般形式

评价结果	很认真（4）	认真（3）	不认真（2）	很不认真（1）
学习态度				

（4）内涵定义式量表。

这种量表用形容词确定等级，用定性语言来描述等级，优点是等级间的区分明显，在评价实际工作中运用较广，缺点是设计难度大，比较麻烦。一般形式如表3－4所示。

表3－4 内涵定义式量表的一般形式

评价结果	很认真	认真	不认真	很不认真
学习态度	上课精神状态好，专心听讲，能积极回答老师提出的问题	上课精神状态较好，听课比较专心，能回答老师提出的问题	上课精神状态一般，基本回答不出老师提出的问题，有一定的交头接耳现象	上课精神状态很差，听课不专心，回答不出老师提出的问题，交头接耳现象严重

（5）外延定义式量表。

这是一种选择能够体现抽象指标内涵的具体行为要素作为评价标准的方法。多用于对比较抽象的、无法直接测量的指标确定评价标准，可以有效提高指标要素的“可测性”，但在形式上需要用可操作化的语言来表述。如“减轻学生课业负担”指标的标准，可以选择下面三个行为要素来代替：①不利用课余时间、节假日等进行全班性补课或上新课；②不擅自为学生征订复习资料、练习册等；③学校有针对减轻学生课业负担的检查或奖励办法。①

总之，评价量表中标准表述语言要清晰、准确，尽量避免使用“加强、认真、积极、坚决、坚持”等表示程度的弹性语言，最好使用“有与没有”“是或否”“对或错”“达到与否”等判断性语言，避免由于评价者对标准尺度理解不一，掌握不准，过多地受个人主观因素影响，降低评价结果的准确性。

2. 教育评价量表的特点

（1）测量尺度具有较大的不确定性。

在教育评价活动中，标准物一般都是无形的、抽象的，具有很强的不确定性。首先，尺度不统一。在教育评价中，对同一对象的评价，不同的评价者使用的尺度往往不一致，甚至同一评价者对同一对象在不同时间、不同场合的评价，使用的尺度也可能不完全一致，结果也可能有较大差异。其次，测量活动不可复验。在教育评价活动中，评价者使用的尺度存在于他的整体认知中，对教育评价质量的重复检验要比物理测验困难得多，也复杂得多，这些都应该引起我们的重视。

（2）测量标准具有很强的社会性。

教育是一种复杂的社会活动，教育评价的对象具有特殊的社会性，因此，教育评价的标准并不是自然物，而是社会形成物，它们产生于社会，存在于社会，并随着社会的变化而变化。

（3）测量单位具有很大的近似性。

决定测量尺度或测量单位的主要因素是被测对象的现象与内容，同理，教育评价中的测量单位也是由教育活动的内容所决定的，教育测量单位的近似性反映了教育活动内容同质性较弱的事实。例如，为了评价两个学生的知识学习掌握情况，我们以考试分数为单位来对两人进行考察，这样可以很好地满足测量单位同一性的要求，但是，即使是两个学生考试分数一样，也不等于说两个人的知识学习掌握情况就是一模一样的，因为同一个分数背后可能反映了学生不同的知识掌握情况，一个可能基础知识扎实，但知识应用能力较差；另一个可能基本概念掌握不到位，但知识活用能力较强。因此，用这种测量尺度进行评价时，近似性是很难避免的。

三、 教育评价方案的编写

教育评价方案的编写是以教育评价指标体系的撰写为核心的，此外，还包括前言、附录等部分的编写。

（一）前言部分的编写

前言部分包括：教育评价目的和指导思想的阐述；教育评价指标体系设计的说

---

① 肖远军. 教育评价原理及应用［M］. 杭州：浙江大学出版社，2004：77.

明；教育评价的方法和评价工具的说明；实施程序的说明等部分。表述要具体、准确、简练。

1. 教育评价目的和指导思想的阐述

这部分要说明开展教育评价的目的是什么，应阐明教育评价的意义，围绕着教育目的和方针政策来写。着重从检查和指导工作、深化改革、促进自我教育和发展等方面去阐述。还要提及开展教育评价的背景、依据和原则。目的和指导思想的撰写务必结合实际，且应具体明确，切忌“高、大、空”。

2. 教育评价指标体系设计的说明

这部分应说明，指标体系中的指标、评价标准和量化符号是怎样确定的，构造原理如何，如何操作，使用时应注意什么问题等。

3. 教育评价的方法和评价工具的说明

这部分要简明概括地说明评价的方法和使用的工具。评价的方法和工具很多，最适合本方案使用的有哪些？这些方法和工具的性能如何？怎样使用？这些都要明确地指定。其中，评价方法还应包括计量方法的说明。

4. 实施程序的说明

这部分要说明本方案实施的过程和步骤。以提纲式行文，应简明扼要。

（二）评价指标体系的编写

评价指标体系的编写，应根据上节关于教育评价指标体系构建的理论去构思和编制，这节主要从行文形式介绍几种评价标准的编写方法。

1. 期望评语式编写法

这种编写方法是指根据理想的要求，将评价指标体系的末级指标分为若干因素，每一个因素分为若干等级，每个等级编制相应的期望评语。

2. 积分评语式编写法

积分评语式编写法是指把末级指标分解为若干要素（以评语的形式来编写），给每个要素指派独立的分数。积分评语式编写法又分为等分积分评语式编写法和累计积分评语式编写法两种。等分积分评语式编写法的特点是指标分解成若干要素，每一个要素的标度都相等。累计积分评语式编写法是指标分解成的每一个要素的标度不相等，按评价标准累计相加。

3. 隶属度式编写法

隶属度标准使用模糊数学中的隶属度函数为标度的一种评价标准。其特点是运用模糊集合概念来测量和评价人或事务的功能，使难以精确定量的要素得到较为客观合理的评价。

4. 行为目标式编写法

该方法是指通过观察分析，选择一例关键行为作为评价的一种标准，实际上是要写出行为目标，该编写法难度较大，要有一定技巧。

另外，还有量表式编写法、量尺式编写法等，在此就不一一介绍了。

（三）附录部分的编写

这部分应包括各种评价工具用表。教育评价工具用表大致可分为两类：一类是调查表、问卷和测试样卷，是采集信息的工具；另一类是评价表，是评价信息的载体，应把采集到的信息，按指标分类做出评价后填入表内。

上述教育评价方案编写的三个部分并非存在一成不变的格式，每一部分的编制都应根据实际需要灵活确定其编写内容及程序。总的要求是符合教育评价的原则，特别是科学性和可行性原则，条理清楚、思考周全、结构完整。

第三节

教育评价心理及调控

评价心理，是指评价者和被评价者对评价全过程的实践活动和评价过程的各种关系、交往等现实活动的反映。评价者心理不仅对被评价者存在着影响，而且影响着评价的整个过程。在评价的准备过程、施评过程和结果处理的过程中，评价者都存在着各种典型的心理现象，如角色心理、自尊心理、类群效应等，研究这些心理现象有利于从评价者的素质能力上、管理上调控评价者的心理，还可以通过心理“换位”使评价者自觉进行调控。

被评价者的心理也会影响评价的过程，被评价者在自我评价过程、受评过程和结果反馈过程中也存在着各种复杂多样的心理现象，如自我认可疑惧心理、受审心理、应付心理、敏感心理等。提高被评价者对评价的认识、采取多种评价形态控制评价效应、保持评价者与被评价者的良好心理状态和注重结果反馈方式的多样性是调控被评价者心理的主要方式。

一、教育评价心理概述

（一）教育评价及其分类

评价心理指的是评价者和被评价者的大脑对评价过程的反映。它包括评价者与被评价者反映评价现实的心理现象，也包括两者对评价现实反映的行为方式。从心理学和教育评价的角度可以将评价心理分为以下几种。

1. 按照心理学范畴分类

从心理学角度来看，评价心理可以分为评价的心理过程、心理状态、心理特征。

评价的心理过程指在评价过程中评价者与被评价者产生的各种心理活动，如观察、记忆、比较、分析、综合、判断、想象等心理活动。

评价的心理状态指在评价过程中表现出来的较为复杂的心理现象，如被评价者在评价中是充满信心还是信心不足，是积极亢奋还是情绪低沉，是自由放松还是紧张不安等。

评价的心理特征指在评价过程中评价者和被评价者出现的本质的和比较稳定的心理品质，体现为参评者个性的不同气质类型及性格、情绪和意志等的特征。

2. 按照教育学范畴分类

从教育评价的角度来看，评价心理可以分为评价者心理和被评价者心理。

评价者心理指评价人员（专家、研究人员、教师等）在教育评价过程中表现出来的心理过程、心理状态和心理特征。评价者心理一般包括评价者与被评价者关系的心理行为、评价者自我心理行为和评价者群体内部关系的心理行为。

被评价者心理指被评价者在教育评价过程中产生的心理过程、心理状态和心理特征。被评价者的心理行为对评价过程的各个方面都有不同程度的影响，主要包括被评价者自我评价心理、被评过程心理和结果反馈心理。

评价心理对教育评价工作有着诸多影响，这些影响可能是积极的，也可能是消极的。需要在评价实践活动中根据心理规律和教育评价要求，分析、判断各种心理现象，适当调控评价心理，以确保教育评价的客观性和公正性。①

（二）评价心理调控的意义

（1）通过心理调控，可以使教育评价的准备更加合理充分。

（2）通过心理调控，可以保证教育评价活动得以顺利进行，更好地完成各环节的任务。

（3）通过心理调控，可以使评价的功能得以全面发挥，圆满实现评价的目的。

二、评价者心理与调控

（一）准备过程的心理现象

1. 角色心理

所谓角色心理是身份的自我意识及潜意识表现的一种心理现象，是特定的职业责任、道德规范、行为习惯、职业利益等的反映。参与准备工作的评价人员岗位不同，各具特有的角色心理，会在准备过程中反映出来。在设计评价方案时，容易从

① 霍力岩. 学前教育评价［M］. 北京：北京师范大学出版社，2000：262.

各自的角色心理出发，表现出不同的价值取向。如专家往往偏重方案的理论依据和科学性，实际工作者则倾向于方案的可行性。

2. 心理定势

所谓心理定势，是指由一定的心理活动所形成的准备状态，影响或决定同类后继心理活动趋势的一种心理现象。它的积极方面，是反映了心理活动的稳定性和一致性；消极方面，则表现在妨碍思维的灵活性。

3. 新奇感

从各个岗位调来参加评价准备工作的人员，可能会由于以往从未担任过评价者的角色，而对评价工作以及自己将要担任的角色产生一种新奇感。新奇感是一种不定向情绪，延续时间不长。人们往往带着好奇心进入评价准备工作；当完成一些任务时，新奇感转为喜出望外的愉悦心情；遇到难题无法进展时，又往往转化为怀疑或动摇。

4. 时尚效应

时尚效应是指对新颖、时髦事物向往和崇拜的一种心理现象。在追求时尚的狂热中，评价者往往停止自己的独立思考，服从社会潮流，接受多数人所热衷的东西，来获得心理满足。

5. 期望效应

在评价实施前，对评价的期望主要表现为三种形式：积极期望、消极期望和中性期望。心理期望是自然产生的，无绝对好坏之分。但是为了使工作不受影响，评价者有必要在工作前反省一下自己的心理期望是属于哪一类型的，从而能在工作中克服这种心理期望可能产生的不利影响，并及时控制自己的情绪，达到评价客观的目的。

（二）施评过程的心理现象

1. 自尊心理

自尊心理是指评价者在评价活动中，具有力求正确掌握评价标准、正确运用评价方法、正确执行评价程序、取得正确评价结果，以显示自己尊严的心理态势。这是绝大多数评价者的共同心态。评价者深知自己所承担的评价责任十分重大，能否高质量地完成评价任务、取得正确的评价结果，不仅关系到能否对评价对象做出正确评价，而且也是自己业务理论素养、工作能力水平、思想态度的具体表现，因此评价者总是用高标准要求自己，力求达到最高水平。自尊心理在评价活动中的表现有以下几方面。

（1）坚持原则。以评价方案规定的原则为依据，开展评价工作，不以个人的好恶和兴趣对待评价活动和评价对象。

（2）实事求是。搜集评价信息，整理、测量评价信息坚持以事实为依据，以评价标准为准绳，对评价对象做结论，不偏听偏信，更不掺杂个人情感。

（3）敢于对评价活动中的不正确做法提出批评意见，坚持正确做法。

2. 首因效应

首因效应就是“先入为主”，它是指第一印象比较鲜明、深刻，持续时间较长，经久不忘、不易改变的心理效应。

3. 近因效应

这是指由近因形成的新印象所产生的效果。近因效应与第一印象在时间上相仿，是指认知对象最后给人的印象，往往具有强烈的影响。

4. 晕轮效应

又称为光环效应，是指在观察某个人时，由于对象的某些品质或特征看起来比较突出，使观察者对此产生了特别清晰和明显的知觉，从而掩盖了对其他特征、品质的知觉的评价。

（三）结果处理过程的心理现象

1. 类群效应

这是指评价者与被评价者的类群关系影响评价客观性的一种现象。“物以类聚，人以群分”，人们通常喜欢那些在各方面与自己存在着某种程度相似的人。

2. 从众心理

从众心理指个体因团体或个人真实的或臆想的压力所引起的行为、观点变化的一种心理现象。从众心理的积极意义在于容易形成一致意见，减少争议；消极作用在于不利于形成民主气氛以充分发表不同意见，从而可能使由其他各种心理和原因引起的偏见和失误难以得到纠正。

3. 逆反心理

这是指某种特定条件下，某些人的言行跟当事人的主观愿望相反，产生一种与常态性质相反的逆向反应。逆反心理产生的心理基础在于：一是好奇心和求知欲，二是好胜心。

4. 本位心理

这是指评价和在评价中坚持反映自己“大我”价值观的一种心理现象。其效应意义表现为在评价中坚持反映自身的利益要求及价值观。

（四）评价者心理的调控

事实上，评价过程中的心理现象并不是孤立的心理过程、心理状态、心理特征等心理因素所致，而是与评价者的思想觉悟、道德水平、世界观、方法论、能力素质、知识经验有密切联系。因此，对评价者的心理调控不仅要有技术性措施调控，而且要进行思想教育、纪律教育和技术培训。一是从评价者素质能力进行调控，要把好选拔关，加强评价技能训练，做好思想品德教育；二是从管理上进行调控，采取有针对性的措施进行预防，检查、监督某些心理现象的发生或控制某些心理效应的影响；三是通过心理“换位”使被评价者自觉进行调控；四是通过完善规章制度，建立健全评价规章体系并严格执行。

三、被评价者心理与调控

（一）自我评价心理现象

1. 自我认可疑惧心理

自我评价对现代评价来说是任何外部评价的基础，其意义有两点：一是自我认识，二是作为外部评价的基础。自我评价的这种特征，使得自评必然产生一种疑惧心理——怀疑自己的评价与将来的外部评价是否相符。

2. 被审心理

被评价者在接受外部评价之前，往往产生被动接受审查评价的心理，表现为以下几个方面：

（1）自我评价草率，等待外部评价一锤定音。

（2）对评价要求领会不全面，材料准备不充分或者杂乱无章。

（3）忙于准备表面工作，以求形式上给评价者留下“好印象”。

（4）评价过程中小心谨慎、畏首畏尾。

（二）受评过程心理现象

1. 应付心理

这是被评价者在评价过程中的一种消极心理现象。它的表现多种多样，如自我评价马虎草率，图形式、走过场；评价动员不力，敷衍了事；提供材料支离破碎、残缺不全；日程安排计划不周，时受冲击；评价组织机构不健全，人员滥竽充数；对评价者所提要求推三阻四，拖拉搪塞；等等。

2. 迎合心理

迎合心理是指被评者在接受他评的过程中，为了获得不合实际的好评而表现出的反常的积极配合的心理状态。

（三）结果反馈心理现象

1. 敏感心理

敏感心理主要表现在：对分数敏感、对利害因素敏感、对公正敏感等。

2. 护短心理

护短又称文饰，又叫理由化的适应。是指被评价者为掩饰自己的缺点和短处，寻找各种理由来为自己辩护。护短心理有多种表现形式：一是把自己的思想行为和态度投射到他人身上，用他人的类似行为为自己开脱。二是把问题的原因归之于客观偶然因素。三是自我解嘲，即采用酸葡萄法，贬低自己未能达到的评价目标价值，对自己的过失装出不屑一顾的模样；或采用甜柠檬法，尽力美化自己的不足，抬高自己所获评价结果的价值，使自己心理上得到安慰和平衡。

护短心理作为自我防御机制有一定的积极意义，但如果护短心理太强，所产生的自欺欺人言行会影响评价结果解释的合理性，即使是可靠的评价信息，被评者也难以从评价活动中汲取教益，使评价的功能难以实现。

3. 嫉妒心理

嫉妒心理一般是在得知自己的评价结论不高时产生的一种心理现象。被评价者得知自己的评价结果后希望人人都得到类似评价，对评价好的对象心怀不满，故意找茬。表现出收集对方材料，联合同病相怜者告状，贬低他人成绩、夸大他人缺点，甚至当面非难、责备别人。

4. 对评价进行评价心理

被评价者在了解评价结果时，也会产生对评价评头品足的心理。严格说来，对评价进行评价是一种正常反馈，评价者应予鼓励重视，但是动机不纯或缺乏自知之明者，也可能借此方式刁难以致否定评价。其否定方式有以下几种。

（1）以自我评价或自我感觉否定外部评价。

（2）挑剔评价过程的细节，寻找缺点、问题、失误以否定评价结果。

（3）以非正式评价否定正式评价。

（4）以局部评价否定全面、系统、综合的评价。

（5）以自身纵向比较和与他人横向比较的评价否定客观评价。

（6）以历史的评价否定现实评价。

除了以上列举的否定评价的极端心理倾向外，还会产生责备评价不公正，指责评价不注重成绩、重视缺点，怀疑评价不科学等心理。

（四）被评价者心理的调控

被评价者在评价过程中发生的心理现象是由对评价的认识和评价活动本身引起的，心理内容集中地表现为怎样对待评价的问题，因此，被评价者心理的调控，主要在于解决认识问题和控制评价的方式与活动。

1. 提高对评价的认识

（1）搞好评价动员。评价动员应开诚布公地宣讲评价的目的、意义和积极作用，使被评价者认识到评价对他们是有利的，是一种肯定人的价值和工作价值的重要手段。

（2）征求群众对评价方案的意见，采纳合理的建议；组织指导自我评价，推行评价结果与本人见面，打破评价的神秘主义。

（3）讲明评价的计划和日程安排，使被评价者心中有数，能够积极主动地配合工作。

（4）建立和健全评价制度，公布评价纪律，把自我评价与接待配合外部评价的态度、工作效果作为有关考核内容之一。

（5）被评单位的领导和骨干要为群众做出榜样，以正确的态度积极投入评价工作。

2. 采用多种评价形态，控制评价效应

所谓评价效应，具体地说，就是指通过评价者的目的、动机、需要、价值观等构成的评价心理机制及倾向性，与不同的评价方式结合，作用于被评价者时所引起的被评价者的自我意识、情绪状态、意志动机、需要和成就目标、与评价者人际关系的变化等。评价态度体系与评价方式的结合可以分为几种评价类型：以评价的肯定与否定为界限划分，可分为正评价和负评价；以评价的态度划分，有期望型、激励型、公正型、偏见型、偏激型；以评价主体划分，有外部评价、自我评价；等等。在以上评价类型中显然要摒弃偏见型和偏激型。其他评价类型各有利弊，应予合理安排，以免产生不良的评价效应。

3. 保持评价者和被评价者良好的心理交往状态

评价者的情绪和态度是至关重要的。有素养的评价者，应该始终保持良好的情绪，使与对方的心理交流处于良好状态，才有可能采取主动，对被评价者的心理实施调控，使评价工作得以顺利进行。

4. 结果反馈方式要灵活多样

被评价者心理的调控要注意反馈结果的方式方法，以避免被评价者感到挫折，产生焦虑，引起心理冲突。为此，我们不妨考虑以下方式方法：启发式反馈要求启发其客观认识自我，使其有自知之明；讨论式反馈方式可以转移过分关心分数的注意力；模糊性反馈要求不讲优缺点，只作一分为二的定性解释，或者只告诉等级，或相对等级分数的百分比。同时注意以下几点：反馈的态度要平等相待，给予被评价者信心或希望；反馈范围应有适当限制，如个别方式、回避他人，以防扩散否定性评价结果；针对不同评价对象的特点、需要和敏感因素采取不同方式，如老年人不在乎素质评价，可直接反馈，而青年人对素质评价较敏感，则需曲线反馈。

问题思考

1. 各个教育评价原则的含义和要求是什么？

2. 一次完整的教育评价活动都包括哪些主要阶段？每个阶段的主要工作是什么？

3. 评价方案的设计一般包括哪些步骤？

4. 常用的确定权重的方法有几种？特点是什么？

5. 在教育评价中，评价者和被评价者的心理应如何调控？

第四章
教育评价方法

学习目标

了解：收集教育评价信息的方法；处理教育评价信息的方法；量化评价法概述；质性评价法概述。

理解：测验法；其他量化评价法；档案袋评价法；表现性评价法；苏格拉底研讨评定法。

掌握：教育评价方法分类；问卷法；实验法；处理教育评价信息的方法。

学习概要

教育评价的方法有很多，本章首先对教育评价的各类基本方法进行了介绍，然后介绍了收集教育评价信息的方法和处理教育评价信息的方法，其次主要介绍了测验法、问卷法、实验法和准实验法等。为了满足现代教育评价的新需要，除了这些传统的量化方法之外，有许多新的量化评价方法涌现。在运用不同的量化方法时，除了基本的设计步骤之外，要注意不同量化方法之间的差异，只有充分了解这些差异，才能更恰当地达到评定者预定的评价目的。

最后，通过档案袋评价法、苏格拉底研讨评定法和表现性评价法的具体内容的阐述，对质性评价法有了大致的了解。

第一节
教育评价方法概述

教育评价的方法很多，按照不同的分类标准又可以分成不同的类型。我们大体上把教育评价的方法归纳为五类。

一、教育评价方法的分类

（一）绝对评价法、相对评价法与个体内差异评价法

1. 绝对评价法

绝对评价法是在评价对象的集合之外确定一个标准，评价时把评价对象与客观标准进行比较。例如，教学评价的标准，一般是课程标准和教学计划，以及由此确立的具体评定指标。再如，以前我国推行的高中毕业会考制度以及大学英语四、六级考试制度，都是采用非常典型的绝对评价法，考生达到相应的标准就行了，不注重考生之间的比较。

绝对评价法的优点是：其标准比较客观，如果评价是准确的，那么评价之后，每个被评价者都可以明确自己与客观标准的差距，有利于发扬优点，克服缺点。同时，运用绝对评价法，可直接鉴别各教育目标完成情况，明确今后工作的重点。缺点是：其客观标准很难做到客观，在制定和掌握评价标准时，容易受到评价者的教育价值取向和经验的影响。

2. 相对评价法

相对评价法是在评价对象的集合中选取一个或若干个作为基准，然后把各个评价对象与基准进行比较。例如，对某校统考成绩的评价，通常是以该校所在市（县）统考的平均水平作为评价的基准，以该校成绩在一个市（县）中所属的地位来判断。

相对评价法的优点是：适用面广，不受整体水平的限制，就是说，无论集体的整体水平如何，都可比较出优与劣、先进与落后。其缺点是：评价基准会随总体的不同而发生变化，因而容易降低或升高客观标准。

3. 个体内差异评价法

这种方法既不是在被评价集体以内确立评价标准，也不是在集体以外确立评价标准，而是把被评价者的过去和现在比较，或将评价对象的不同方面进行比较。例如，把某中学的过去和现在进行比较评价，或者把该中学的思想政治教育工作、教学工作、文娱体育工作、总务后勤工作等各方面工作进行比较评价，从而找出它们之间的差异。

这种方法照顾了个体差异，但由于被评价者不与他校（或他人）相比较，这就难以找出自己真正的差距，而且个体内具体的判据，往往不容易选择。故应把个体内差异评价法与相对评价法及绝对评价法结合起来使用。

（二）定性分析评价法与定性综合评价法

1. 定性分析评价法

定性分析评价法是预先根据评价的观点，把评价内容分解为几个项目分别进行评价。例如，评价教师的一堂课，可分别评价教学目的、教学内容、教学方法、教学组织、教学态度和教学语言等几个项目，评价时，可按照这些项目的具体要求进行具体的分析评判。

2. 定性综合评价法

定性综合评价法是对评价对象的整体进行综合性的评价。要求评价者有丰富的经验。如评价学生的一篇文章、评价一位校领导、评价一所学校，评价者总有一个总体印象，根据总体印象，可对总体进行评价。定性综合评价法具有较多的主观因素，有时误差比较大。尽管如此，在教育评价中，定性综合评价法仍然是不可缺少的。

（三）行为目标评价法和临床督导评价法

1. 行为目标评价法

所谓行为目标评价法就是采用可观测的行为目标作为评价的依据的一种评价方法。这种方法的理论基础是行为主义心理学。其提倡者认为，传统的教育评价的目标（或标准）是含混不清的，人们只是根据主观的期望和想象制定目标，而并不考虑这些目标在指导和评价实施过程中的具体作用。例如，传统的目标规定，学生“必须积极参加公益劳动”。但是，学生是怎样劳动的？是否应该经常劳动？究竟达到怎样的程度才能断定学生已经实现了这一目标？在传统的目标中，这些问题都是没有答案的，教师所能得到的只是一堆空洞、抽象的原则，因此，难以对学生进行科学的评价。所以就有必要把明确表述的、可观测的行为化为成就目标，来代替抽象的目标。

2. 临床督导评价法

这种方法与行为目标评价法的区别在于，行为目标评价法是评价中较为正规的方法，而后者则具有更多的非正规性。“临床”一词意味着细致的观察、评价者与被评价者之间的直接交往以及他们之间亲密和睦的关系。临床督导评价的意义不仅在于评价，更主要的在于帮助和提高。可见所谓的临床督导评价法，就是对被评价者的实际行为进行直接的现场观察和记录，然后把观察结果和评价意见反馈给被评价者，并和被评者一起讨论改进措施的一种评价方法。这种方法与评价的终极目的即教育目的最为接近，而且简单易行，不用抽出专门的时间开展评价活动，完全可以在日常的教育、教学活动中进行。

（四）指标评分法和等级换分法

1. 指标评分法

这种方法是以100分为满分，把学生的行为表现划分为若干个指标，赋予每个指标一定的分值，评价时对每个指标分别打分，最后累计出总分。例如，假设将班级日常管理作为一个指标，占10分；评价者可根据实际情况给该项指标评出10分之内的一个具体分值，如3分、2分或9分、7分；等等。

此法增大了可比性和精确性，并且量化指标明确，容易操作。但各项指标分值的确定缺少科学依据，评价者评出的具体分数也有随意性，受评价者主观因素的影响较大。

2. 等级换分法

这种方法就是把具体项目的等级评定换算成分数，然后将各项分数相加，满分是100分。具体做法为：首先规定若干大项目的分数，各大项目分数之和为100分。在各个大项目下，分列具体项目，并规定满分分数。将各个项目分为若干个等级进评定。有的项目可分为两个等级，如合格、不合格；有的项目可分为三个等级，如优、中、劣；有的项目可分为四个等级，如优、良、中、差。每一等级需确定具体的评价标准。将各等级折算成分数，如某一项目的满分值为11分，可定为优——11分，良——9分，中——7分，差——5分。将各项目得分相加，即为评价对象总体的评价分数。

由于评价分数是根据客观的等级标准转换的，所以该法比指标评分法更为精确。

（五）加权平均法、模糊综合评判法和集体综合评价法

1. 加权平均法

这种方法是通过自评、专家组评、社会群众评等不同方面的评价，或学生、教师、领导等不同阶层的评价者的评价来综合评定被评者的分数。做法是：先分别确定各方面或各阶层评价者的权重，然后用加权平均法，计算出综合值。如假设自评权重为0.2，专家组评价权重为0.7，社会群众评价权重为0.1，那么，被评者的综合评定分数 = 自评分 ×0.2 + 专家组评分 ×0.7 + 社会群众评分 ×0.1。一般而言，对学校办学水平的评价常用自评、专家组评、社会群众评三者综合评定的方法来确定。对教师课堂教学质量的评价常用学生评、同行教师评、单位领导评三者综合评定的方法来确定。对学生的思想品德的评价，常用学生自评、学生干部评、教师（班主任）评三者综合评定的方法来确定学生思想品德的分数。加权平均法的优点在于其分数的合成来自多方面，从而避免了单方面评价的片面性。

此法在组织实施过程中，可根据实际情况对评价人员进行调整。如评价小学生

的思想品德，可适当加入家长的评价，从而使评价结果更加全面。

2. 模糊综合评判法

模糊综合评判法是目前我国学校教育评价中广泛使用的一种评价方法，具体实施方式多种多样。

这种方法的优点是：有明确的目标和标准；综合评分时，计入了各项目的权重；将定性判断与定量分析结合起来，比较科学；评价结果有一个精确值，便于比较。这种方法尤其适宜于学校工作、教师和学生的思想品德与行为表现、学校管理和办学条件等方面的评价。但运用这种方法时，项目的确定必须合理，等级不宜过多，权重的设定要有充分依据，科学性才有保证，而这些都是不容易做到的，其计算也比较烦琐。

3. 集体综合评价法

苏联心理学家研究学生的个性品质问题时，曾经运用集体综合评价法。这种方法除了要求被试对自己品质进行评价外，还要求被试的同班同学对他进行综合评价。我们可以将这种方法运用于我国的教育评价，主要是运用于学生的思想品德评价。结合我国德育评价的实践，这种方法的实施可以采取如下步骤。

（1）确定德育评价的具体项目。德育评价项目的确定是关键的一环，必须符合我国德育总目标的基本精神，同时，还要与本校、本班对德育的具体要求结合起来。

（2）每一个德育评价项目均给予一个满分值（如100分），要求被评价者根据每一个德育评价项目，实事求是地自我评分；同时，也要求全班其他同学根据每一个德育评价项目对评价对象打分。

（3）用如下公式计算集体综合评价分数。

公式1：

$$S = \frac{r_1 + r_2 + \cdots + r_N}{N}$$

式中，S 为评价对象对自己思想品德的总评；r 为对每一种德育项目的自我评价分数；N 为所评价的德育项目的总数。

公式2：

$$F_i = \frac{\sum L_i - S_i}{R - 1}$$

式中，F_i 表示对学生思想品德的集体综合评价；L_i 表示集体中每个成员对评价对象做出的评价（对各种德育项目评价得分的平均数）；S_i 表示评价对象对自己思想品德的总评价；R 表示评价者的人数。

从上述公式可见，集体综合评价分数（F_i 值）的大小，主要取决于全班每一个同学对评价对象评分的高低和自我评分的高低。其他同学评分高，自我评分低，则集体综合评分高；反之，则低。同时，R 值越小，S_i 值对 F_i 值的影响就越大。当参加评价者（R）是 2 人，每一个思想品德评价项目的满分值都是 100 分时，随着自我评分（S_i）的大小变化，集体综合评价分数（F_i）的大小变幅可在 1～100 分之间。当参加评价者人数（R）在 10 人以上时，随着自评分数（S_i）的大小变化，集体综合评价分数（F_i）的大小变幅一般不超过 10 分。当参加评价者人数（R）在 50 人以上时，随着自评分数（S_i）的大小变化，集体综合评价分数（F_i）的大小不超过 2 分。因此，如果学生自我评价能力很差，自我评分的随意性大（如小学低年级学生），那么，参加评价者人数（R）多一些（10 人以上），就能适当调节自我评分的随意性对集体综合评分的影响。

为了考查学生自我评价与别人对他的评价是否一致，可以采用如下公式计算不一致性系数。

公式 3：

$$K=\frac{F}{S}$$

式中，K 表示不一致性系数；F 表示集体综合评价分数；S 表示学生对自己思想品德的评价分数。

K 值为 1 时，说明学生的自我评价与班中别的同学对他的评价完全一致。

集体综合评价法评分精确，有利于集体成员之间的相互比较，实施也不难。缺点是评价项目的确定难以科学、合理，计算也比较烦琐。

二、 收集教育评价信息的方法

（一）评价信息的收集标准

评价信息有时是很广泛的，在采集时，掌握一定的标准，可令方向更加明确，采集到的内容更有效、更可信，从而提高评价信息的质量。评价信息的收集标准主要有准确性、可靠性和时限性三个。

1. 准确性

评价信息的准确性是指采集到的资料与评价目标一致，采集到的评价资料是评价目标真正需要的资料。评价资料与评价目标越一致，说明评价信息的准确性越高，采集到的评价资料越有效。提高评价信息的准确性，要注意以下几点要求。

（1）在收集资料前，要熟悉评价指标体系的结构，记住各项指标，并透彻地理解指标的内涵。如果评价指标体系较庞大，全部记住指标很困难，则可按一级指标分类收集评价信息，从而可减少记忆指标的困难，也便于准确地采集评价资料。

（2）按评价指标体系的项目设计问卷和调查表的题目，调查提纲、访谈提纲、测试题目、观察提纲、搜集文献的提纲，令指标体系的项目与收集资料的各种纲目相一致，要严格按设计的各种纲目去收集资料。

（3）注意评价资料的全面性、完整性和充分性。就整体而言，评价指标体系中的各项指标都应有资料去说明，不应有遗漏，既要抓重点指标的资料收集，也要照顾到一般指标的资料收集，要善于从各方面、多层次去考虑问题，令收集到的该项资料尽可能完整无缺，并尽可能充分地说明该项指标。

2. 可靠性

评价信息的可靠性是指收集到的资料真实可靠，用以说明评价指标的资料是信得过的资料，这些资料所反映的情况完全符合客观实际。提高评价信息的可靠性应做到以下几方面。

（1）采集评价信息的方法手段要多样，以便于收集到的信息能互相验证。例如，访谈法得到的信息往往能与问卷法得到的信息相互验证，查阅文献资料得到的信息往往能与测验法或座谈法得到的信息相互验证。当然，各种方法手段采集到的各种资料之间不一定可以完全得到验证，大多数情况是部分验证或个别验证。

（2）注意改进收集资料的工具，并讲究收集资料的技巧。在许多情况下，收集工具的不科学会造成收集到的评价信息失真。如由于问卷设计不科学，而产生随意填答或假答现象；由于测试题目设计水平低，而产生答题者猜答、乱答等现象，从而影响评价信息的信度。有时，资料收集者观察的片面性、查阅文献资料的方法不当、座谈引导的方式不对头、访谈问题欠艺术、施测的指导语欠佳等，也会导致收集到的评价信息不可靠。

（3）信息整理时要注意去伪存真。无论采用什么方法，采集到的评价信息都难免存在着虚假成分。因此，要对最后收集到的评价信息进行认真的审核，可用分析判断和比较鉴别的方法剔除谬误。如果发现收集到的各种资料之间互相矛盾，收集到的文字资料与观察到、了解到的实际情况不符，或者发现收集到的资料所反映的情况和数据违反日常生活准则和一般事理，那么，就表明收集的资料缺乏可靠性，于是就要进行剔除谬误的工作。

3. 时限性

评价信息的时限性是指严格按评价工作所规定的时限采集评价信息。如果在某些单位或个人所采集到的评价信息是此一时限，而在另一些单位和个人所采集到的评价信息则是彼一时限，这就没有什么可比性了。就一个单位或个人而言，不按规定的时限采集评价信息，也会影响评价结果的确切性，不能达到评价的目的。总之，不按照规定的时限收集资料，所收集到的资料是不符合评价工作要求的无效资料。

（二）评价信息的收集方法

收集评价信息的方法多种多样，要根据指标内涵的性质和要求选用收集资料的方法。较常用的采集评价信息的方法有观察法、听汇报、调查访问、座谈会、收集文字资料、发问卷、测试这七种。

1. 观察法

观察法是根据评价指标的要求，在自然状态下，通过参观获取评价信息的一种方法。观察法具有目的性、直接性、情感性、可重复性等特征。其优点是简便易行，获得的资料可靠。

（1）观察的途径。

①实地参观考察。如开展办学评价时，务必亲自到现场参观校舍、学生活动场地、设备、校内外环境等，还要巡视校园管理、课外活动。

②听课。听课的目的是收集教师课堂教学的资料，了解学生上课的活动情况等。通过听课，也可以在一定程度上了解到教师的备课情况。

③参与有关活动。如参加学校的各种集体活动，身临其境地考察师生在活动中的表现，了解校风、学风的情况。

（2）观察记录的方法。

①连续行为记录法。这种记录方法也称为现象描述法，是对评价的有关现象或行为，从开始到结束都做全面的观察和记录，把认为重要的现象和表现进行具体的描述，认为不重要的则可忽略。日记法和个案跟踪观察记录法均属这种观察记录法。

②时间取样记录法。这种记录法是以时间为样本的记录方法，在预定的一段时间内，对特殊而明确的现象或行为进行观察和记录。如每天安排 1 小时观察并即时记录，每周观察一天并即时记录，或相隔 3 小时就观察 10 分钟并即时记录。

③事件取样记录法。[①] 这种记录法的对象是某一事件或某一具体的活动，从活动开始到结束做全面观察和记录，不受时间限制。如对学生某项课外活动做观察记录，对学校进行的某一重大事件进行观察记录。这种观察记录是对事先就有目的有计划安排的“事件”观察记录，而不是事件发生过后才去调查了解（做事后记录）。

（3）观察的辅助工具。

一是记录装置。

①影像记录：如拍片或录像。

②声音记录：如录音。

二是记录表格。记录表格可根据观察的目的设计，以简明实用为宜。在记录表格上做记录一般有四种形式：

①等级式。在观察记录表的等级中选定一个等级，写上“√”。

---

① 沈庆华，马以念. 幼儿教育科学研究方法［M］. 兰州：甘肃科学技术出版社，1990：28－31.

②是非式。在表格相应的项目中，写上“√”或“×”，以此表明观察者的判断。

③次数式。可在表格相应的项目中，记录观察到的某种行为出现的次数。如某种行为若出现6次，可记录为“正一”。

④文字式。在表格中用文字表述观察到的情况。

2. 听汇报

听汇报的目的是通过听取被评者的工作汇报和情况反映来收集评价信息。这种方法简便易行，可以在较短的时间内获得较多的信息。

运用这种方法收集信息应注意几个问题：

（1）在听汇报前，应将听汇报的目的、内容和要求通知汇报者，并要求做好汇报内容的充分准备，以免汇报时想到什么说什么。

（2）汇报时，要营造融洽的谈话气氛，令汇报者畅所欲言，言无不尽。

（3）善于引导。有的人喜欢报喜不报忧，并在报喜材料中浮夸，若发现这种情况，要及时加以引导，令其客观地汇报情况。

（4）做好笔记。尽可能将汇报的主要内容记录下来，运用录像设备配合更好。

3. 调查访问

调查访问是指以调查的方式访问有关人员或找有关人员谈话，了解情况，从而收集评价信息。调查访问包括校内调查访问和校外调查访问两种类型。调查访问可了解到真实情况，获得较深入和具体的资料。运用这种方法的要求是：

（1）要制订好访问计划和提纲，并按计划和提纲去开展调查访问工作。

（2）选择好访谈的对象、场所和时间。访谈对象应是与调查内容有关并熟悉情况的人；访谈的场所应安静舒适，不受周围环境的干扰和影响；访谈的时间要适当，应在被访问者精神状态最好的时间内访问，并且时间安排要足够。

（3）按调查提纲去提问。所有话题均与调查目的有关。必要时可围绕提纲追问。

（4）注意访谈态度。要亲切、自然、冷静，令被访者消除顾虑，不使被访者产生不安的感觉。

（5）做好记录工作。

4. 座谈会

座谈会是指约请少数有关人员聚集在一起交谈，从而获取评价的信息。这种方法可以集思广益，获得较全面的评价信息。

（1）座谈会的种类。

包括：①学生座谈会；②教师座谈会；③领导和管理人员座谈会；④师生座谈会；⑤领导、管理人员和教师座谈会；⑥上述人员不同组合的座谈会，如学生干部、班主任座谈会等；⑦校外有关人员座谈会（包括学生家长座谈会）。

（2）召开座谈会的基本要求。

①根据评价内容的要求和实际情况选择座谈会的种类。一次评价活动，座谈会可选用几种，每种座谈会也不限于只召开一次。应注意座谈会人员的代表性。

②做好准备工作。包括事先准备好会议的调查提纲、议程；安排好开会的时间、地点；确定参加会议人员并将座谈会的内容、时间、地点、参加者、会议要求等事项通知他们。

③座谈会上，以自由发言的形式为宜，但主持人要善于围绕评价内容引导讨论。

④指定专人做记录工作。

5. 收集文字资料

这是非常重要的收集评价信息的方法。这里说的文字材料包括两部分：一部分是由被评价者提供的评价材料；另一部分则是由有关方面提供的与被评价者有关的评价材料。大体可分为如下八类：

（1）计划类资料。如各种工作计划、各种学习和进修计划等。

（2）制度类资料。如各规章制度、教学规范文件、德育工作文件、各种奖惩条例、各种会议记录等。

（3）业务工作类资料。如工作日记、大事记、听课记录、教案、课程计划表、学生成绩等级表、业务档案、班主任工作手册、运动会记录、体育达标记录、卫生保健资料、学生的作业和试卷等。

（4）奖惩类资料。师生好人好事荣誉手册，各种奖状、奖旗、纪念物，各级获奖证书，惩治记录等。

（5）总结类资料。如各种工作总结、专题总结、自评报告、自查报告、书面汇报、经验交流材料等。

（6）外来资料。如家长来信，群众的表扬信、揭发问题信，报刊有关被评者的报道，外单位对被评者的评价意见以及其他方面提供的关于被评者的评价材料。

（7）基本情况的统计报表。如各类人数比例统计，教学工作统计，成绩、成果及获奖统计，体育卫生达标统计，升学就业统计，校舍设备场地达标统计，财务收支统计等。

（8）查阅和收集文字材料要尽量齐全，并注意去伪存真，还要针对评价指标进行分类整理，令各类材料与相应的评价指标对口。

6. 发问卷

问卷是收集评价信息的问题表格。它的形式主要有是否式、类别式、条件式、排序式、线段式、表格式、问答式等。[①] 利用问卷可有效地收集到基本情况资料、行为资料和态度意见资料。

问卷设计时，一般应先确定要调查的评价指标，然后将每一项指标，由陈述句形式改写或演绎成问卷题目（一项指标可设计一个问卷题目，也可以设计几个问卷题目），这样才能提高问卷的效度。在撰写问卷题目时，还要注意行文技巧，这样才能令问卷题目收集到的资料是真实可靠的，从而提高问卷的信度。

发问卷时，既可以将一份问卷只发给一种对象填答，也可以将相同的问卷发给几种对象填答。

7. 测试

测试是通过书面测验和考核、实践操作、口头询问、活动考验等形式收集评价信息的方法，它包括各种各样的测验和考试。

综观上述七个评价信息的收集方法，大体上可归为两大类：一是调查法，包括观察、听汇报、访问、座谈会、收集文字资料、发问卷六种方法。运用调查法，可取得大量的文字描述性资料，获得直接的认知，因而更有利于定性分析。二是测量法，即测试。测量是评价的基础，测量能为教育评价提供大量信息，主要提供数据资料，因而更有利于定量分析。

当然，这两类方法均可获得文字资料和数据资料。在收集教育评价信息时，应将上述七种方法结合起来运用。

三、 处理教育评价信息的方法

（一）教育评价信息的定性分析描述法

定性分析描述法有等级评定法、评语鉴定法和写实分析法三种。

1. 等级评定法

目前，等级评定法主要有以下几种形式：①五等级法，即优秀、良好、中等、及格、不及格。②四等级法，即高级、一级、二级、三级。③三等级法，即上、中、下。④二等级法，即合格、不合格。

等级评定法常用于学生评价、教师评价、学校整体水平的评价或办学质量的评价。学生等级评价的实施过程是：①制定评分等级及其评定标准；②学生根据评定标准进行自我评估，自报等级，然后由学生民主评议；③班主任和教师最后评定学生的等级。我国许多中小学采用此法评定学生等级，包括操行等级、能力等级等。我国对中小学教师的职称评定采用等级评定法，有“高级教师”“一级教师”“二级

① 李方. 现代教育科学研究方法［M］. 广州：广东高等教育出版社，1989：128－134.

教师”“三级教师”等称号。这种方法简便易行，但不够精确。同一等级者很多，他们之间的差距仍很大，但无法从等级称号上加以区别。

2. 评语鉴定法

评语鉴定法就是用简明的评语来表述评价结果的方法。对学生的作文、技能，对教师的教态、教学语言等方面的评价，常使用评语法。对教师业务职称的评定、对干部业务的考核，也常用评语法。评语法的做法多种多样，譬如，对一间学校办学水平的评定，常以评语作鉴定。有专家组评语法（即由校外的有经验的专家组成一个小组进行评价），有社会各方面评语法（即由教育系统以外的人员对学校进行评价），还有领导小组评语法（即由上级领导组成的领导小组进行评价）。如果是对一个学生的思想品德的评定，则要求在学期结束或学生升学、升级、毕业或就业时，以班主任为主，依据一定的评价指标，对学生在这一时期的思想品德和行为以文字的形式进行简短的述评。对中小学生的操行评定，一般有班主任单方面的评语法，以及教师、学生、家长共同评定的评语法两种。

评语鉴定法的优点是：简便易行，结论一目了然，而且能对教育中的许多模糊现象进行描述和鉴定，解决了一些定量评价所不能解决的问题。缺点是：由于这种方法只注意定性描述而不重视定量分析，因而不够精确，对评价对象不能逐一排出优劣次序，有时也难以做具体的比较分析。评语容易掺杂个人偏见或主观因素，难以做到客观、准确，信度和效度较低。

3. 写实分析法

写实分析法是根据一定的评价目标和要求，对评价对象的情况进行较为详细的描述，并在此基础上做出恰当的评价。做法是：

（1）搜集事实材料。内容包括：有关评价对象一般情况的事实材料；有关评价对象型事例的事实材料；学校领导、班主任、各科教师、团队辅导员、学生家长、社会群体等对评价对象的评价的事实材料；评价者亲自考察得来的事实材料，如现场观察学生活动的表现，与教师谈话了解情况，听取学校领导的情况汇报等。要十分重视第一手材料的收集，重视现实表现的材料。此外，有关评价对象的现实文献资料和历史档案资料也应给予注意。

（2）对搜集到的资料进行整理和描述。整理包括核实、分类和汇编等工作。描述多采取“写实”手法，一般先概括地描述一般情况，然后描述典型事例。

（3）分析评价。即对所描述的事实材料做总体上的分析评价。分析评价要中肯，简明扼要。运用此法要注意的问题是：搜集的资料要真实可靠，整理和描述事实材料要有系统性，分析评价要抓住主要问题或本质问题。这种方法与评语鉴定法的主要区别在于，评语鉴定法主要是“评”，书面上很少反映事实依据。虽然正确的评语对于评价对象和评价者都是可以理解和接受的，但写给别人看往往有欠缺事实依据之嫌。写实分析法最大的特点是能比较详细地描绘客观事实，其评价、结论是以所描绘的事实为依据的，能以充分的事实依据呈现在读者面前，信度较高。缺点是要全面地收集资料十分困难，做起来花费时间较长，尤其是在样本数目很大的情况下，此法就更难实施。

（二）教育评价信息的定量分析评判法

教育评价信息的定量分析评判法可分为统计分析评判法和模糊综合评判法两种。

1. 统计分析评判法

教育评价中应用较多的统计分析是平均数、标准差、标准分数、T 分数、参数估计和统计检验。

（1）平均数。

平均数，又称均数或均值。英文为 *Mean*，故以 M 表示。如果 M 是由变量 X 计算得来的就记为 $\overline{X}$。算术平均数是由各个变量相加求和再除以变量的总次数，其计算公式是：

$$\overline{X}=\frac{X_1+X_2+\cdots+X_N}{N}$$

式中，X_1，X_2，…，X_N 代表各个变量的观察值，N 为观察的总次数。

在教育评价中，平均数有着广泛的用途：①利用平均数对样本或总体进行比较。如可以利用各班学生的某科成绩的平均数进行比较与分析。②利用平均数来描述和代表评价对象的一般水平。如要了解一个班的学生某科成绩，我们可把分数的总和除以学生人数，得出平均数，这样就能清楚地反映这个班级某科成绩的一般水平。③利用平均数可以分析教育现象之间的依存关系。如根据全班学生某科平均成绩的高低，可以看学生的某科成绩与该科教师的教学水平有密切关系。④利用平均数研究样本或总体的一般水平在时间上的变化。如比较某个年级学生在不同时期某科平均成绩的提高，可以看出该年级学生某科成绩不断提高的过程。

（2）加权平均数。

在教育评价中，有时要将各方面的测量结果合并求平均数，但由于各方面的评价结果的重要程度是不同的，若将它们等量齐观，像求算术平均数那样计算，显然不合理。正确的方法是：考虑来自各方面测量结果的重要程度，给予它们一定的权数，然后代入如下公式计算：

$$\overline{X}_w=\frac{\sum W_iX_i}{\sum W_i}$$

式中，$\overline{X}_w$ 为加权平均数；W_i 为权数；$\sum W_iX_i$ 为加权总分。

例如，某生语文的平时成绩为 80 分，期末考试成绩是 90 分，学校规定平时成绩占40%，期末考试成绩占60%，那么，该生的总评成绩应该是：(80×0.4+90×0.6)/(0.4+0.6)=86（分）。

（3）标准差。

标准差是各观察值与其算术平均数之差数之平方的平均数的平方根。常以 S 或 σ 表示。

（4）标准分数（见本章第二节）。

（5）T 分数。

T 分数是一种接近百分制的导出分数，其公式为：

$$T=10Z+50$$

式中，Z 为标准分数。

上述常用的几种统计分析评判法属于描述统计法，此外，还有推断统计中的参数估计和统计检验，也常用于教育评价的定量分析。

2. 模糊综合评判法

模糊综合评判法是将模糊数学应用于教育评价，以解决在多因素前提下对模糊数据进行综合的问题。模糊综合评判法的基本步骤是：

（1）确定评判的因素集。

评判的因素集可根据评价指标体系的末级指标的性质特征和需要来确定，如末级指标是课堂教学质量，那么，可将课堂教学质量分解为教学组织、教学内容、教学方法、教学手段、教学效果这五个因素。这五个因素就构成一个评判课堂教学质量的因素集 U。

（2）确定因素权数。

当因素集确定后，就要给每个因素分派一个权数。权数的分派法可采用经验法、德尔菲法、讨论法、运算法等。如上面提到的课堂教学质量评价，可将五个因素的权数分派为0.2，0.3，0.2，0.1，0.2。

（3）确定评价等级。

评价等级的划分应充分考虑指标的性质特点，如上面提到的课堂教学质量的评价等级的划分不宜过细，一般以四等或五等为适中，但在教育评价实践中，我们发现，若分为五等级，则容易出现选项集中到中等的现象，因此，定四等级为宜。这四等级是：很好、较好、一般、不好。

第二节
量化评价法

一、 量化评价法概述

（一）量化评价的方法论来源

实证主义哲学由社会哲学家孔德首创，后继者发展成了马赫主义和逻辑实证主义。实证主义把自己的理论看成是统摄一切科学的“科学哲学”，主张用实证方法取代抽象思辨，认为可观察的事实是唯一不证自明的知识，实证科学是科学发展的最高阶段，科学研究必须遵循六条原则[①]：①经验证实原则。强调任何概念和理论都必须以可观察的事实为基础，并能为经验所验证，超出经验范围的任何概念和理论都是非科学的。②客观主义原则。强调认识过程中主体与客体的分离，主张主体的知识应该绝对反映客观事物的特点。不掺杂个人的态度和情感、信念和价值等主观因素，否则就不是科学的知识。③方法中心原则。实证方法是知识科学性的唯一可靠保证，必须放在第一位。④元素分析原则。将观察到的东西分析为最小的元素。⑤还原论。在不同程度上表现出生理还原论、物理（化学）还原论、生物还原论和机械还原论。⑥描述性与数量化。在科学研究的过程中，科学家必须是中立的观察者，不带偏见地观察和记录外在的事件、状态和过程，以客观的语言描述事实，为了保证描述的准确性和精确性，必须采用数量化描述方法。

19 世纪末 20 世纪初，实证主义作为一种时代精神孕育于即将诞生的教育评价之中，并从方法论层面深刻地影响了教育评价的产生和发展，促成了教育评价研究中科学主义价值取向的形成。在人们的意识中，科学必须是精确的，科学研究必须使用测量、实验、观察等自然科学方法。当时的社会科学家们普遍要求以科学的态度研究人和现象，建立合理客观的评价系统，以准确地分析和测试人们的社会行为。反映在心理和教育领域，实证主义促成了德国实验心理学的发展、英国对个别差异的研究以及法国对不适应者的临床关心，这三种研究取向催生了心理测验，进而形成了 1900—1930 年轰轰烈烈的教育测量运动——教育评价的“测量”时代。

随着教育测量运动的不断发展，人们逐渐认识到，教育测量尽管能使考试客观化、标准化，并能把人的能力换算成数字，甚至个别差异的程度也可以度量，但测

---

① 叶浩生．西方心理学研究新进展［M］．北京：人民教育出版社，2004：31 – 35.

验毕竟不能测得人的全部。如社会态度、实际技术、创造力、兴趣、鉴赏力等，因难以数量化，教育测验便不能充分把握，往往被教育者冷落。因此，人们开始对教育测验提出批评意见。

（二）量化统计法

量化统计法可以定义为通过将评价内容化为可以量化的数量，经过测量这些相关数据，并以量化统计方法来分析结果数据，最终达到评价目的的一种方法。

量化统计法可以分为一般量化方法，即频数、中位数、众数、百分比等，这些统计分析方式只是对数据进行初步分析，要进一步分析数据通常可以运用方差分析、假设检验、因素分析、相关分析、回归分析等，此外还有很多更加高级的分析方法，如结构方程模型方法，以及系统科学方法、模糊数学方法和灰色数学方法等。选取何种方法进行量化分析主要取决于评价内容和评价目的。

二、测验法

教育测量是教育评价的基础，测量的结果是教育评价的依据，评价是对事物进行价值分析和判断，对测量结果的解释过程，如果不依据测量结果进行价值分析和判断，测量结果就会失去意义。测量的工具主要包括教育、心理测验等量表，也可以根据评价者所要评价的内容和评价对象的特点来编制相关的测验。根据内容，测验分为智力测验、能力倾向测验、人格测验、学业成就测试等；根据回答方法，测验分为书面测验和非书面测验；根据编制的规范性，测验可以分为标准化测验和教师自编测验等。

（一）与教学、考试性质有关的测验类型

1. 诊断性测验

这类测验，是在测量学生掌握某一部分教育内容的情况时使用的，是一种具有诊断性质的测验。通过这种测验可及时看到学生的学习情况，直接获得教学的反馈信息，调整教学的进度和教学的方式、方法。

诊断性测验的主要特点在于：第一，诊断性测验一般注重于与诊断相关的目标。第二，测验题目依据对成功学习特殊技巧的详细分析以及常见的学习错误的分析研究。第三，题目难度一般较低，重在确定学生所犯学习错误的类型以及学习困难根源所在。第四，诊断性测验一般限于课程教学中有限的部分内容，且通常按若干部分的测验分数与测验记录来分析，很少用于测验全部内容。

2. 成绩测验

学生在一定的时间段内，完成了某一教学大纲或教材的学习，为了解他们的学

习成绩，往往对其进行成绩测验。测验内容为所考查的阶段内的教学内容，试题的设置可根据所考核的教学内容进行抽样。命题时应把握住基本的和重点的内容，而且在设问上也应考虑不同的层次要求，使测验结果能较好地反映学生对所学内容的掌握程度。

3. 学习能力（学能）测验

这类测验，旨在测量考生完成某项任务的能力倾向，这些能力倾向，在很大程度上带有潜在性，即在测验时，考生不一定已具备这些能力，而只是具备发展这些能力的基础和倾向。这类测验并不完全依据以往的教学内容来命题，而主要依据对学能结构的分析，选用那些可作为学能基础的内容作为命题的取材，在要求上也不一定局限于教学要求这个层次。

各类入学测验，其实质都可作为学能测验来对待，成绩测验与学能测验的基本区别在于：前者注重的是现时所达到的水平，后者注重的是未来的发展倾向与趋势。

（二）测验的信度与效度

评价测验是否有价值，就必须考察测验的质量，包括它的稳定性、可靠性（即在同样条件下重复测量，其结果的一致性，即信度）和有效性（即测量结果中包含欲测特质的信息量的程度，即效度）。如果说一个测验的信度高，就是指一个考生的成绩经反复测验都保持一致；对一组考生来说就是指这组考生的成绩排序在多次测验中都大致相同。在实际运用中，不同的测验有不同的可接受的信度标准。信度系数究竟以多大为好，没有明确的标准，要看测验的目的和类型。对于学科测验，信度系数要求达到0.9以上，智力测验要求达到0.8以上，品德测验能达到0.6以上就算不错了。如一份好的英语测验，试卷中的词汇、结构和阅读的题目信度系数一般应该在0.90~0.99之间，而阅读理解部分的信度系数则要在0.80~0.89之间，口试题目的信度系数一般在0.70~0.79之间。

1. 测验的信度

根据经典测验理论（classical test theory），在真分数模型的假设中，学生作为评价对象，在测验中的实得分数是：

$$X = T + E$$

式中，X 为实得分数；T 为真分数；E 为随机误差。

被评价的学生的真分数是实际分数的期望值。在这个真分数模型的假设下，信度就是真分数方差与实得分数方差之比：

$$r_{信} = \frac{\sigma_T^2}{\sigma_X^2}$$

式中，σ_T^2 为真分数方差；σ_X^2 为实得分数方差。

由于实际测验中，真分数方差只是一个理论构想，并不能求出来，所以一般是通过对相同的评价对象总体重复施行同一测验，以两次测验结果之间的相关作为测验的信度，即“平行测验”的假设，其信度公式为：

$$r_{信} = r_{X_1X_2}$$

式中，$r_{X_1X_2}$为两个测验的实得分数之间的相关系数。

两个平行测验评价的是相同的特质，具有相同的测量内容，采用一致的题型，并且测量同一个总体样本；同时对于每一个学生，两次测验的真分数相同，即 $T_1 = T_2$，而且有相同的误差方差，即 $\sigma_{E1}^2 = \sigma_{E2}^2$。通常，有以下几种估计信度的方法。

（1）分半（split-half）信度。

分半信度是将测验编写成两个尽量平行的子测验，组成一个完整的测验，可以采用随机分半或奇偶题分半。例如，将奇数部分的题目和偶数部分的题目分别记实得分数为 X_1 和 X_2，假设两部分测验符合平行测验的条件，即真分数等值模型的假定，于是可以计算出 X_1 和 X_2 之间的相关系数 r_{12}，最后整个测验的信度为：

$$r_S - B = \frac{2r_{12}}{1 + r_{12}}$$

这个信度公式叫斯皮尔曼 - 布朗（Spearman-Brown）公式。

弗拉南根提出的公式的估计信度的方法则不需要计算分半测验分数的相关，也不需要进行校正，其计算公式是：

$$r_U = 2\left(1 - \frac{\sigma_a^2 + \sigma_b^2}{\sigma_t^2}\right)$$

式中，σ_a^2和 σ_b^2 分别为两半测验分数的方差；σ_t^2 为整个测验分数的方差。

值得注意的是，首先分半法在不需要做两次测验的情况下得出相应信度，但是必须满足分成两半的测验是等值的，就是有相同的平均数和标准差；其次将测验题目进行分半的可能性很多，但是必须考虑测验的内容和对象等因素，例如，一般来说，由于时间和评价的学生心理等影响，用前后分半是不恰当的。

（2）内部一致性。

内部一致性信度可以分析测验中所有项目的一致性程度。由克龙巴赫提出的 α 系数，对二值记分测验和多重记分测验都适用，是最常用的信度系数之一，其计算公式是：

$$\alpha = \frac{n}{n - 1} \cdot \frac{S_X^2 - \sum S_{X_g}^2}{S_X^2}$$

式中，n 为测验的题目数；$S_{X_g}^2$为各个学生在测验中的总分的方差；S_X^2 为测验总分的方差。α 系数的算法是利用此公式来计算各题目间的同质性，得出信度系数。

而对于二值记分测验，也常用库德 - 理查逊（Kurder-Richardson）公式来求 α

系数，这与上面公式的计算结果相等：

$$r_{K-R20}=\frac{n}{n-1}\left[1-\frac{\sum p_i(1-p_i)}{S_X^2}\right]$$

式中，n 为测验中的题目数；p_i 为第 i 题正确回答的人数比例；S_X^2 为各学生正确回答题数的样本方差。

相对于分半系数来说，α 系数虽然克服了其部分局性，但是也可能出现低估问卷的内部一致性的问题。为了得到更加准确的估计值，也可以选择 θ 系数的计算方法。其具体计算步骤是，先求出问卷得分的相关矩阵，用最大特征值来构造的统计量为 θ 系数，其计算公式为：

$$\theta=\frac{n}{n-1}\left(1-\frac{1}{\lambda}\right)$$

式中，n 为测验中的题目数；λ 为最大特征值。

（3）重测信度。

重测信度是指对评价对象学生进行重复测验，通过计算两次测验得分之间的一致性程度来衡量信度。一般采用皮尔逊的积差相关的公式来计算：

$$r_{X_1X_2}=\frac{\frac{\sum X_1X_2}{N}-\overline{X}_1\overline{X}_2}{S_1S_2}$$

式中，X_1，X_2 同评的学生两次测验中的分数；$\overline{X}_1$，$\overline{X}_2$ 为两次测验的平均分数；S_1，S_2 为两次测验结果的标准差；N 为参加测验的人数。

影响重测信度的因素很多，包括两次测验之间的时间间隔、学生对评价测验所形成的练习效应，以及被评价者当时的精神状态和外界环境的影响等。鉴于可能造成误差的因素复杂而繁多，重测的前后两组测验分数间的相关性不一定能反映测验的真正的准确性和可靠性，所以一般运用重测信度进行检验的测验内容都是比较稳定的，以尽量减少误差因素的干扰。

（4）复本信度。

复本就是根据平行测验理论，设计与原测验各指标相近或等值的平行测验，在此基础上，计算学生在两个测验上所得分数的相关系数。复本测验和重复测验不同，因为复本测验所施测的内容不同，因而可以进行连续测验，从而降低重复测验因为两次测验相隔一段时间而带来的误差和干扰因素的影响。

此外，影响信度的因素主要有：

一是测验本身所引起的误差。第一，从测验题目的格式来看，如判断题，猜测的可能性很大，这就引起测验的不稳定性。第二，题目的难易程度也会影响测验的信度。一方面，如果测题的难度过大，以致每个被试大量猜测，则所有的被试的总分接近于随机分布，其变差大部分为误差变差。如果在任何测验中，猜测已成特征，则测题越难，其信度越低。另一方面，测验越易，分数离差越小，而信度也就越低。规定时限可以鼓励人们加速做出反应，但常常会引起不稳定的测验分数。第三，测题的用词模棱两可也会引起不稳定的分数。又如测验本身的长度也会影响信度，一般说来，测题愈多，测验愈可靠。第四，如果测验是要测量单一特性，那么这个测验上的每一个测题都应该测量它，而不应该测量其他的东西。但是实际上，有些测题能测量多种心理特性，因此，在一个测验中所包含的特定测题的抽选就变成了一个误差的可能来源。

二是测验的实施所引起的误差。第一，对实施指导语的错误理解、对答案的错画、时间记录的错误以及一些不能预见的干扰等，都会产生误差。第二，对一组被试实施测验不是同一个主试，而是有很多的主试，以及主试本身在安排测验上有较多的余地，这些也会引起误差。第三，记分也会产生误差，如论文式的测验和其他自由反应的测题格式，记分就很难做到完全客观，从而产生误差。第四，测验实施的外在因素也可能影响信度，比如：测试时间、环境，测试的组织，考场纪律，集体舞弊，等等。

三是学生自身因素所引起的误差。包括学生的学习及考试的动机的作用，学生的学习、发展和教育等方面素质的影响，学生对于测验的经验，学生对测验的焦虑，以及学生自身的生理因素等。

2. 测验的效度

测验结果中所包含欲测特质的信息量的程度和对所要测验的特质准确测量的程度，就是测验的有效性和准确性，即效度。

根据经典测验理论，效度是潜在真分数的方差与实得分数的方差之比，效度和潜在真分数的方差与实得分数方差的关系是：

$$r_{效} = \sigma^2_{T_{潜}} / \sigma^2_X$$

$$\sigma^2_X = \sigma^2_{T_{潜}} + \sigma^2_{E_{系}} + \sigma^2_{E_{随}}$$

式中，$\sigma^2_{T_{潜}}$为潜在真分数的方差；$\sigma^2_{E_{系}}$为系统误差的方差，$\sigma^2_{E_{随}}$为随机误差的方差；σ^2_X为实得分数的方差。从潜在真分数的方差与实得分数方差的关系式可以看到，测验的效度同时受到系统误差和随机误差的影响。

（1）效度的分类。

以上效度的计算公式也是理论上的公式，从实际操作的方法来测量测验的效度，可以从以下几方面进行。

①内容效度（content validity），指的是预定和假设要评价的内容与实际评价所得到的内容之间的一致性，也就是测验内容对于期望的目标的代表性程度。例如，要对初中一年级的学生对数学学习的掌握程度进行评价，如果在测验内容中涉及了

初二或初三年级的数学内容，那么这种对于学生的数学成就的评价就显然缺乏代表性。

在具体的评价测验中，由于评价的目的不同，评价的内容也会有所不同。首先是所评价的内容有边界性，要确保测验题目对所要评价的内容范围的清晰划分和代表性。如果测验内容超出了评价的范围，该测验的内容效度就不高，所以可以通过将评价内容进行明确的结构化来避免遗漏某些重要的内容。对于这种将评价内容结构化的方法，重要的是对评价所包括的内容范围建构目标树，在一级指标下还必须分出二级指标，尽量梳理出评价内容的结构框架，而不是只停留在对评价内容的概念描述上。在确定了评价内容的目标树以后，还要分析其中的每个指标由哪些具体的项目或题目来进行测验，而且，根据各个指标在评价体系中的重要性和影响性，决定和分配该项目在整个测验中所占的比例。除了这样建立在研究者“主观”经验上的效度评估，为了确定一个测验是否具有内容效度，最常用的方法是请专家对测验题目进行判断。同样是要看测验题目是否能表达所要研究的内容。题目的代表性越强，就说明题目的内容效度越高。这种专家评估的方法实质上是对题目进行逻辑分析的过程，专家的个体思维差异使各人的评价也不同，所以为了使评估更接近真实，可以根据具体的测验目的编制评定量表，提供给专家作为评估依据。

从统计分析的方法来测定测验的内容效度，可以采取类似于复本信度系数的计算方法，求出被试在两个复本上得分的相关系数。相关系数越高，一般就认为测验的内容效度越高。另外，也可以采用类似于重测信度的评定方法。具体方法是先选取一定数量的被试进行测验，而且这些被试对测验所包含内容的知识认识较少。然后让这些被试学习与测验相关的内容，再用原测验题目来测试被试，如果测验成绩显著高于学习测验内容之前的成绩，说明该测验的内容效度比较高，当然在被试的学习过程中应尽量排除其他的与测验内容相关的知识信息的影响与干扰。

②效标关联效度（criterion-related validity）。评价一个测验的效度，除了从内容的角度来分析，还需要有客观事实和结果来检验。而测验的结果是评价的依据和开始，所以测验结果本身可以起预测作用，即对处于特定情境中的学生行为和心理特质等进行预测。效标关联效度强调的是效标行为，测验的内容是次要的，而且测验题目也不要求和效标有关联，因为人们更关注测验分数是否能预测一些外在行为，所以测验分数能在事实上预测效标行为才是最重要的。

另外，效标关联效度可以分为同时效度和预测效度。

同时效度（concurrent validity）强调效标的同时性，是指一个测验结果与另一个同时获得的测验结果（即效标）之间的一致性程度。通常这种效标都具有权威性、稳定性和普遍性，已经经过多次的检验和相关研究的修正。但是评价主体对学生进行的具体评价不一定与已有的评价所用测验完全相同，新的评价所用的测验更具有情景性和特殊性。为了提高评价的效度，可以与已有的公认的效标进行比较，如果两者的一致性关联度高，就意味着新的评价具有较高的效标关联效度，否则就说明该评价的效标关联效度较低。

预测效度（predictive validity）是指测验结果对未来的行为或某种评价特质（效标）能够准确预测的程度，而被预测的行为同时也是检验测验的效度的标准，即效标。所以这种预测性的效标被用于选拔或筛选的程序。常用的效标如学生的学业成绩。学业成就测验、学习策略测验或学习能力测验等的效标可以是学生的学科考试成绩、学生学习的平时表现、学生的创作作品、教师对学生行为表现的评价与总结等。具体的评价目的是不同的，所以必须根据所要预测的内容来选择恰当的效标。

效标关联效度的测量方法有相关法和 t 检验法。

相关法是建立效标关联度的常用方法，是求测验分数和效标测量之间的相关程度。对于预测效度，可以用预测的测验分数和后来实际的效标成绩之间的相关系数来表示。

可以采用 t 检验法来检验两个效标组在测验分数上的差异水平，因为如果测验是有效的，则测得不同分数的学生在效标上的表现也不同。t 检验的公式是：

$$t=\frac{\overline{X}_1-\overline{X}_2}{\sqrt{\frac{S_1^2}{N_1}+\frac{S_2^2}{N_2}}}$$

式中，$\overline{X}_1$，$\overline{X}_2$ 分别为两个效标组在测验中的平均分；S_1，S_2 分别为两效标组测验分数的方差；N_1，N_2 分别为两效标组的被测的学生人数。最后还要检验 t 值的显著性水平，如果达到显著性水平，说明测验可以有效区分不同效标成绩的群体，否则说明该测验无效。

③结构效度（construct validity），是指测验能够测量到理论上结构或特质的程度，也就是该测验所要测量的概念能显示科学意义并符合理论上的设想。确定结构效度的常用指标有以下几种。

一是因子分析，用因子分析法来评价测验的结构效度被认为是一种比较理想的效度分析方法，其原理是先假定测验是按照一定结构设计的，通过因子分析来考察测量结果的结构是否与其相符，从而验证假设是否成立。[①] 因子分析的主要目的是找出事物的特质，找出影响变量的更本质的因子，即共性因子，因而它是找出最适合于结构效度的因子的研究。因子分析可分为探索性因子分析和验证性因子分析。前者分析测验结果的数据中影响测验题目之间的共同因子；后者则从理论出发检验影响测验题目之间的因子，而且其依据的理论模型可分为结构模型和测量模型，所

① 柯惠新，沈浩．调查研究中的统计分析法［M］．北京：北京广播学院出版社，1992：65.

以这也是一种对结构效度比较有力的检验。

二是相容效度（congruent validity）。结构效度除了用因子分析方法来检验外，还可以通过与标准化测验的相关分析来检验。一般来说，测量相同特质的测验之间应该有较高的相关系数。所以，一个新的测验如果与之前的比较成熟的测验之间存在较高的相关系数，就可以将之作为评估新测验的结构效度的指标。但是每个测验也会因为测验目的或测验对象的差异而有所不同，也就是说新旧测验是个相对的概念，新测验可以是对具体对象或特定目的进行的测验，也可以是对原有测验的完善与补充，所以通过与标准化测验的相关分析来检验新测验的结构效度是一个参考的指标。

三是聚合效度与区分效度。坎贝尔（Campbell）与菲斯克（Fiske）就曾经提出，要确定一个测验的结构效度，该测验不仅应与测量相同特质或结构等理论上相同的变量有显著相关——聚合效度（convergent validity），也应与测量不同特质或结构等理论上相同的变量不存在相关性——区分效度（discriminate validity）。

四是内部区分度。有三种方法测量内部一致性，第一种是考虑总分数较高和较低两者在题目上通过率的大小，例如每个题目总分最高的27%与总分最低的27%的被试者进行比较，如果前者在该题目上的通过率大于后者，则认为该题目是有效的，否则就应被淘汰或修改。第二种方法是计算题目与总分的相关，未达到显著性水平的题目就淘汰。第三种方法是求分测验与总分的相关，未达到显著水平的题目同样就被删除了。后两种方法是属于同质性的测量。

五是线性结构模型（linear structural relationship model）。这种统计技术综合吸取了因子分析、多元相关、多元回归等多元统计技术的优点，能处理潜变量即不可观测变量之间的相互关系，并能通过观察初始模型的系数来调整所研究的内容的结构模型。可以说以线性结构模型来分析测验的结构效度是一种比较有效的方法。

（2）影响效度的因素。

①测验组成方面。测题是构成测验的要素，而测题的性能是影响测验效度的因素之一。例如，测验的取材、长度，测题的鉴别力、难度及其编排方式等都和效度有关。如果测验材料经审慎选择，测验的长度恰当，测题具有相当的鉴别力且难度分布适当，并对测题做出合理的安排，就能提高测验的效度。

②测验实施方面。一个测验的效度要得到保证，主试应当适当控制测验情境，遵照测验守则的各项规定实施。例如场地的布置、材料的准备、回答方式的说明、时间的限制等。如不遵照标准化的程序进行，则必然使效度降低。

③被试者主观状态方面。被试的兴趣、动机、情绪、态度和身体健康状况以及是否充分合作与尽力而为等，都能影响测验结果的可靠性和正确性。无论是能力测验或人格测验，只有借助被试真实的反应，才能正确地推断其心理特性和适应状况。

④估计效度所依循的效标。选择适当的效标是统计效度的先决条件。如因所选的效标不当，以致测验的效度不能显现出来，则测验的价值可能被淹没。

⑤样本方面。效度确认所依据的样本，必须确能代表某一测验所拟应用的全体对象。

总之，为了提高测验的效度，必须要求测验编制和实施程序的标准化，注意被试在测验情境中的行为反应，并顾及适当样本和效标的选择，以建立符合测验目的和功能的效度。

（3）提高效度的方法。

提高效度的方法主要有以下六种。

①控制系统误差。效度的高低主要受到系统误差的影响。例如，仪器没有校准、题目和指导语有暗示性、答案有明显的组型（如选择题的正确答案都是第二个）等原因都会影响测验的效度。因此，必须控制这些因素。

②精心编制量表。首先，测验内容要确实能适应测验目的；其次，题目表述必须清楚、简明，所用字、词、句能为学生理解，内容应能引起被试者的兴趣，排列由易到难，但前面的题目不应暗示后面的答案；再次，题目难度合适，有足够的区分度；最后，试卷印制清楚，无错误和遗漏，并力求精美。

③妥善组织测验。严格按照测验手册进行，不作超出规定的解释，掌握好时间。评分时务必遵循评分标准，仔细登记，避免错误。

④扩充样本的容量和代表性。加大样本容量，可以增加样本对总体的代表性，而且使随机误差相互抵消，使测量更可靠。同时，样本大了，被试者差异也就加大了，潜在真分数的方差随着增大，效度也就提高了。

⑤合理处理效度和信度的关系。信度是效度的必要条件。虽然信度高的测验效度不一定高，但效度高的测验，信度却一定比较高。在处理信度与效度的关系问题上，首先要保证高的效度。

⑥适当增加测验的长度。增加测验的长度可以提高信度，而效度的最大值又与信度有关，所以也有可能提高效度。因此，适当增加测验题目的数量既可以提高信度，又可能提高效度。

（三）测验的项目分析——难度与区分度

1. 项目的难度

难度是指测验试题的难易程度。对试题的难度要求适中，不能过大或过小，否则该试题便不具有真实的鉴别力，不能把学业水平不同的学生以考试分数区别开。一般要求试题的难度以 0. 50 左右为适宜，但根据考试的目的不同，对难度的具体要求也不同。对于选拔人才性质的考试，如高考应以择优录取的人数比例为依据，若确定录取人数为应试人数的30%，那么适宜的难度应是 $P=1-0.30-0.70$ 左右。

（1）难度的计算。

①客观题难度的计算。在教育测量中，客观题的难度一般用正确回答试题的人数与参加测验的总人数的比值来表示：

$$P=\frac{R}{N}$$

式中，P 表示试题的难度；R 为正确回答客观题目的人数；N 为参加测验的总人数。

②主观题难度的计算。

主观题的难度等于该题考生所得分数的平均值与该题应得的满分的比值。以 P_i 表示试题的难度，其计算公式是：

$$P_i=\overline{X}_i/f_i \quad (i=1,\ 2,\ \cdots,\ Q)$$

式中，$\overline{X}_i$ 为各题考试分数的平均值；f_i 为各题的满分值；Q 为试题个数。

（2）难度对测验的影响。

①测验难度影响测验分数的分布形态。难度值过大或过小，都会造成测验分数的偏态分布。难度值越接近0，测验的难度就越大，正确回答试题的人数就越少，测验分数就越是集中在低分段，其分数分布呈正偏态；相反，难度值越接近1，其难度就越小，正确回答试题的人数就越多，测验分数集中在高分段，分数分布呈现负偏态。

②测验难度影响测验分数的离散程度。测验难度直接影响测验分数的离散程度，因为难度过大或过小，测验分数的分布都呈偏态分布，亦即测验分数都分布在高分段或低分段，这样，测验分数的离散程度就变小了。而这不一定符合考生的实际情况，因为考生的差异是客观存在的。只有难度适中的测验，其分数的分布范围才有可能达到最大。

③测验难度影响测验的鉴别能力。这里实际上谈的是难度对区分度的影响。适中的难度可以使试题的区分度达到最大。

（3）测验的适宜难度。

从以上难度值的计算公式，我们可以得出难度值 P 的取值范围为：$0\leqslant P\leqslant 1$，当 $P=0$ 时，试题的实际困难程度最大（所有的考生都得0分），当 $P=1$ 时，试题的实际难度最小（所有的考生都全对）。

在常模参照性测验中要求试题难度适中，即大多数题目的难度在0.3～0.7之间，少数题目可在这一范围之两边且题数（或题分）大体相当，使整个试卷的平均难度为0.5左右（0.45～0.55之间）。只有适中的题目难度，才能使试题产生区分不同程度考生的最大效果，也才能使考生得分呈正态分布。而对全部考生都能做或都不会做的题目则应删去。

对于其他类型的测验，目的不同对难度的要求也不同。比如，选拔奥林匹克数学竞赛的学生，难度值就得偏小；而选择补习功课的学生，难度值就得偏大。

（4）控制题目难度的基本方法。

一般说来，影响题目难度的主要因素有：①考查知识点的多少；②考查能力的复杂程度或层次的高低；③考生对题目的熟悉程度（如本来较易的题目会因考生均未注意而变得很难，或本来较难的题目会因为考生普遍练习过而变得较容易）；④命题的技巧性（如同一个问题，可以出得容易，也可以出得较难）。

2. 项目的区分度

区分度是指测验对考生实际水平的区分程度，用符号 D 表示。具有良好区分度的测验，实际水平高的应该得高分，实际水平低的应该得低分。所以，区分度又叫鉴别力。它是评价试题质量、筛选试题的主要指标与依据。

（1）区分度与测验信度、难度的关系。要想达到理想的测验信度，提高区分度是一个好方法；难度与区分度相关联，难度适中，区分度有可能达到最大。一般认为难度越接近0.5，区分度就越高。

（2）提高区分度的方法。第一，使题目的难度适中，使整个考试难度适中。第二，要着重考查复杂的学习结果。使高能学生能得高分或最高分，低能学生得低分甚至最低分，使所有分数尽量分布在整个分数量尺上。这样，可以提高区分度。

三、问卷法

通过问卷（questionnaire）进行调查的研究方法，在心理学、社会学、人类学等领域都被广泛运用，因为这种方法能够在比较短的时间内收集到尽可能多的被试样本的资料和内容，可以说在量上有比较大的优势。运用问卷法对中小学生进行各方面的评价和运用收集其他领域中的信息，其实只是在内容与具体目标上不一致，而所用的方法与技术则有互通之处的。

同样是通过数字来收集信息，测验法更倾向于以分数本身来说明问题，目的性强，学生在该测验中的分数很大程度上就是测验所要测量的指标上的特质表现；而调查法或问卷法所得到的结果可能只是阶段性的，前一个调查只是为了满足后面的调查进行调整的需要，或者调查法所收集的信息可能是开放性的，而并不一定局限于某些指标上，这种开放性的特点也许能为教师在研究评价系统时提供更灵活的工具。

（一）问卷设计

1. 明确评价目的

要设计问卷对学生进行评价，必须首先明确具体的评价目的，包括评价对象

（即目标群体）、评价内容、相关的专家对该评价提出的好想法，就是说问卷的设计与编制是建立在已有的资料和相关研究的基础上的，不是评价者突发奇想想出来的。即使评价者在日常的教育实践中萌发了某些评价的构想，也必须将自己的主观的、未成熟的想法与现实的研究和成果相对照，并不断梳理与调整，从而对所要评价的目的和具体的内容有更加清晰、合理和结构化的认识。

在明确了评价的目的和问卷的目的后，就要将问卷的内容整理成一个比较详细的纲要，也就是在一级指标之下的更加具体的二级指标，还有每个指标下的题目类型与数目。

2. 问题的类型

问卷中问题类型的设置可以分为开放式、封闭式和半封闭半开放式三类。根据具体评价的内容选择具体的问题的类型。

（1）开放式问题（open-ended questions）。不向受测者提供具体的答案，受测者根据问题以自己的语言和陈述方式自由回答。填空、讨论或简答都是开放式的问题。而开放式问题可以独立作为一个题目，例如，“当你在课堂上听不明白老师所教授的知识，你会怎么办?”开放式问题也可以是包含在某个题目的一个答案中，就是在编制简答或填空题目时，采用一种不完整的表述，为受测者留下空白，可以继续对问题做补充。例如：

当你在课堂上听不明白老师所教授的知识，你会________。（请选出你的回答或做补充）

A. 直接问老师　　B. 向同学指教　　C. 自己找书看

D. 忽略此内容　　E. 其他

（请写出除以上选项之外的你的处理方式）______

开放式问题能收集更多信息，尽量减少潜在的遗漏之处，而这种方法也有利于对未知问题的继续探索，正如上文所述，问卷设计的过程也是对评价的问题的探索与研究的过程。但是开放式问卷也有其缺陷：第一，受测者的随意性。因为通常完成问卷的时间都有所限制，所以受测者很可能为求快速完成而随便地填写，甚至不填写，结果本想得到更多信息的开放式问题就被废置了。第二，对受测者的表述理解不一。不同人对文字的内涵与外延的表达和理解都不尽相同，特别是受文化影响的一些方言等，所以作为研究者也很难做出客观的解读与分析。第三，正由于以上的问题，难以对开放式问题的回答信息进行明确的分类和编码，在统计数据时就更加令人头疼，如果不能加以统计，问卷信息的统计意义就失去了。所以在运用开放式题目时必须认真权衡其优点和缺点的影响，或者说要根据具体的评价目的来使用。

（2）封闭式问题（closed-ended questions）。就是在提出的问题后面附有相应的答案，供受测者选择。心理学和教育学领域认为封闭式题目就是客观题（objective items)，包括选择、排序、列表、匹配、等级评定等。封闭式问题相对开放式问题耗费受测者更少的精力，所以能在更短的时间内收集更多受测者的信息，即更有效率，尽管不一定是更充分的信息。由于封闭式问题是以具体的题目和答案来引导受测者的，所以在题目和答案的文字和内容表达上就要清晰而明确，有歧义或语法太复杂就会妨碍受测者对题目的理解，影响问卷的信度。既然要从限定的选项中选择，就要求选项尽量包括所有可能的回答，例如包括“不知道”或“没有出现题目中的情况”这样的选项。另外，当选项是李克特量表（Likert scale）时持平衡，即设计平衡量表（balanced scale）；选项数目尽量设置偶数个，以避免趋中效应的产生。

一般而言，从整个问卷来看，都会将比较容易回答的题目放在问卷的前面部分，而开放式问题常常安排在问卷的末尾，以消除受测者的时间压迫感。但是也正因为时间压迫感或疲倦感的产生，需要仔细考虑的开放式题目如放在最后，往往就更容易被忽视或草草填写。所以全卷题目数量的控制，以及根据题目的重要性来安排先后顺序都要考虑清楚。

3. 问卷的用语

中文是世界公认难学的语言之一，其中的原因当然是中文的词汇丰富、语法复杂、成语或谚语使用巧妙等，所以问卷中的用语问题可以说在某种程度上对问卷的有效性和可信度都有影响。第一，问卷的指导语要清晰、简洁，以简短的话语说明问卷的目的，作答方式以及所需要的时间。一般都避免直接标明“问卷”或“调查表”这样的字样，而且对于一些消极的词语也应转换为中性的表达方式或回避不谈。例如，要调查学生的暴力欺负行为，在问卷的指导语中就肯定不能出现“暴力”或“欺负”等消极词语，而专用“行为特点”等的表述，从而尽量避免指导语对受测者产生消极的暗示作用。第二，问卷用语尽量本土化。特别是当评价的对象是中小学生，在问卷中当然不能出现太多专业名词、复杂烦冗的表达或者可能出现歧义理解的词语，这样使学生不仅不能读懂题目，还会产生厌恶和拒绝的心理。所以根据受测对象的特定的语言文化环境，适当使用本土化的用语，或用本土化言语来代替、解释某些专业名词，以通俗、熟悉的语言来提问，有利于提高受测者对问卷的接受度。第三，在问卷题目中要避免情绪性词语、负载性问题（loaded questions）、引导性问题（leading questions）、一题多问（double questions），以及假设性问题（hypothetical questions）。① 如上文所述，情绪性的词语容易使受测者产生情绪反应，相关的刺激和联想会使回答产生偏差。负载性问题包括引导性问题，我们知道反义疑问句就是表示肯定的意思，如“你难道认为……是好习惯吗?”或

① AIKEN L R. 心理问卷与调查表：民意调查与人格评估［M］. 张厚粲，译. 北京：中国轻工业出版社，2002：42.

"你不同意……的想法吗?"等，这种方式提问具有指引性意味，也容易误导受测者的选择。一题多问是指在一个问题中包括多个问题，这样不利于受测者对问题的集中注意及思考。而假设性问题要求受测者对某种特定情景的想象做出推理，如果受测者没有在生活中经历过这种假设情境，那么受测者答案的可信度也不高，毕竟文字情境与真实情境是有很大差异的。

（二）问卷数据的收集

在问卷正式使用于大量的调查之前，首先要做小样本的测验，包括对问卷用语的规范性、通俗性、明确性的检验以及结合统计分析对问卷题目的设计做相关的信度和效度的检验等，都是确保调查能在更大程度上达到评价者的目的，也使评价者能够做出更科学合理的评价。具体来说，利用问卷来收集数据的方法可以分为以下几种。

1. 现场问卷法

如果条件允许，采用现场问卷法收集问卷信息是最好的办法，即受试者集中在同一个地方，在主持人的指导语下，同时完成问卷，当场回收问卷。这样就能保证受试者在独立、不受干扰、迅速的情况下完成问卷，也大大提高问卷的回收率，而且一般一两个主试就可以主持上百个受试者同时完成问卷，所以从效率的角度看，也十分可观。但采用现场问卷法所要求的条件也很高：问卷内容必须是十分通俗易懂的，保证几乎所有受试者在没有个别指导的情况下也能自如完成。组织所有或是大量被测者在同一地点完成问卷，要保证该地点的安静、干净、宽敞、明亮，尽量提供安全舒适的环境，减少被测者因外界环境产生的任何消极情绪，以免影响问卷填答的质量；更要制止那些先完成问卷的受测者大声喧哗，干扰其他受试者，应在尽快检查其完成了全部题目后请其离开现场；在大部分人都完成问卷后，应尽快按顺序回收问卷，维持现场纪律，留意不要让受测者携带问卷离场。

2. 电话访谈法

要及时找到受测者，可能难以做到。例如，评价者要获取来自家长的相关信息时，就只能通过电话访谈的方式。由于电话访谈也需要一段不短的时间，所以最好先与受试者约定一个比较适当的时间才正式开始问卷访谈。而在征得受试者同意的情况下，可将谈话内容用录音器材录下来，以便在电话访谈之后再整理相关的记录。电话访谈法比较省时，简单易行，对于问卷内容比较简单的调查是很适合的。但是与面谈问卷法相比，由于不能直接观察受试者的表情、动作与反应，所以主试者对访谈过程的意外情况的控制力就较弱。

3. 面谈问卷法

受到现实条件与问卷本身内容的限制，很少情况下能运用现场问卷法在短时间内回收所有问卷。有时，因为评价内容的复杂性，确实不能简单地用简洁的语言表述，或者题目的背景与提问比较特别，或者问卷填写时还要附带实物或某些场景的呈现，于是就只能采用面谈式的问卷。一般情况下，一个主试只能带领五个以下的被试者，因为如果人数太多，主试就难以应对被试者同时提出的问题，而被试者问题太多不仅对被试者个人及他人造成影响，还会干扰问卷完成的程序与时间。面谈问卷法比电话访谈法在操作上更简便，因为面谈问卷中调查的内容基本上依据问卷本身，被试者能明确看到所要回答的问题及相关的内容，而主试者也是以问卷为本，在完成问卷的过程中所做的解释与补充只是为了被试者能更清楚、更快捷地理解题目的信息以便正确作答，双方谈话与交流的内容都围绕问卷本身，不超过问卷的范围。

4. 邮件问卷法

现代网络发达，纸面形式的问卷也可数字化，以电子邮件的方式发送到受试者的电子邮箱中，受试者可随时随地在连接互联网的电脑上下载问卷，并直接在问卷上做出回答，完成问卷后再通过电子邮箱回复到寄出问卷的邮箱地址即可。这样，不仅方便受试者，也方便主试者，因为主试者不需要拿着问卷到处奔波，只要打开自己的电子邮箱就可以收集到问卷的信息，方便快捷，也节省纸张。但这和传统的邮寄问卷相比，还是存在难以保证回收率的问题。所以最好在发出电子邮件之后，再用电话或直接通知来确保受试者接受问卷并合作完成。

在实际操作中，收集问卷信息的方法也不固定，一般综合利用。

（三）问卷数据的统计分析

1. 集中量数

集中量数是表示数据集中趋势或典型水平的量数。常用的有算术平均数、中数、众数等。

2. 差异量数

差异量数是表示数据差异程度或分散程度、离散程度的量数。常用的有方差、标准差、平均差等，最常用的是方差与标准差。方差等于离差平方的算术平均数，可用 S^2 或 σ^2 表示。标准差等于方差的平方根，可用 S 或 σ 表示。

设有 n 个数据 x_1，x_1，x_2，…，x_n，则方差的计算公式为：

$$S^2 = \frac{1}{n}\sum_{i=1}^{n}(x_i - \bar{x})^2$$

$$= \frac{(x_1 - \bar{x})^2 + (x_2 - \bar{x})^2 + \cdots + (x_n - \bar{x})^2}{n}$$

式中，S^2 为这 n 个数据的方差；$\bar{x}$ 为 n 个数据的算术平均数。

方差主要用来衡量一组数据波动的大小，即数据偏离平均分数的大小。当数据平均分数一定时，S^2 越大，说明这组数据波动越大，即这组数据越分散或称离散程度越大，反之亦然。

由于 S^2 的单位是原数据单位的平方，故常用方差的算术平方根：$S=\sqrt{S^2}$ 为标准差，S 与原数据单位一致，用 S 来刻画数据的离散程度比 S^2 更方便。

3. 标准分数

标准分数等于离差除以标准差之商。用 Z 表示。

$$Z=\frac{X-\overline{X}}{S}$$

标准分数是不带单位的相对位置量数，它表示其原始分数在团体中的相对位置。

4. 相关量数

（1）相关的含义。

两个随机变量之间不精确、不稳定的变化关系称为相关关系。它与函数关系的区别就在于两个变量值不是一一对应那样精确、稳定。

从变化方向来看，有三种相关：①正相关，即两个变量的变化方向相同；②负相关，即两个变量的变化方向相反；③零相关，即两个变量之间没有联系。

从密切程度来看，有三种情况：①强相关或高度相关；②中度相关；③弱相关或低度相关。

（2）相关系数。

用来描述两个变量之间变化方向及密切程度的数字特征量称为相关系数，用 r 表示。相关系数的取值范围为 $[-1, 1]$。相关系数的值仅仅是一个比值，不能加减乘除。相关系数只能描述两个变量之间的变化方向及密切程度，并不能揭示二者之间的内在本质联系。相关关系也并不一定是因果关系。

（3）积差相关。

当两个变量都是正态连续变量，而且两者之间呈线性关系，则两个变量之间的这种相关称为积差相关。

积差相关的使用条件：

①两个变量都是由测量获得的连续性数据。

②两个变量的总体都呈正态分布。

③必须是成对的数据，而且每对数据之间是相互独立的。

④两个变量之间呈线性关系。可由相关散布图的形状来决定。

⑤要排除共变因素的影响。

⑥样本容量 $n \geqslant 30$，计算出的积差相关系数才具有有效意义。

⑦积差相关系数的定义公式及计算：

$$r = \frac{\sum (X - \overline{X})(Y - \overline{Y})}{N_{\sigma X \sigma Y}}$$

5. 均值比较与检验

统计分析常常采用抽样研究的方法，即从总体中随机抽取一定数量的样本进行研究来推论总体的特征，例如教育者为了评价学生在学习新课程的内容之后的效果，除了学业成绩能比较容易地在大范围内收集之外，还有许多其他的评价指标，所以一般就只能通过对来自部分学校的学生的相关数据进行统计分析而得到对总体学生的评价结论。由于总体中的每个个体之间都存在差异，即使严格遵循随机抽样原则也会因为各种干扰因素而出现统计量与总体参数之间的差异。所以，均值不相等的两个样本不一定来自均值不等的总体。于是，为了解决能否用样本均值来估计总体均值，以及两个变量均值接近的样本是否来自均值相同的总体等方面的问题，就要进行均值比较。

对来自正态总体的两个样本常使用 t 检验的方法来进行均值比较。而两个样本的方差相等和不相等时，计算 t 值用不同的公式。如果用 x_1、x_2 表示两个样本的均值，n_1、n_2 分别为两个样本的观测值数量，u_1、u_2 为两个样本的方差，方差齐性（$u_1 = u_2$）时与方差不齐性（$u_1 \neq u_2$）时计算的公式分别为：

方差齐性时：

$$t = \frac{x_1 - x_2}{S\sqrt{\frac{1}{n_1} + \frac{1}{n_2}}}$$

其中：

$$S^2 = \frac{(n_1 - 1)u_1 + (n_2 - 1)u_2}{n_1 + n_2 - 2}$$

方差不齐性时：

$$t = \frac{x_1 - x_2}{\frac{u_1}{n_1} + \frac{u_2}{n_2}}$$

进行方差齐性检验使用 F 检验。F 值计算公式为：

$$F = \frac{\mathrm{Max}(u_1, u_2)}{\mathrm{Min}(u_1, u_2)}$$

针对所要分析的目的，可以进行以下三种 t 检验。

（1）单一样本 t 检验。

检验单个变量的均值是否与给定的常数之间存在差异。样本均数与总体均数之间的差异显著性检验属于单一样本 t 检验。

（2）独立样本 t 检验。

独立样本 t 检验用于检验两个不相关的样本是否来自具有相同均值的总体。例如，想知道城市初一学生的平均数学成绩与乡镇初一学生的平均数学成绩是否相同，可以使用独立样本 t 检验的数据分析方法。而使用这种检验方法的前提条件是样本数据是来自两组不相关的、相互独立的观测量，其均值必须包括所要计算的所有变量的综合测度。

（3）配对样本 t 检验。

配对样本 t 检验是用于检验两个相关的样本是否来自具有相同均值的总体。例如，教师想评价学生在使用了新的学习材料之后，学业成绩是否有所提高。学生在使用新学习材料之前和之后的成绩就是配对样本，因为两者之间被认为是可能相关的。所以，在很多情况下，这种相关的或配对的样本常出现在被观测对象在实验前后都被观测到的实验中。

6. 方差分析

方差分析用于检验两个或多个样本平均数之间是否存在差异。它与 t 检验直接比较两个样本的平均数做法不同，方差分析是将“平均数之间差异是否显著”的问题转化为“变异是否显著”的问题，即通过“组间变异”与“组内变异”的对比，进行 F 检验。方差分析还可以解决两组或两组以上样本的均值的比较问题，并分析各组之间的交互作用。

7. 回归分析

当学生评价涉及变量 X、Y，希望弄清楚 X 的变化对 Y 产生怎样的影响，或者想通过 X 的值去预测 Y 的值，这样 X 被称为自变量（independent variable）或预测变量，Y 称为因变量（dependent variable）。回归分析的基本内容包括：

第一，建立回归方程。我们先假设回归方程的数学形式是已知的，但是其中还包含某些未知数，在回归方程中将使用“最小二乘”的方法来处理观测到的数据，由此来对未知参数做出估计，得出回归方程。

第二，检验和评价所得的回归方程。只要得到观测的数据就能逐步求出回归方程，但是问题是究竟所建立的回归方程在多大程度上反映了变量之间的真实关系呢？这就需要对回归方程进行检验和评价。

第三，利用回归方程进行预测。这也正是建立回归方程的目的所在，即通过揭示变量之间的关系，对因变量进行预测与估计。

根据变量的数量，如果是单个自变量与因变量的关系，可以相应建立一元线性回归方程，而如果是求多个自变量和因变量之间的关系，就用多元线性回归方程。根据自变量因变量之间的函数关系表达式来划分，可以分为线性回归和曲线估计。

四、 实验法

1. 实验法的特点和类型

实验法是研究者在主动控制条件下对事物的观察，它能对所观察的事物进行因果说明。此法的特点是：第一，带有特定的目的；第二，设置条件，做好充分准备；第三，重复；第四，可以确定因果关系。实验过程中一般包括三种变量，即自变量、因变量和无关变量。实验者可以有效地控制实验变量，有效地控制内在无效来源和外在无关因素的影响，在随机化原则基础上选择和分配被试，从而使实验结果能更加客观地反映实验处理的作用。它主要包括以下几种设计类型：完全随机化设计（随机实验控制组前测后测设计、随机实验控制组后测设计、随机多组后测设计），多因素实验设计（主要有完全随机析因设计、完全随机双因素析因设计），随机化区组设计（主要有随机化区组单因素设计、随机化区组多因素设计）。

2. 实验法的设计和程序

实验法的设计第一是实验研究的目的、假设和预测；第二是实验情景、实验材料和被试等的可操作性，并将所有准备条件进行合理安排；第三是实验设计，包括该研究的变量数目和关系，以及具体量表和实验基本要求的设计；第四是具体的实验程序，很多的实验研究都包括了几个分实验，而且各个分实验在实施的时候也是分阶段、分步骤的，所以都必须详细而明确地说明实验的程序和步骤，包括所用的不同的材料和对被试施加的不同实验影响等。

五、 其他量化评价方法

（一）运用评价量规进行学生评价

评价量规（rubric）是一种评分工具，包括对某项任务的评价标准，通过对各标准的评分对教学进行评价。评价量规中不仅包括各项评价指标，而且每个指标都有其特定的权重，之后再对具体的指标设计几个等级，如“优秀”“良好”“一般”“仍需努力”等不同等级。可见，运用评价量规进行学生评价是一种典型的量化评价方法，通过对数量信息的收集和分析来达到评价的目的。而且由于评价量规的格式和基本组成要素也比较简明，所以在具体实践运用时也是十分容易的。评价量规的设计者可以是教师，也可以是学生自己，但如果能逐步地让学生自己制定评价量规，就更能促进学生自我评价的能力。另外，量规表的使用使评价内容丰富和灵活化。使用量规表评价的内容通常要涉及参与研究活动的态度、在研究活动中所获得的体验情况、学习和研究的方法、技能掌握情况、学生创新精神和实践能力的发展情况等方面。

从学生学习来说，评价量规中列出了明确的行为目标、对掌握重要知识和技能的程度的预期等，使学生在开始学习阶段就能明确目标和任务，抓住难点和重点，也便于设计适合自己的学习计划。同时在学习中期借助评价量规学生也能得到之前的学习效果的反馈信息，使其能及时调整，采取相应的措施改进后期学习。

设计评价量规虽然没有一个严格和标准化的模式，但是基本包括以下步骤：

（1）根据教学目标、内容和学生水平确定评价内容。

（2）根据评价内容归纳出评价的指标。

（3）根据该评价指标所代表的内容在整体教学目标和内容中的重要程度来确定其权重。

（4）在每个指标之后划分适当的等级，等级划分的方式必须与该指标的评价内容相匹配，而且等级区分的标准也必须用具体清晰且可操作的语言描述出来。

（5）最好以表格的形式呈现出来，也要方便评价信息的填写。

（6）初始设计出的评价量规要根据反馈信息进行调整、修改。

（二）基于案例推理的智能学生评价方法

为了完善过去常规的主观评价方法，随着人工智能领域案例推理（case based reasoning，CBR）方法的发展，学生评价方法也从此得益，产生出一种相对更加客观的智能化的学生评价方法，也希望能使评价手段更加真实地反映出学生的实际水平。

对学生进行评价，往往会考虑到从学生的综合素质来分析，这也是对学生某个方面的能力或素质的评价的必要补充。但是如果这种综合评价掺入了太多的人为因素的干扰，缺乏量化、科学和更合理的分析，就必然大大降低评价本身的价值。根据物元分析理论（matter element analysis theory）和可拓集合理论（extension group theory），利用可拓评价方法（extension judgement method），将影响学生综合素质的主要特征因子进行量化处理，并以之作为衡量被评价对象综合能力优劣的标准，使评价更加具有科学性、合理性。

六、量化评价方法的优势与局限

（一）量化评价方法的优势

量化评价方法一直占据着教育评价领域的主导地位。从教育评价的发展历史来看，如果使用恰当，量化评价确实能比较准确地诊断教育现象和教育问题，提供具有说服力的评价结论。量化评价方法的突出优点是逻辑性强，标准化和精确化程度较高，能对教育现象的因果关系做出精确分析，对评价对象的行为特征做出准确描述，结论也更为客观和科学。

（二）量化评价方法的局限

第一，量化评价方法不能反映学习绩效和教学过程的某些不可量化因素。只关注可测量的内容极易排除那些不可测量的个体经验和教育中的隐性内容。教育评价的发展越来越证明，正是那些不可测量、难以量化的教育内容和维度，能够帮助学生更好地处理生活中的相关问题。量化评价往往忽略了教育计划中不可测量的方面，忽略了人类经验的难以测量性。

第二，量化评价方法往往以预定目标为评价标准，它排斥对给定教育计划的持续性再开发，这就不可避免地造成评价者与被评价对象的冲突，阻碍了被评价对象行为的发展与更新，束缚了评价对象创造性的发挥。

第三，量化评价方法过分注重教育评价的客观性的一面，忽视了教育评价的主体性的一面。它把考试、测验作为评价的主要形式，过于重视评价结果，评价方式和技术过于单调。量化评价的价值观及指标体系单一，容易抹杀教育活动的多样性和教学的艺术性，挫伤被评价对象的积极性。

第四，量化评价方法过分强调指标的细化和在指标细化基础上的量化，认为量化的程度越高就越客观准确，但是往往有许多细化的指标和定量化处理的结果未能反映或体现被评价对象的本质特征，这难免失之偏颇，其中很重要的原因就是忽视了情感、态度、价值取向等一些很难量化但又对评价对象的发展影响较大的因素。量化评价把复杂的教育现象加以简化或数字化，不仅不能保证其评价的客观性，而且容易丢失教育中最有意义、最根本的内容。

第三节

质性评价法

一、质性评价法概述

（一）质性评价法的概念

质性评价（qualitative evaluation）与量化评价（quantitative evaluation）是教育评价的两种基本范式。质性评价是相对量化评价而言的，质性评价是指以人文主义认识论为基础，通过文字、图片等描述性手段，对评价对象的各种特质进行全面充分的揭示，以彰显其中的意义。质性评价法主要包括档案袋评价法、苏格拉底研讨评定法、表现性评价法、真实性评价法等。

质性评价的主要目的不是甄别和选拔，而是彰显评价结果的意义，促进评价主客体之间的理解。质性评价注重细致而深刻地挖掘那些能够显现评价对象的内在规定性的具体特征，其出发点在于把握评价内容质的深刻性，通过对研究对象进行广泛细致的评价，深刻地理解研究对象，进一步从当事人的角度来描述问题，促进理解。

（二）质性评价法的产生背景

20 世纪中叶，随着生产力和科学技术的发展，特别是随着以生物工程、航天技术和电子计算机为标志的新技术革命的发展，人们越来越体验到科学技术强大的生命力，源于对科学技术的崇拜，人们执着地追求教育评价手段的科学化、数量化、形式化和精确化。以教育测量为基础、强调数据收集整理与分析的量化评价，以其客观性强、标准性强、精确度高和容易操作从而在教育评价研究领域备受青睐。量化评价确实在一定程度上满足了以选拔、甄别为主要目的的教育需求。可是，量化评价常常只关心可以量化的性质及行为，只注重强调共性、稳定性与统一性而忽视个性和灵活性。而且它常忽略一些难以量化的重要品质与行为，忽视个性发展与多元标准，将评价对象丰富的个性心理发展与行为表现简单化为抽象的冷冰冰的分数。因此，到了 20 世纪 60 年代，西方的部分研究者开始对量化评价进行反思、批判革新，他们认为量化评价在将复杂多变的教育现象形式地、凝固地、简约地和静态地处理为一个个冰冷的分数时，损害了教育现象本身的整体性、意义性和动态性，未能在微观层面对教育现象进行全面而深入的评价。质性研究法正好弥补了量化评价法的这些不足，质性评价法逐渐受到越来越多研究者的重视和关注。

（三）质性评价法的理论基础

质性评价是质的研究方法在教育评价领域的渗透和发展。

第一，从质的研究的起源与发展可以看出，质性评价是吸取了人种方法论和文化概念论等理论的研究成果，强调研究者要了解人们的行为，就要努力地进入当事人的经验世界，去了解人们是如何观看、理解和解释他们生活世界中的秩序，并设法将当事人潜在的或者说是暗含的社会文化转化为明显可见的特质。当事人的经验世界是丰富的、生活秩序是多彩的、价值取向是多元的，因此，质性评价强调评价标准的多元性和评价过程的动态性。

第二，解释学也是质性评价的基础理论之一。解释学发源于象征互动主义和现象学。与实证主义相反，解释学认为价值和理论中立是不可能的，社会是人创造的，各种社会现象的产生与发展受人类心智的影响。在对各种社会现象进行研究的过程中，研究者个人的认知特点、个性特点和研究者个人的生活经历，以及研究时的情感、情绪状态等都会不可避免地影响着研究的进程。所以，解释学不承认研究过程中主体与客体的截然分开，认为研究者与研究对象之间是相互依存、互为主体的过程，通过主体反映出来的客体，其实是主体眼里的客体，是主体对客体的一种解释。因此，质性评价认为，绝对价值中立的教育评价是不存在的，质性评价承认价值涉入，注重人文关怀。

第三，质性评价充分吸取了建构主义的理论精髓。建构主义强调，知识不是通过教师的传授而得到的，而是学习者在一定的情境即社会背景下，借助其他人（包括教师和学习伙伴）的帮助，利用必要的学习资料，通过建构意义的方式获得的。学习知识的过程是一个积极的建构过程，是学习者利用现有的知识积极地建构新知识；建构主义也强调对意义的建构、对内容的深层理解的演示、学生的参与以及共享知识的深度和广度；建构主义还强调思维过程中反思的重要性；等等。因此，质性评价认为，评价的过程实质上是在主体与客体相互作用的过程中，主体对客体的一种意义建构。

第四，现代心理学和现代社会学为质性评价提供了坚实的理论基础。从现代心理学的角度来说，美国哈佛大学的加德纳提出了多元智能理论，他认为，每个人的智能是由多种因素组成的，而不同的人的组成因素不一样，这些众多的因素除了传统的智能因素以外，还包括动作技能因素、音乐因素、美术技能因素、反省因素等。而美国耶鲁大学的斯腾伯格还提出了成功智力的概念，他认为，每个达到自己预定目标的人就是成功者，就具有成功智力。这些理论都要求评价不能只注重结果而忽略过程，只注重评价传统的智能因素而忽视其他方面的能力。这些理论也是质性评价的基础。从现代社会学的角度来说，自由、民主、平等、多元已成为当今社会的主旋律，这自然也会反映到教育的各个领域，教育评价也不例外。

（四）质性评价法的特点

质性评价并不是对量化评价的简单否定，也不是对量化评价的完全取代。作为教育评价的一种崭新范式，质性评价是对量化评价的一种反思、批判和革新。质性评价本质上并不排斥量化评价，它与量化评价相互补充、相互包容、相互整合，从而组成了丰富多元的教育评价体系。与量化评价相比较，质性评价的特点主要表现在以下几个方面。

1. 评价的情景是自然的

质性评价强调在自然、真实的评价情景中进行评价，其原因主要在于两个方面：第一，任何事件都不能脱离一定的社会环境而存在，因此，教育评价也要在丰富、复杂、流动的自然情景中进行。在生活情景中对被评价者进行评价时，不仅要评价这个事件本身，而且还要在自然情景中探索、反思教育事件发生和发展时的教育环境以及其他相关事件对该事件的影响。第二，教育的真正意义在于引导学生解决真实生活的真实问题，因此，质性评价强调在自然、真实的或者接近真实的情景中进行教育评价，激发学生最真实的行为反应，同时了解学生真实行为背后的社会文化生活。

2. 评价的手段是描述性的

描述是质性评价的主要手段。在研究的手段上，质性评价搜集到的文字、图片、文献资料往往是描述性的；在表述评价的结果时也是利用描述性的文字或图片，而不是一个简单的分数。

质性评价追求对那些能够显现评价对象的内在规定性的具体特征进行细致而深刻的挖掘，通过参与观察、深入访谈、情景测验、代表作分析等途径搜集评价信息，收集大量的事实材料并把它们组合之后，对被研究对象在研究现场中言语、行为、情绪等方面的特点进行分析，通过一种动态的、自下而上的归纳建构过程，抽象概括出对被评价对象的解释和判断。

3. 评价的标准是多元的

传统评价模式中所追求的统一性、客观性和机械性，在很大程度上扼杀了学生的创新能力。质性评价认为，教育评价的根本目的是促进学生的发展，而不是给学生贴标签、定等级。现代社会的文化是多元的，现代社会迫切地需要创新型人才，教育作为培养人的活动，就应该采用多元的评价标准，顺应学生多元的文化背景，尊重和张扬学生的个性差异。

4. 注重评价主客体之间的互动与理解

质性评价主张评价者在评价的过程中不断地开展行动研究和反思，及时利用评价信息，针对自身教育教学工作中存在的问题及时调整自己的工作方式甚至工作理念；同时，被评价者也要在评价的过程中及时了解自己的发展状况，并有针对性地对自身的学习、生活状况进行反思和调整。质性评价主张消除传统评价中评价者与被评价者之间的隔阂与对立，强调评价者与被评价者之间的互动与理解，实现评价主、客体之间的双赢。

5. 评价的目的是发现每个学生的特点，提供更加适合儿童的教育，把生命导向卓越

传统的教育评价模式“只见书本不见人、只见课堂不见人、只见知识不见人”。德国社会学家齐美尔有一个著名的比喻，叫作“桥与门”。“每个人在一生当中都在寻找着什么，发现着什么，这是‘门’，它寄托着人的理想和激情。要找到这扇‘门’，推‘门’而入，进入理想世界，就必须先找到通往‘门’的‘桥’，‘桥’的尽头即是‘门’。许多人找到了甚至建造了这座‘桥’，却坐在‘桥’上歇息，迷恋于、陶醉于‘桥’本身的舒适和美丽，不知不觉中，便把这座‘桥’当作了那扇‘门’，把一

生的光阴都耗费在了‘桥’上。”这里所谓的“门”就是人追求的终极目标，“桥”则是实现目标的手段和方式。对于教育评价活动而言，教育评价的“门”正是发现每个学生的潜力、特点，提供更加适合儿童的教育，把生命导向卓越的目标；教育评价中的“桥”则是各种评价的技术、方法和手段。“为评价而评价，生命被忽视、被遗忘，把手段当作目标来追求、把目标降格为手段来对待”正是现行教育评价的悲哀。质性评价认为，“教育评价应该关怀生命，在每一个儿童面前，甚至在最平庸的、智力发展最感困难的儿童面前，都向他打开他的精神发展的领域，并使他能在这个领域里达到一个高处，显示自己，宣告大写的‘我’的存在，从人的自尊感的源泉中吸取力量，感到自己并不低人一等而是一个精神丰富的人”。

二、档案袋评价法

档案袋评价是指以档案袋为主要评价手段的质性评价。档案袋评价法在西方国家的兴起也才不过 20 多年时间，但由于我国新课程标准明确提出要“改革评价考试偏重知识记忆，强调选拔与甄别功能的倾向，建立评价指标多元、评价方式多样，既关注结果，更加重视过程的评价体系”，使档案袋评价在我国新一轮的课程改革中一跃成为当前课程评价改革的主流。

（一）什么是档案袋

档案袋（又称“成长记录袋”），其英文名称是“portfolio”，portfolio 有“代表性辑作”之意，最初使用这种形式的是画家以及后来的摄影家，他们为了特定的目的把自己有代表性的作品汇集起来，向预期的委托人展示。虽然档案袋的英文名称只有一个，但其含义却多种多样，现在国外的专家学者对档案袋的概念及内涵有种种不同的描述。

阿特等人认为，档案袋评价是将学生作品有目的地汇集，以反映学生在特定领域的努力、进步或成就。档案袋的内容主要包括档案袋内容选择过程中的学生参与情况，选择档案袋作品的标准，判断作品质量的标准以及学生反思的证据。

珀特等人认为，档案袋是学习者学习成果的汇集，主要包括学生作品及作品反思。作品反思不仅能够帮助学习者理解、扩展所学知识，并且可以使读者对学习者及其学习情况有一个深入的了解。

佛格特和西蒙则认为，档案袋是指“由学生自己、教师或同学选择并做出评论的相关材料的不断汇集，以此评价学生在能力发展过程中的进步情况”。

在所有这些界定中，舍拉的观点比较全面，她认为档案袋具有两个层面的含义：一是从实体层面的理解，二是从哲学层面的理解。从实体层面来看，档案袋包括三个方面的描述：①有目的的收集；②学生作品和记录；③一段时间内的进步。很多定义就停留于此了，在类似的理解中，档案袋是作为一个名词（noun）使用的。而舍拉认为，档案袋还有哲学层面的理解，也就是可以作为一个动词（verb）来使用。这种理解也包含三个方面：①合作的过程；②检查和使用信息的过程；③反思和促进教学的过程。根据舍拉的观点，我们认为，档案袋是指对学生作品、学生进步记录和学生反思的有目的的收集，是使用者收集检查信息、使用信息以促进教学的合作过程。

舍拉还用一个表对档案袋"是什么"以及"不是什么"进行了总结（见表4-1）。

表4-1 舍拉对"档案袋"的总结

档案袋"是什么"	档案袋"不是什么"
一种经过周密思考的目标、任务和标准的结构	一个所有事物或任何事物的存放处
一个使用更多变化的、真实的、基于表现的学生能力的标识机会	一个储存间接的、过时的读写任务的地方
一个连续的带有指导的评估过程	一个一年一次的、课堂之外的、为其他的人需要的评估结果
一个开放的、共享的、可达到的存放学生作品与进步记录的地方	一个累计的记录分数、等级和儿童不能接近的秘密信息的文件夹
一个积极地思考、赋予价值和评价教与学的过程	一个收集学生作品的样本的地方
一个对标准参照测验或标准考试的补充	一个避免学生标准的判断

尽管不同的学者对档案袋的见解不完全相同，但以下几点是已经达成共识的。

（1）档案袋里的主要内容是学生的成果。包括测验卷、作业、学习心得、反思材料、小组评价、教师建议等。其表现形式可以是文字，也可以是图像，甚至是实物材料。

（2）档案袋里的内容是经过选择的。不是学生的任何东西都可以放进档案袋之中。档案袋要重视收集体现学生发展的作品样本、成绩的证据，即发生过的事实、体现学生进步的标志性的事实，以展示学生进步的状况。其中要以学生进步的事实为主。

（3）档案袋具有反思功能。收集材料的过程必然伴随学生的反思，它也是反思的过程。在这一过程中收集资料的活动转化为有意义的学习经历，为学生的成长提供了重要契机。

（4）档案袋的内容要有真实性。即提交的内容必须是真实的，不能弄虚作假，伪造事实证据。这也是采用档案袋这种评价方式的基本前提和保证。

（5）档案袋的内容要有个性。档案袋的内容不能千篇一律，是提交者经过反思之后选择的最能代表其水平与进步过程的内容，是提交者的个性特长的展示。档案袋的实质在于"教与学"的整合，过去我们将教与学截然分开了，"教师教，学生学"成了口头禅，而实际上二者是一个整体。

（二）档案袋的类型

由于使用档案袋的目的、使用者、参与者以及结构的不同，档案袋的类型也是不同的。了解这些不同的类型有助于我们选择运用，为我们的决策服务。档案袋的类型多种多样，主要有以下五种类型。

1. 展示型档案袋

展示型档案袋完全由学生负责选择自己最好的或最喜欢的作品，主要包括学生个人在家里或学校制作的作品。学生选择作品的原因多种多样，因此，每个学生的展示型档案袋里面的内容和其他学生是不同的。由于教师对展示型档案袋里的内容控制较少，加上学生选择内容的原因各异，因此，展示型档案袋可能无法提供教师需要的关于学生在教学要求方面的进步的信息，也不一定与教师关注的教学重点相一致。展示型档案袋的主要使用者是学生自己，其主要目的是学生对自己作品的反思，让教师以一种新的视角来探寻学生对作品的反思以及他们学习的方法。

2. 文件型档案袋

文件型档案袋最早来源于幼儿教育，它包括系统的、正在进行的记录和学生进步的样本。其目的是记载学生一段时间内的学习情况，采用的方法是教师观察、逸事记录、访谈以及学生活动，材料往往是教师放进档案袋的。文件型档案袋极少用于评估，它主要是描述学生一段时间内的进步以及教师的期望，许多教师往往保留这些文件很多年，作为其记录系统的一部分，它也是教师与家长联系的一个工具。教师和家长是文件型档案袋的主要使用者，他们通过这些信息能更全面地了解学生的成长过程，以帮助学生设定今后的目标，制订教学以及家庭支持的计划。

3. 评价型档案袋

评价型档案袋和上面两种类型的档案袋完全不同，这种档案袋的主要目的是收集事实以系统地评价学生的学习，并将结果报告给其他人，这些档案袋要按照特定的目的或学习者的结果进行评分或赋予等级。评价型档案袋的动力往往来自一个地区所进行的大规模的评价活动，有时是替代或补充基于标准化考试的评估；评价型档案袋的使用者主要是课堂之外对学生的学习感兴趣的人们；重要的是，评价型档案袋应该能够进行可靠的评分。

4. 过程型档案袋

过程型档案袋包括对作品本身产生过程的记载以及对作品的反思两个方面。第一方面，过程型档案袋包括作品从萌芽到最终定型的过程。比如，对于学生发表一篇小说的记载，就包括提纲、初稿、教师和其他人的反馈意见、编辑的修改意见和批示等，每个片段都包括作者的写作过程以及使用的各种写作技巧和策略。第二方面，过程型档案袋还必须包括学生对作品的反思过程。在完成作品的每个阶段，都要预留一定的时间给学生进行反思，包括评价他们自己的工作，了解自己在一段时间内的成长或进步。使用过程中对作品的反思比最终选择作品更为重要，这更能培养学生的思维能力。尽管也有一些内在的评价过程型档案袋的标准，但过程型档案袋极少进行评分或评等级。过程型档案袋的使用者更多的是在课堂之内使用，不像其他的档案袋类型呈现最好的或最终的作品，过程型档案袋更关注学习的过程。

5. 复合型档案袋

它是对上述几种档案袋的综合，包括三个方面的内容：①学生选择的作品；②教师选择的作品；③通用的工具。三个方面组成了一个档案袋和档案袋文化，这种文化用来构建学生的作品及自我反思、学生在一段时间内的成长，评价学生在重要学习结果上的表现，获悉课堂教学的进程并报告给其他人。学生选择的作品不仅包括作品本身，还包括对作品的反思，以及为何选择这些作品。学生通过选择，更善于思考问题，以及学会如何评判作品。这是非常有利于培养学生自我反思和自我评价能力的一个过程。

教师选择作品也包括作品本身以及选择的原因。通常教师需要根据教学的目标以及学生作品的独创性或新的视角来选择作品，也要考虑每个学生的具体情况，这就要求教师必须了解每个学生以及学生完成作品的过程。教师选择的作品也可以和学生选择的作品进行比较。

档案袋还是教师与家长联系的重要工具。通用工具也是在以下两种情况下使用：一是对特定的评价任务；二是评价特定学生的学习结果。通用工具是由教师编制的，来源于课堂教学以满足评价的需要。教师编制通用工具的过程实际上也是教师的反思过程，即要求学生学习什么，以及如何判断学生的进步。

最后，我们用一个表格对上述五种档案袋类型做个小结（见表4－2）。

表 4－2　档案袋的类型

类型	展示型	文件型	评价型	过程型	复合型
目的	聚合学生最好和最有意义的作品；学生反思	成长的记录；教学过程表现及成果	评价成就；呈现给其他人；一些学生的自我反思	记载创造产品的过程；学生的自我反思；学生在教学过程中的成长	学生评价表现、成就；学生自我反思；学生在教学过程中的成长
使用者	教师、学生及其父母	教师及学生父母	管理者	教师、学生及其父母	教师、管理者、学生及其父母
主要参与者	学生	教师	教师与学生	学生	教师与学生
结构	松散的	适中的	紧密的	变化的	适中的

总之，每种档案袋类型都有各自的长处和局限性，也都有各自的适用目的及范围。我们希望，把建立学生档案袋的过程作为一个共享的经历，所有参与者在这一过程中都能有所收获。

（三）档案袋评价法的基本操作程序

档案袋评价法的实施方式是多种多样的，一般来说，程序主要包括两个阶段：第一个阶段是“计划与组织”，这一阶段主要包括五个基本环节；第二阶段是“执行过程”，此阶段主要包括四个基本环节。（见图 4－1）

计划与组织 ⇒
1. 明确评价的目的、解释档案袋的类型和使用方法
2. 根据档案袋的类型，确定评价的内容
3. 决定采集哪些作品及作品收集分析的方法，设定评价标准
4. 让学生有充裕的时间去准备和讨论什么作品放在档案袋内
5. 在档案袋上详细说明学习目标，并说明哪些是必选项目，哪些是可选项目

执行过程 ⇒
6. 采集、分析作品
7. 在教师或其他同学的帮助下，自我反思，得出结论（包括如何改进的建议）
8. 依照评价结论采取措施，再评价
9. 仔细选择有代表性的作品放入档案袋

图 4－1　档案袋评价法的实施程序

（四）档案袋评价的优势

与传统的评价方法相比，档案袋评价具有传统评价方法无法比拟的优势，主要包括以下几方面。

第一，评价内容的丰富性。传统的评价内容是单一的，主要是知识和技能方面的因素。档案袋评价则不仅包括知识、技能方面的内容，还包括非智力方面的因素以及学生的学习过程、学习方法等多方面的内容。凡是能体现学生学习成果和学习过程以及个性发展等方面的内容都可以放进档案袋之中。

第二，评价主体的多元性。传统的评价主体是单一的，主要是教师对学生的评价。而档案袋评价的主体则不仅包括教师，还包括学生自己、学生家长、管理者以及同学，甚至社会人士也可以作为评价的主体。更重要的是所有的评价主体不是相互孤立的，而是相互作用的一个评价整体；学生在评价的过程之中实际上也受到了教育，提高了自己的反思能力以及人际交往水平。

第三，评价过程的开放性。传统的评价过程是封闭的，而档案袋评价的过程则是开放的。在这一过程中，要充分体现评价的公正、公平和公开的原则，使评价结果保持较高的信度和效度。

第四，评价结果的形成性。传统的评价结果往往是终结性的，只提供评价的结果，而档案袋评价则非常注重评价的过程，它是一种动态的、发展的评价，对学生在每一个学习过程中的表现及进步进行全面的评价。

总之，档案袋评价是与传统的评价完全不同的一种评价方式，档案袋评价有多方面的先进的理论基础，是现代教育评价的必然要求，符合时代特征，也顺应了历史发展的潮流。

三、苏格拉底研讨评定法

除了档案袋评价法之外，苏格拉底研讨评定法也是质性评价的一种主要形式。苏格拉底研讨评定法是由美国芝加哥大学哲学研究所所长莫蒂默·阿德勒在对苏格拉底的“产婆术”教学法认真研究的基础上提出来的。

（一）苏格拉底与“产婆术”教学法

苏格拉底（前469—前399）是古希腊著名的哲学家、教育家，西方启发式教学的创立者。苏格拉底出生于雅典奴隶主民主政治兴盛的伯拉克利时期，而他主要的活动则处在雅典奴隶主民主政治的衰落时期。苏格拉底本人没有留下任何文化著作，有关他的教育思想和活动的记载是从他的弟子柏拉图、色诺芬等人的记录中得到的。这些记录绝大部分是以苏格拉底作为主要角色写成的对话形式，而在这些对话中充分体现了苏格拉底的教育方法，史称“苏格拉底法”，又称“产婆术”——形象地喻指思想之接生，意指教育者只能如助产士帮助产妇生子那样去启发和引导学生发现真理与获得知识，绝不能代替学生学习和思考。这一教学方法对西方国家的教学活动产生了深远的影响，对我们的教学实践也有着重要的现实意义。

作为教育家的苏格拉底更是一位杰出的论辩大师，他可以借助任何一个自然现象与对方辩论，并总能让对方从辩论之中明白一个深奥的道理。“产婆术”是他的教学方法在实践中的具体运用，苏格拉底认为教育的目的在于通过认识自己获得知识，最终使受教育者成为有智慧和完善道德品质的人。苏格拉底的教学方法实际上是一种师生平等的辩论方法，是通过与学生的问答、交谈、讨论甚至争辩来向学生传播自己的观点和思想；他从不给学生现成的答案，而是让学生通过自己的探索和理解得到结论——他首先提出问题，如果学生回答错了，他并不直接指出错在哪里和为什么错，而是通过暗示的语言引导学生认识到自己的错误，最后得到苏格拉底认为正确的答案。这也就是著名的“苏格拉底法”或“产婆术”实质之所在。

苏格拉底认为，教育是通过认识自己以达到获得知识的目的，最终成为有智慧、有完善道德的人；教育者的任务不是臆造和传播真理，而是做新思想的“产婆”，去引导、帮助受教育者发现真理。[①] 为此，他在教学中奉行“内发”的教育理念，采用问答方式来引导学生思考以达到教育的目的。

“产婆术”本质上是一种师生平等辩论，是一种揭露矛盾、解决矛盾，最终获得知并发展能力的教学方法，也是一种帮助学生纠正错误观念并产生新思想的艺术。[②] 这一方法包括四个步骤。

（1）反诘。从所讨论的论题出发，苏格拉底针对学生的回答不断地提出反问，即使学生答错也不会立刻纠正，而是接着提出补充问题加以引导，使之发现自己认识上的矛盾，承认自己的无知，否定自己所肯定过的错误意见和观点。

（2）助产。苏格拉底认为自己在这一环节的任务是充当智慧的“产婆”，以暗示性的语言和做相关示例的方式进一步启发和引导学生积极思考，让其主动发现新知识并走上正确认识的道路，进而得出结论和获得知识。

（3）归纳。通过对讨论所涉及的具体现象、具体事物进行比较分析，找出它们的共性、本质，即由特殊上升到一般。

（4）定义。将所讨论的具体现象、具体事物归入一般概念，得到关于它们的普遍性认识并清晰地表达出来。

---

① 王天一，等. 外国教育史：上册［M］. 北京：北京师范大学出版社，1995：40－41.

② 张树栋. 古希腊著名哲学家苏格拉底［M］. 北京：商务印书馆，1986：3.

“产婆术”教学法有三个必须遵循的实施原则：

一是准确设问。苏格拉底对任何论题的讨论都有自己明确的教学目标和需要达到的教学要求，讨论的论题时代性很强，多是当时学生们关心或困惑的问题，提出的问题也都有鲜明的针对性。

二是适时提问。在讨论过程中，苏格拉底常常根据学生的现实水平和回答问题的实际状况，恰到好处地提出起始问题与后续问题，以使学生及时得到启示并跟随自己的思路将讨论持续下去，保证讨论紧扣论题。

三是渐次推进。苏格拉底极为重视对讨论内容递进性的把握，在整个讨论过程中采取由浅入深—由表及里—最后接触问题核心的方式来推进讨论内容，以此活跃学生的思维，调动学生的主动性，引导他们进行积极的思考和探索。

（二）苏格拉底研讨评定法的具体内容

苏格拉底研讨评定法是指以苏格拉底“产婆术”教学法为基础，通过苏格拉底式的提问和积极参与研讨，以实现思想和价值理解扩展的质性评价活动。

阿德勒分别在《全面教育建议》和《全面教育问题与可能》两书中提出，教育必须坚持三个目标：“知识的获得”“智力技能（学习技能）的发展”和“思想与价值理解的扩展”。阿德勒认为：第一个目标可以通过说教性教学、教科书的使用以及具有“覆盖性”的内容领域来实现；第二个目标可以通过阅读、写作、演说、倾听、计算、问题解决等技能方面的训练、练习和指导下的练习来达到；第三个目标则要通过“苏格拉底式的提问法和积极参与”，使用书本（而非教科书）和其他的一些艺术作品以及通过“从事艺术活动”完成。学校教学的终极目标是：要教会所有学生在第三个目标领域内有所成就。

苏格拉底研讨评定法主要包括五个步骤：

（1）明确教育结果。苏格拉底重视教育的结果，每一次辩论，他总能在开始时就清醒地意识到辩论的结果，这个结果可能是让对手否定自己的观点，也可能是让对手认识事物的另一个侧面。因此，教师与学生谈话，不管谈论什么话题，都应有明确的出发点和针对性，有自己所要达到的教育目标和要求。

（2）选定并剪裁研讨的文本。苏格拉底研讨法允许教师对文本进行大胆的剪裁以满足“有效听说”这一目标的实现，并收到一些其他高级思维技能教育的效果。这也就意味着教师有很大的自主权。可以根据实际需要对文本进行选择剪裁。可以选择文本的一个细节、一段对话或者与文本有关的其他文本，最终达到促进学生学习的目标。

（3）设计一个具有引发力的起始问题。美国学者格雷认为，起始问题确实起因于引领者（教师）的好奇心；它们没有单一或“最合适”的答案，它们可以产生对话，从而引起学生对文本中思想观念更深入的理解；它们也可以启发学生借助文本的参考资料对问题做出最好的回答。

（4）选择记录研讨过程的方式。教师与学生可以协商并确定记录的方式：录音、录像、笔录等。当然，记录材料是为了分析对比，进而对研讨做出判断。

（5）以多种方式完成课堂研讨评价。学生可以借助记录材料对自己的表现做出评价，也可以对别人的表现做出评价，教师也可以就此发表评论。

苏格拉底研讨评定法作为一种有效的评定方法，它更能给广大教育工作者提供一种课堂教学改革的思路。因此，这种评定方法具有广泛应用的实践价值。

（三）苏格拉底研讨评定法的优势与不足

每一种教育评价方法都有自己的优势与不足，苏格拉底研讨评定法也不例外。

苏格拉底研讨评定法有利于建立平等的师生关系。它是一种师生双方处在平等地位上的教育评价方法，其平等性主要体现在：在评价过程中，师与生都是讨论的平等参与者，教师的真正作用是使讨论能沿着一定的线索有效地进行下去，融教学与评价为一体；教师和学生之间真诚相待，积极地参与到知识的产生与发展的过程中去，共同构建一个平等辩论和相互学习的互动平台。

苏格拉底研讨评定法有利于开发学生的潜能。苏格拉底认为，真理存在于每个人的心灵中，教师的任务是唤醒学生的潜在能力，促使学生从内部产生一种精神力量，使学生在主动的探索中寻求自我、发展自我。

苏格拉底研讨评定法的不足之处主要在于对教师和学生的素质要求较高，特别是要求教师要有渊博的知识和高超的教育技能，要求学生具有强烈的探索真理的愿望与热情，还要求学生具有一定的知识积累能力和认识能力，否则，就有可能“越辩越混乱”，而不是“越辩越清晰”。

总之，不同的评价目的决定了不同评价方法的采用以及具体评价内容的确定。质性评价也不是万能的，使用时要十分慎重，总的来说，质性评价与量化评价的有机结合才是我国当前教育评价的正确道路。

四、 表现性评价法

（一）表现性评价的定义

表现性评价目前还没有一个公认的定义。美国国会技术评价办公室 1992 年提出了一个描述性的定义：要求学生创造出答案或产品以展示其知识或技能的测验。它强调：

（1）表现性评价是对内在能力或倾向的行为表现进行评价。通过行为表现，可以推论出所习得的能力或倾向。奥斯特霍夫（A. O. Osterhof）主张区分学生的能力与表现，“能力是学生的知识，我们想评价但不能直接评价，因为我们看不到另一个人知道什么或在想什么。我们应当确定出一种提供了学生知识迹象的表现”。明确了能力与行为表现的关系，就不难理解表现性评价主要是对能力或倾向的行为表现进行系统的评价。

（2）表现性评价是对能力（倾向）表现的直接评价，这主要是相对于传统的纸笔测验而言的。传统的纸笔测验在评价人的能力（倾向）表现时，采用的是间接的方式，即通过受测者在纸笔测验上的表现，来预测他未来的工作或学习表现，从而间接地对其能力（倾向）表现做出评价。例如，通过多项选择、完形填空等形式的纸笔式测验，可以间接地对一个人使用外语的能力做出评价。正如林（R. L. Linn）等人指出的，纸笔测验、多项选择测验的价值，主要在于它是作为其他有价值表现的征兆或相关因素。与传统的纸笔测验相反，表现性评价则绕过了中间的作为预测或征兆的纸笔测验，直接对能力（倾向）的行为表现进行评价。

（3）表现性评价与真实性评价、非传统评价相似。表现性评价有时又叫非传统评价（alternative assessment）或真实性评价（authentic assessment）。这些术语含义相近，但各有侧重。非传统评价是指与标准化成就测验及多项选择题（正误判断、匹配题等）相对立的一种评价。真实性评价则强调呈现给学生的任务要有直接的意义。在真实性评价中往往强调学生运用知识，强调使用现实性的问题。在笼统地指称表现性评价时，这三个术语可以相互替代，但在强调表现性评价的某一方面或某一特性时，这三个术语又不能相互替代。

（二）表现性评价的形式

1. 演示

演示是一种按要求做出的能力表现，学生借此展示他能够使用知识与技能来完成一件定义良好的复杂任务。构成演示的任务通常是定义良好的，而且学生和评价者通常也知道完成演示的正确或最佳方式。

在学校中，学生可以演示他们使用仪器设备的技能，如实验仪器；演示在图书馆或互联网上查找信息；在体育课上演示怎样爬绳。对大多数演示来说，演示集中学生运用其技能的程度有多好，而不是集中于学生解释自己的思维或说出现象背后的原理的情况如何。

2. 实验与调查

实验与调查也是一种按要求做出的能力表现，学生从中计划、实施及解释经验研究的结果。研究集中于回答具体的问题（如这所学校的大多数学生支持本地的法律吗?）或调查具体的研究假设（色彩鲜艳的广告被记住的时间长）。

实验与调查可以评价学生是否运用了适当的探究技能与方法，还可以评价学生是否形成了适当的观念框架及对所调查现象是否形成一种理论性的、基于学科知识的解释。为评价这些能力，应要求学生在开始收集数据前做出估计与预测，而后收集、分析数据，展示分析的结果。接下来在所收集证据的基础上得出结论并进行论证。此外，还要陈述其假设并能识别其方法或数据中可能的错误源。最后，要能有效地交流实验或调查的结果。

3. 科研项目

这是指让学生或学生群体完成一项科研项目，从而对其综合运用知识的能力做出评价。在实际运用时，主要有两种形式：个体项目与群体项目。个体项目是一种持续时间较长的学生活动，最终产出如下产品：模型、有一定功能的物体，实质性的报告或收集物。精心编制的研究项目，要求学生应用和整合广泛的知识与能力。例如，当学生写一篇图书馆研究论文时，必须运用查找并使用参考文献的技能；列纲要、组织、构思报告；用书面语言、文字处理器等呈现方式进行交流。此外，学生还要进行批判性思维、创造性思维及解决问题。群体项目作为评价技术的群体项目，其目的是评价学生能否以合作性的及适当的方式一起工作，来创造出一个高质量的产品。群体项目的学习目标取决于学科内容及所评价学生的水平。例如，群体项目可集中于：行动定向的学习目标（出版一份通讯）；学生兴趣定向的学习目标（对感兴趣的问题写一篇论文）；学科内容定向的学习目标（理解河流是如何形成的），或学科间的学习目标（设计一个理想的城市）。

（三）口头描述与戏剧表演

口头描述可允许学生说出他们的知识，并以会谈、演讲的方式使用其口语技能。例如，在语言及语言艺术课程中，许多学习目标集中于语言的流利及交流技能的方式上，而不是内容的正确上。争论是一种特殊类型的口头表现。这是让一个学生与另一个学生对立起来，有理有据地争论问题。评价集中于论证与辩驳的逻辑与说服的质量上。戏剧表演将言语化、口头与演讲技能及运动能力表现结合在一起。例如，学生可以将他们对虚构人物或历史人物的理解，通过扮演角色将这些人的理想位置和个人特点表现出来。

（四）表现性评价的编制

编制表现性评价，主要有下述三步。

1. 确定所要评价的能力（倾向）

编制表现性评价最基本的一步是明确所评价的能力（倾向）是什么。确定出这种能力（倾向），有助于我们确定应当观察与评价的行为类型以及观察的范围，以此来控制表现性评价的内容。心理学家加涅提出的学习结果分类对此很有帮助。加涅将学生的学习结果（他称之为后天习得的性能）分为五类，每类有相应的动词来表示这种性能的行为表现（见表4－3）。

表4－3　学习结果的行为表现

性能		性能动词	例子
智慧技能	辨别	区分	通过比较来区分法语 u 和 ou 的发音
	具体概念	识别	通过说出代表性植物各部分的名称来识别根、茎、叶
	定义性概念	分类	运用一个定义将概念族系分类
	规则	演示	通过解答口头陈述的例子来演示正负数加法
	高级规则	生成	通过综合可应用的规则，生成一段描述一个人处于害怕情境下行为的文章
	认知策略	采用	采用想象美国地图的策略，用列表的形式回忆各州州名
言语信息		陈述	口头陈述1932年美国总统竞选的主要事件
动作技能		执行	通过将一辆小轿车倒入行车道来执行一项任务
态度		选择	选择打高尔夫球作为一项休闲活动

奥斯特霍夫也列出了不同的能力类型及习得的行为表现：①信息。询问学生知道什么。②概念。要求学生将多种多样的、以前没有使用过的例证分成概念的正例或反例。③规则。给学生提供一个相关但以前没有使用过的例证，要求他们应用规则。④复杂技能。对以前未使用过的、需要运用复杂技能的问题，要求学生生成解决的办法。可以看出，奥斯特霍夫的分类是对加涅分类的简化。

2. 确定表现性任务

表现性任务是学生能力（倾向）的外在表现，是表现性评价的对象。这种任务可以是让学生生成书面或口头的答案，或者是参与群体活动，或者是创造出具体的产品。在确定表现性任务时，要注意下面几个问题。

（1）选择有意义的任务。要选择一些根植于学生的现实世界经验的情境或任务，当然也不要把任务弄得很奇怪或很难，以免学生退缩。

（2）明确表现性任务的过程与结果。在很多情况下，过程与结果都是表现的重要方面。例如，找出并修好电视机故障的技能就包括遵循一种系统的程序（而不是使用尝试错误）及最后修好的电视机。通常，在学习的早期阶段强调的是过程；在程序步骤掌握后，就强调结果。例如，在评价打字技能时，会在教学开始时评价指法，但后来的评价就集中于所打出的材料的整洁与准确及打字的速度上。当然，在教学后期，也会对过程做出评价，但这是为了检测出导致不良表现的错误程序。

（3）确定用于评价的表现性任务的数目。任务数目的确定主要取决于下述几种因素：①决策的重要性。如果有关学生的决定无关紧要，那就可以比重要的决定使用更少的任务。②评价的范围。评价范围越广，所需任务越多。③学习目标的复杂性。复杂的学习目标需要整合多种技能与能力，需较长时间才能完成，因而就限制了这类任务的数目。④完成每项任务所需时间。用一节课的时间除以学生完成每项任务的时间，就得到了可能任务的最大数。⑤可利用的人力资源。如果有助手或父母帮忙实施或计分，或者教会学生自己计分，也可以增加任务的数目。

（4）让学生明确所要完成的任务在编制表。呈现任务时，要保证学生理解你想让他们做什么。对学习目标、评价表现的标准、完成任务的指导语要做出解释，还要明确完成任务的时间限制与条件。

3. 确定评分的方法

表现性评价有自己的评分方法，这种方法又可以分为整体评分和分析性评分两类。

（1）整体评分。整体评分建立在对表现或产品的整体印象上，而不是对个别成分的考虑上。在进行整体评价时，迅速检查一下表现或结果，然后指派一个与其一般印象相匹配的数字。例如，在写作评价中，读者会迅速阅读每篇作文以便获得一个整体的印象，然后将其放在从 1 ~ 4 的样本堆中。整体评分要在计分规则（scoring rubric）的指导下进行。

计分规则阐明了每种质量水平应当是什么样的。这些对每种水平的描述并不提供对结果或表现的分析，而只是列出标准，在做出全面判断时能够记住并运用。阐明产品质量水平的另一种方式是使用结果量表。这是由一系列结果的样品所构成，它们代表了质量的各种水平。当结果的质量难以定义（如艺术、创造性写作）时，结果量表特别有用。下面是一个评价作文的计分规则。

你对这篇文章的总体印象是：

A. 全篇内容充实有趣，行文流畅，过渡自然，中心突出，组织良好，能熟练遣词造句。

B. 大部分内容充实有趣，行文较流畅，个别过渡不太自然。全文有一定结构，但存在个别缺陷，有少量文字错误。

C. 因中心不突出而使内容不充实。因许多不自然的过渡而使文章不大流畅。组织不好，游离主题，有一些严重的文字错误。

D. 中心不突出，漫无目的，过渡突然，组织很差，在遣词造句上出现很多错误。

（2）分析性评分。分析性评分是对产品或过程的各个部分或特点进行评分，有时再将这些部分的分数相加得到一个总分。例如，在评价写作技能时，像组织、词汇、文体、思想、写作手法等可以独立评价。

分析性评分有两种具体的形式：核查清单（cheek list）与评分量表（rating scales）。

核查清单由一系列具体的行为、特点或活动及检查每项是否出现的空位构成。核查清单可以用来评价过程，也可用来评价结果。评价过程时，所遵循的步骤应按顺序排列在表上；观察者需核查一下是否采取了某种行为即可。评价结果或产品时，核查清单包括一系列刻画良好产品的维度（大小、颜色、形状等）以及核查一下每种预想的特点是否出现的位置。下面是一个评价实验技术的核查清单。

如果执行了某一步，就在旁边的空位上打“√”

①在报告的开头提出问题。

②陈述假设。

③确定控制变量的值。

④对因变量的每个值至少测量两次。

⑤以图表的形式呈现数据。

⑥得出与图表中数据相一致的结论。

评分量表提供了一次对每种成分质量的优劣程度进行评分的机会，而不是使用简单的“出现—未出现”的判断。评分量表由诸如0～3或1～4之类的数字构成，数字与质量水平相对应，如4代表最佳水平，3代表次佳水平等，以此来反映行为表现的质量水平。有时评分量表不是由数字构成，而是由执行某种行为的频率（如总是、有时、从未）、表现的一般特性（如出色、稍好、中等、稍差）或一套表明表现可接受程度的描述性短语（如迅速完成任务、缓慢完成任务、没有帮助就不能完成任务）所构成。下面就是一个评价演讲时体态技能的评分量表，分别是由数字和词语构成。

数字量表：确定学生在演讲时是否经常表现出下述行为。对每种行为，1表示总是表现出，2表示经常表现出，3表示极少表现出，4表示从未表现出。判断后在相应的数字上画圈。

（五）对表现性评价的评价

1. 表现性评价的优点

（1）有助于阐明学习目标。真实的表现任务与复杂的学习目标匹配的程度比较高。当把这一任务呈现给学生或者告知学生家长时，就通过实际的例子而使学习目标更为清晰。

（2）可以评价学生“做”的能力。学校教育的一个重要结果是学生运用知识与技能解决问题以及引导一种有用生活的能力，而不是只回答关于如何做的答案的问题。

（3）表现性评价将学生置于真实的任务情境中，要求其执行一定过程或创造出产品，这就可以对这种“做”的能力做出评价。

（4）注重知识技能的整合与综合运用复杂的任务表现，特别是那些持续时间比较长的任务，通常要求学生使用许多不同的技能与能力。表现性评价往往要求学生运用几个不同学科领域的知识及许多不同的能力。

（5）与教学活动有密切联系。一些表现性评价的提倡者认为，理想的表现测验其实是很好的教学活动。从这一观点看，编制得好的表现测验，既可以作为评价工具，又可以作为教学活动。

2. 表现性评价的缺点

（1）高质量的表现任务与评分办法难以编制。好的表现性评价与复杂的学习目标相对应，编制高质量的任务，需要学习许多知识技能。在评价复杂的推理能力或有多种正确答案的任务时，很难确定高质量的评分办法。

（2）表现性评价的实施比较困难，学生完成表现性任务要花费许多时间，而且，教师对表现性任务进行分析评价也要花许多时间，此外，对表现性任务的评分信度往往也较低。

（3）难以评价学生在其他表现性任务上的迁移能力。这就是说，学生在一小部分评价任务上的表现，难以概括到一大类表现性任务上去。

（4）不能评价所有类型的学习目标。对于集中于记忆和回忆信息、规则、原理及理论的学习目标，客观形式的测验项目（简答、多项选择、匹配、正误判断）是更好的选择。

当评价逻辑思维、理解概念、言语推理时，客观形式的测验仍比表现性评价优越，因为前者可以在更短的时间内评价更广泛的内容。此外，客观形式的测验更易于评分，得出的结果更可信。在实际应用时，最好两种评价方法结合起来使用，这样可以相互弥补，更全面地对学生做出评价。

五、 质性评价方法的优势与局限

（一）质性评价方法的优势

质性评价方法的优势表现为如下方面：

第一，全面。无论从评价的价值取向看，还是从评价的内容方法上看，质性评价方法的理念都显得更为系统，注重整体性，能更全面地发挥评价的各种功能。质性评价方法既注意教学目标又注意学习过程，不用过于刻板的标准来衡量所有的学生，而是通过学生在学习过程中的表现去判断每位学生的学习质量和水平，符合人的多元智能的实际，有利于激发学生学习的动力和自信心。

第二，及时。质性评价方法讲究与教学同时进行的共时性评价，评价和教学相互交叉融合，教师和学生民主互动，进行协商，能及时反映学生学习中的情况，有利于及时肯定学生的成绩，引导学生学习的发展方向，能及时发现教学中存在的问题及不足，改错纠偏。

第三，灵活。质性评价方法不过分追求目标的标准化和方法的规范化，不过分追求评价的客观性和精确性，不过分追求评价环境和程序的正规和严肃，有利于学生充分展示自己的才能。由于多在自然情境下进行，质性评价方法可以对个人的生活世界进行较为灵活的研究，可以使个体在丰富、复杂、流动的自然情境中接受考察。

第四，深入。质性评价方法采用各种评价方式，从学生本身、同辈伙伴、教师家长等不同的角度获得评价信息。不同于传统的评价只能测量可量化的、相对来说属于浅层次的学习效果，质性评价方法可以深入到学习的不同方面和不同层次，可以从不同视角对学习进行描述和评价，对学习质量的评价层次更高更深入。

第五，持久。质性评价方法不像传统评价方法那样间歇式进行，而是贯穿于学习的始终。在学习之前、之中、之后都不间断地进行。随着评价理念的逐步树立和对评价方法的逐步掌握，学生将评价作为学习生活的一部分，作为自己生命活动的一部分，成为促进自己终身学习和终身发展的重要手段。

（二）质性评价方法的局限

质性评价方法的局限在于：

第一，由于质性评价方法更多地采用开放的、即时的评价方式，特别是对情态领域和学习过程的评价，评价所收集的资料和判断的标准可能都会因时而变、因人而异。在这个动态过程中，研究者与被研究者双方都可能会改变，收集和分析数据的方法会改变，建构研究结果和理论的方式也会改变；对学生学习表现和效果而言，其标准也难以做到统一，其评价的过程和程度也无法做到规范。

第二，质性评价方法常常要求评价者对被评价者的个人经验建构出解释性理解或体会。评价者凭借自己的亲身经验，对被评价者的生活故事和意义建构出理解，难免在评价过程中掺入自己的偏见和误解，使评价产生偏差。当前，社会需要按一定的标准和规范来衡量教学的效益和学习的成果，评价的公平与公正都是非常重要的原则。而质性评价由于较多地带有参与者的主观性和个别特征，较难保证评价的公平与公正，能否被社会所接受也就成为一个问题。

第三，质性评价方法贯穿于学习和教学过程的始终，评价的强度应该多大才恰当，比较难以把握。如果评价的分量过重，很容易导致评价过于频繁琐碎，学生和教师都不堪其烦。再者，尽管学生的学习过程是极具个体化的，表现千差万别，但是否有必要对每个个体所经历的学习过程逐一进行价值判断，也是值得讨论的问题。

第四，伴随质性评价方法产生的还有许多新颖的评价工具，这些评价工具同样有着明显的局限。如消耗的时间过多，评价的视野不稳定，等等。如果不注意把握好质性评价的实质而只是热衷于这些工具的使用，很可能导致评价的形式化。再者，新的评价工具的运用也常常涉及道德问题，研究者需要事先征求被研究者的同意，对他们提供的信息保密，公正地对待被研究者和研究结果，恰当地处理敏感性数据，这也会使评价者在运用质性评价方法时产生顾虑。

问题思考

1. 概述五类教育评价方法。
2. 教育评价信息的收集有哪些标准？
3. 简述各种教育评价信息的收集方法。
4. 教育评价有哪些定性分析描述方法？
5. 设计问卷时需要注意的问题有哪些？应如何解决？
6. 运用实验法进行评价时，如何理解自变量、因变量和无关变量？三者的关系如何？
7. 试述量化评价法的优缺点。
8. 试述质性评价法的优缺点。

第五章
政府履行教育职责评价

学习目标

了解：我国政府履行教育职责评价发展概况；政府教育职责内容；市县级政府履行教育职责评价探索案例；政府履行教育职责评价的目标；政府履行教育职责评价的总体要求。

理解：政府履行教育职责评价相关概念；省级政府履行教育职责评价的内容及指标体系；政府履行教育职责评价的程序；评价结果运用。

掌握：开展政府履行教育职责评价意义、评价方法和评价特点。

学习概要

促进教育发展，维护教育公平是政府的重要职能。政府在教育领域的职责履行情况，直接影响着地区的教育发展水平。首先介绍政府履行教育职责评价相关概念的含义，我国政府履行教育职责评价发展概况，阐明开展政府履行教育职责评价意义，对政府履行教育职责评价有初步的认识。然后梳理了我国现行对省级政府履行教育职责评价的内容及指标体系，以及市县级政府履行教育职责评价的案例，对政府履行教育职责评价的具体内容有大致的了解。最后，结合政府履行教育职责评价的组织和实施过程，从而了解政府履行教育职责评价的全貌。

通过本章的学习，了解政府履行教育职责评价的发展情况；从教育评价专业角度重新认识政府履行教育职责评价的含义；对政府履行教育职责评价的内容及过程有一个总体认识。

第一节 政府履行教育职责评价概述

一、相关概念

（一）政府履行教育职责的含义

政府履行教育职责是指政府履行与教育相关的职责，包括各级政府教育职责以及政府各职能部门的教育职责。政府具体的教育职责内容包括全面贯彻党的教育方针，落实国家教育法律法规与政策和党中央、国务院重大教育决策部署，统筹推动各级各类教育发展，统筹做好教育改革发展稳定工作，具体包括办学标准执行、教育投入落实和经费管理、教师编制待遇、教育扶贫和重大教育工程项目实施等。

在我国，对政府的教育职责并没有一部专项的法律法规进行明确，主要通过《中华人民共和国教育法》《中华人民共和国义务教育法》《中华人民共和国教师法》《中华人民共和国未成年人保护法》《国家中长期教育改革和发展规划纲要(2010—2020年)》《教育督导条例》等一系列法律法规对省、市、县这三级政府在学前教育、小学教育、初中教育、高中教育、高等教育、职业教育、成人教育、特殊教育中的权责做出规定。

在不同的教育阶段中，各级政府的教育职责也不同。普通高等教育属于省级、地市级人民政府直接管理的教育阶段。而对于学前教育、义务教育、高中阶段教育，省级、地市级人民政府则更多发挥统筹管理的作用，“以县为主”是这部分教育的行政管理特征，学前教育阶段甚至将乡镇政府纳入到管理者行列。随着教育阶段的上升，管理者的层级上移；随着政府层级的上移，政府的职能由执行者向统筹者转变。

（二）政府履行教育职责评价的含义

在《对省级人民政府履行教育职责的评价办法》出台之前，通常从政府绩效评价的视角考量对政府履行教育职责进行评价，即将教育作为特定领域，政府履行教育职责评价是对政府在进行教育相关活动的效率、效益、经济和公平性进行综合评价。

这种界定体现了政府履行教育职责评价不仅是对其履职过程和结果的统一，还是履职数量和质量的统一。从理论上来说，由于教育具有公共产品的部分属性以及很强的正外部效益，决定了政府必须要参与到教育的资源配置之中，并且在教育资源配置中起重要作用。因此，在对政府履行教育职责评价的过程中不能仅从经济性的角度来考虑，还应兼顾社会性和政治性。

根据《对省级人民政府履行教育职责的评价办法》第二条中的规定，政府履行教育职责的评价是指对政府领导、管理、保障、推进本行政区域内教育事业改革发展稳定工作有关情况的评价。这也是本教材使用的政府履行教育职责评价的定义。

这一界定表明了政府履行教育职责评价的内容和目的。政府履行教育职责评价的内容包括政府领导、管理、保障和推进教育事业，政府履行教育职责评价的目的则是实现教育的改革发展稳定。

（三）政府履行教育职责评价与教育督导的关系

教育督导是对教育工作（包括教育行政工作和学校的组织领导、教育、教学、总务、人事工作）进行视察、监督、指导、建议的活动。具体而言，教育督导机关和人员依据党和国家的教育方针、政策，按照督导的原则和标准，使用科学的方法，对教育行政工作和学校工作通过精密的观察、调查和考核，进而做出审慎的分析和评价，指出成绩和缺点，并提出积极改进意见，使教育工作质量不断得到提高的活动。①

教育督导是教育法规定的一项基本教育制度，对政府履行教育职责开展督导评价是我国教育督导的基本职能，在督促政府依法履行教育职责、促进教育公平、提升教育质量等方面发挥着重要作用。《关于深化新时代教育督导体制机制改革的意见》中指出，全面落实教育督导职能是新时期进一步深化教育督导管理体制改革的重要工作内容。因此，完善对各级政府履行教育职责的评价制度，有利于提升督导评价的科学性和权威性，也有利于在新时期找准教育督导的工作定位。

二、发展概况

（一）政府绩效评价时期

我国最初并未专门对政府履行教育职责情况进行评价，该工作依托在政府绩效评价之中。政府绩效评价是一种舶来品。“绩效”一词起初源于企业管理，后延伸至公共行政管理领域，产生了“政府绩效”这一概念。政府绩效评价是一个适用于为评价政府活动、为增强进展和结果负责的一切有系统的努力的术语。② 20 世纪 60

① 陈孝彬，高洪源．教育管理学［M］．北京：北京师范大学出版社，2008：151.

② 范柏乃．政府绩效评估的理论与实务［M］．北京：人民出版社，2005：76.

年代，美国会计总署提出了被视为分析绩效的最好出发点的“4E”评价模型，包含经济性、效率性、效果性和公平性四个维度。①

根据这个标准，对政府履行教育职责评价需要对以下四个方面做出衡量：首先是效率性，即投入产出比，考量政府的教育投入是否将教育经费投入到实处、关键处。其次是有效性，考量政府实现其履职目标、政策和其他预期结果的程度。再次是经济性，考量政府履行教育职责过程中的行为是否节约与合理。最后是公平性，考量政府履行其教育职责过程中服务的团体或个人是否都受到公平的待遇，弱势群体是否能够享受到补偿的待遇。

我国政府绩效评价相关理论建立在西方政府绩效评价相关理论的基础之上，并且伴随着我国行政体制改革进程而持续改进、不断本土化。继1998年中共中央提出建立公共体制框架后，党的第十六届三中全会就提出“建立预算绩效考评体系”。按照这一要求，湖北、湖南、河北、福建等地自2001年开始进行支出绩效评价工作试点，2004年广东开展财政绩效管理方面的尝试。山东青岛市从1998年开始连续11年进行政府绩效评估工作，已基本形成了一套对政府职能进行评估的目标绩效考评体系。甘肃省政府在2004年引入第三方绩效评估，利用第三方专业组织评价政府绩效，体现了公民满意度的导向。

我国政府绩效评价不仅包括对政府管理活动的效率、效能、效益、效果评价，也衍生出了法治政府评价、财政绩效评价、第三方绩效评价等颇具中国特色、符合中国国情的政府绩效评价实践。以上种种关于政府绩效评价的实践探索，为继续深入开展地方政府教育履行教育职责评价奠定了重要基础。

（二）教育督导评估时期

政府履行教育职责情况开始受到重视，成为教育督导评估工作的重要内容。为更好地实现20世纪90年代的“基本实施九年义务教育、基本扫除青壮年文盲”（简称“两基”）目标，各地区相继进行了县、乡两级教育行政工作的督导检查活动，北京、上海、湖南等地纷纷对建立县级政府履行教育职责情况的督导评价制度进行了探索。

2004年，国务院转发教育部颁发的《关于建立对县级人民政府教育工作进行督导评估制度的意见》，在该文件中规定了督导评估的主要内容包括领导职责、教育改革与发展、经费投入与管理、办学条件、教师队伍建设、教育管理。该文件的发

① 于军. 英国地方行政改革研究［M］. 北京：国家行政学院出版社，1999：183.

布，标志着我国初步建立起了县级政府层面履行教育职责情况的督导评价制度。[①]当时我国实行“在国务院领导下，地方政府负责、分级管理、以县为主”的农村义务教育管理体制，县级人民政府担负着统筹管理县域内义务教育、幼儿教育、普通高中教育、中等职业教育和成人教育的重要责任，可以说县级人民政府的教育工作水平直接关系到我国整个教育事业的健康发展。因此，建立对县级人民政府教育工作进行督导评估制度，巩固和完善农村义务教育管理体制，对推动基础教育以及县域内各类教育的改革与发展具有重要意义。

此后，政府履行教育职责情况也不断受到关注。2011 年，国家教育体制改革领导小组办公室和教育部将《制定地方政府履行教育职责评价办法》确立为教育体制改革重大项目。2012 年，《教育督导条例》提出，县级以上人民政府对下级人民政府落实教育法律、法规、规章和国家教育方针、政策的督导是教育督导的重要内容，要遵循“对政府履行教育工作相关职责的督导与对学校教育教学工作的督导并重，监督与指导并重”的原则。[②] 2014 年，《深化教育督导改革转变教育管理方式的意见》指出，建立地方政府履行教育职责督导评价机制是督政的工作目标，要严格落实问责制度，引导地方政府优先发展教育事业，提高基本公共教育服务能力和水平。[③] 2015 年，《教育部关于深入推进教育管办评分离、促进政府职能转变的若干意见》进一步强调，要重点针对政府履行教育职责开展评估，并将评估的标准、指标、过程和结果通过适当方式向社会公开。

（三）政府履行教育职责评价时期

在总结县级层面督政实践的基础上，2017 年，习近平总书记亲自主持召开中央全面深化改革领导小组会议，审议通过了《对省级人民政府履行教育职责的评价办法》（以下简称《评价办法》），提出针对省级人民政府领导、管理、保障和推进本行政区域内教育事业改革发展稳定工作的有关情况，每年开展一次评价；并进一步要求省级人民政府依据《评价办法》，结合实际制定具体实施方案，开展对本行政区域内各级政府履行教育职责的评价工作。在《评价办法》中，确定了对省级人民政府履行教育职责评价应主要围绕贯彻执行党的教育方针情况，落实教育法律、法

---

① 中华人民共和国教育部. 国务院办公厅转发教育部关于建立对县级人民政府教育工作进行督导评估制度意见的通知［EB/OL］.（2003－12－16）［2022－06－15］. http://www.moe.gov.cn/jyb_xxgk/gk_gbgg/moe_0/moe_1/moe_5/tnull_5439.html.

② 中华人民共和国教育部. 教育督导条例［EB/OL］.（2012－09－09）［2022－06－15］. http://www.moe.gov.cn/jyb_sjzl/sjzl_zcfg/zcfg_jyxzfg/202204/t20220422_620486.html.

③ 中华人民共和国教育部. 国务院教育督导委员会办公室关于印发深化教育督导改革转变教育管理方式意见的通知［EB/OL］.（2014－02－07）［2022－06－15］. http://www.moe.gov.cn/srcsite/A11/s7057/201402/t20140207_163918.html.

规、规章和政策情况，各级各类教育发展情况，统筹推进教育工作情况，加强教育保障情况，学校规范办学行为等六个方面进行，发布了详细的一套指标体系，以此涵盖各级各类教育。《评价办法》被誉为政府教育履职问责的“紧箍咒”，这也是新的历史时期督促各级政府切实科学履行教育职责、优先发展教育事业的重大制度创新。

2018 年 2 月，国务院教育督导委员会办公室印发了《〈对省级人民政府履行教育职责的评价办法〉实施细则》（以下简称《实施细则》）。2019 年 6 月，国务院教育督导委员会办公室印发了《2019 年对省级人民政府履行教育职责的评价方案》（以下简称《评价方案》）的通知。2020 年 2 月，中共中央、国务院印发《深化新时代教育评价改革总体方案》（以下简称《总体方案》），对新时代教育评价改革做出系统部署，将“改革党委和政府教育工作评价，推进科学履行职责”作为首要任务，明确提出要进一步督促省、市、县三级政府履行教育职责，并将完善政府履行教育职责评价体系，定期开展督导评价工作。同时，中共中央、国务院办公厅也印发了《关于深化新时代教育督导体制机制改革的意见》，再次强调要“构建对地方各级政府的分级教育督导机制，督促省、市、县三级政府履行教育职责”，并提出了督政工作的内容要点。2020 年、2021 年也相继印发了当年对省级人民政府履行教育职责的评价方案，指出了当年评价的重点工作内容。

《评价办法》《实施细则》《评价方案》等一系列文件的印发与实施，标志着我国正式建立了对省级政府履行教育职责情况常态化、综合的督导评价制度，并在一定程度上自上而下地强化了地方各级人民政府履行教育职责的绩效评价工作，实现了政府履行教育职责督导的全覆盖。

三、开展政府履行教育职责评价意义

（一）提供信息，明晰政府履行教育职责情况

开展政府履行教育职责评价，可以获得目标信息、完成信息以及共享信息。目标信息是指通过评价准备阶段制定的目的及计划，明确政府促进教育发展的最终目标和近期目标的工作重点，通过评价过程的实施来全面了解政府在本行政区域内履行教育职责的效率和效果，例如，重点工作的进度、实现程度、顾客满意度等。完成信息是指通过评价结果与其目标进行比较，判断当下政府履行教育职责情况，根据所发现的问题以此改善的方向。因此，开展政府履行教育职责评价所提供的目标和完成信息可以帮助管理人员了解本部门、单位或其他分支机构的具体情况。另外，共享信息是指为提高政府教育履职成效，政府部门间必然会加强合作，打破部门间信息壁垒，增强信息共享。

（二）服务决策，提升政府履行教育职责的科学性

开展政府履行教育职责评价就为政府履行教育职责提供了职责履行判断标准，指导政府履行教育职责的行为。评价工作能引导政府树立科学、正确的教育发展观，这也是回应人民群众对教育的新需求，实现教育改革发展新目标的关键所在。政府履行教育职责评价工作的重点内容紧紧围绕确保教育优先发展、落实立德树人根本任务，面向新时代教育事业改革发展，以提高教育教学质量为中心，坚持目标导向、问题导向、结果导向。在新发展阶段，地方各级政府必须立足于当下、着眼于未来，以克服片面政绩观和改善对教育的领导方式为突破口，充分发挥教育的先导性、全局性、基础性作用，为全面建设社会主义现代化国家提供充足的智力支持和人才支撑。

（三）矫正偏差，推动政府履行教育职责督导更精细化

《对省级人民政府履行教育职责的评价办法》附带的一套评价体系也在不断完善，推动政府履行教育职责督导更精细化，强化政府教育履职成效。《评价办法》也为市县级政府在履行教育职责方面提供了指导，其评价指标体系包含了政府教育履职的方方面面，包括财政投入、教师管理、学生管理、用地保障等，聚焦教育督导“长牙齿”，查找问题、诊断问题、督促整改，推进教育治理体系和治理能力现代化。这不仅指向教育履职的最终成效，还通过主观与客观指标、过程与结果指标、满意度指标多种评价指标的互补与互证的方式，面向政府教育履职的各个环节，以此推动政府履行教育职责的精细化发展，有效提升政府教育履职的成效。

（四）公开透明，提升政府履行教育职责的公信力

对政府履行教育职责过程与成效进行评价就是满足公众知情权、落实监管责任的第一步。通过评价不断强化各级政府履行教育职责的意识及效能，回应社会需要，重点解决各地各类教育事业发展中的难点问题，可使公众在政府有关教育工作的成绩单中既看到进步，也确知不足，敦促政府有的放矢，以提高政府教育履职满意度。社会满意度调查是政府履行教育职责评价中的重要内容，政府部门也必须通过第三方评价的方式进行组织调查，也要将当年履职情况进行信息公开，公布在政府门户官网上，这有利于公众了解目前政府在履行教育职责领域的作为情况，增加公众对政府的了解，从而提高政府公信力。

第二节
内容及指标体系

一、不同观点

研究政府教育履职绩效评价，首先要明确“政府的教育职责是什么”。关于政府应该承担的教育职责，国内学者从多种理论视角进行了探讨，而就各级教育的哪些职责属于中央、哪些属于地方、哪些属于中央与地方共同承担，则少有明确的观点和意见。同样的，对政府履行教育职责评价的内容也未有统一的意见。

曲正伟（2003）以多中心治理为研究视域，主张从公益与均衡两个维度来对我国义务教育中政府责任问题进行思考。①

贺武华（2005）认为政府在义务教育中责任也应随着义务教育的发展而进行拓展，转变的重点在保证义务教育的底线公平与基准义务、积极推进制度创新、制定有效的竞争机制等几个方面。②

宋农村（2011）提出政府的主要教育职责是教育投入、物质保障、统筹规划、宏观管理和环境营造，不能越俎代庖，具体去抓教育教学；不能误导教育，片面追求升学率。政府履行教育职责评价要立足于政府的责任，突出重点，关注实绩，基于政府对教育的“投入—管理—成效”的内在逻辑，建立了包括教育投入、教育资源、教师队伍、教育普及率和教育服务品质五大内容的评价指标体系。③

郑富芝（2013）以奠基性、公益性、超前性和时代性为依据，将政府教育职责确定为五个方面，即制定宏观教育规划、合理配置教育资源、推进教育协调发展、提升教育综合质量和扶助教育弱势群体。政府履行教育职责评价必须规定好底线，应保底但不封顶，包括四个方面的内容：首先是教育与经济发展水平的协调程度，最重要的指标体现在财政对教育的投入水平以及教师的工资水平；其次是教育与社会的和谐程度，包括学校建设与城市总体建设的协调程度、学校与社会的和谐程度、社会教育资源向学生开放的程度；再次是教育自身的发展程度，包括教育的普及程度、义务教育的均衡程度、素质教育的实施程度等；最后是教育与民众的满意程度，

---

① 曲正伟. 多中心治理与我国义务教育中的政府责任［J］. 教育理论与实践，2003（17）：24－28.

② 贺武华. 略论义务教育发展与政府职能拓展［J］. 教育发展研究，2005（4）：25－29.

③ 宋农村. 县级政府教育政绩评价指标体系的构建：基于“投入—管理—成效”评估模型的视角［J］. 当代教育科学，2011（23）：36－40.

人民群众对教育的满意程度可以反映出入学公平、教育收费、教育资助等方面的问题。①

翁伟斌（2014）以政府善治理论为视角，提出政府在教育改革与发展中的基本职责是维护公平，应根据政府是教育的组织引导者和公共服务提供者来重构政府责任体系，以法律法规形式明文规定政府提供公共服务的职责，并按照财权与事权对等原则，划分中央、地方和县级政府在基本公共教育服务供给中的责任。②盛义龙、李芝兰、杨振杰（2015）以委托代理理论为研究视角，认为政府在义务教育中需要履行支出责任以及其他管理、监督等非支出性责任，后者受地方政府政策执行中自由裁量权的影响，所以自由裁量权应对政府的非支出性责任有更具体的界定。③

张钰、王秀军等（2015）设计了一套包括定量与定性分析，能够系统全面地反映政府履行教育职责努力程度的评价指标体系，包括三个评价方面以及十二项评价指标，具体为：一是教育领导与统筹管理方面，包括发展优先教育水平、政府统筹协调程度、管理方式创新程度；二是体系建设与协调发展方面，包括现代教育体系建设成效、学前教育投入水平、义务教育均衡发展程度、高中阶段教育普及水平、职业教育行业企业参与程度、高等教育服务能力；三是保障措施与实施成效方面，包括教育投入与保障水平、师资队伍建设水平、办学条件水平。④

赵丽娟、王玥（2018）构建了一套以公众为导向的地方政府义务教育工作满意度评价指标体系，包括政府职责、学校管理、师资队伍和教育效果四个方面，在实证研究后发现家长背景因素（家庭收入、家长职业等）对区县政府教育工作绩效评价的满意度有显著影响，因此应进一步加强政府履行教育职责的意识，建立健全政府教育问责制度，关注不同群体的教育需求，提高教育服务有效供给水平。⑤

张志勇（2020）认为党委和政府教育工作评价改革具有根本性全局性，党委和政府教育工作评价改革要做到“四个坚持”，分别是必须坚持党的领导，必须坚持人民至上，必须坚持依法治教，必须坚持问题导向。⑥

---

① 郑富芝. 政府教育职责及其评价［J］. 教育发展研究，2013，33（1）：1-4.

② 翁伟斌. 政府在教育发展中的职责研究［J］. 教育科学研究，2014（5）：31-36，40.

③ 盛义龙，李芝兰，杨振杰. 委托代理理论视角下地方政府职能定位与作用：以乡镇义务教育为例［J］. 湖北社会科学，2015（5）：55-60.

④ 张钰，王秀军，姚轶洁，等. 教育现代化与地方政府履职评价研究［J］. 教育发展研究，2015，35（1）：34-38，47.

⑤ 赵丽娟，王玥. 地方政府义务教育工作满意度评价指标体系构建研究：以北京市为例［J］. 上海教育科研，2018（12）：22-26.

⑥ 张志勇. 推进党委和政府教育工作评价改革的有效路径［J］. 人民教育，2020（23）：39-42.

可见，学者们从各个角度提出了政府履行教育职责内容及评价的看法，并且也尝试开始对政府履行教育职责评价体系进行探索。

二、省级政府层面

尽管学术界对政府教育职责及评价的观点并未统一，国务院办公厅于2017年出台的《对省级人民政府履行教育职责的评价办法》对省级政府履行教育职责评价的内容及指标体系进行了详细的界定，涉及不同层次、不同部门、不同岗位的责任要求。2021年7月，国务院教育督导委员会在印发的《教育督导问责办法》中，也明确了被督导的地方各级人民政府和相关职能部门九类应予以问责情况的负面清单。

（一）我国现行对省级政府履行教育职责评价的内容

对省级政府履行教育职责评价的内容具体包括省级人民政府贯彻执行党的教育方针情况，落实教育法律、法规、规章和政策情况，各级各类教育发展情况，统筹推进本行政区域教育工作情况，加强教育保障情况，学校规范办学行为情况等。此外，还需要根据年度教育重点工作和教育督导工作要求，适当选择当年进行评价的侧重内容。

1. 贯彻执行党的教育方针情况

全面贯彻党的教育方针，加强和改善党对教育工作的领导，加强和改进教育系统党的建设，落实全面从严治党和党风廉政建设主体责任，加强教育系统领导班子建设，加强和改进学校思想政治工作，把握党对学校意识形态工作的领导权、主导权，维护教育系统安全稳定等。

2. 落实教育法律、法规、规章和政策情况

落实国家教育法律、法规、规章，执行国家重大教育政策，推进国家重大教育工程、项目，深化教育改革开放等。

3. 各级各类教育发展情况

鼓励和支持普惠性学前教育发展，促进义务教育均衡发展，推进高中阶段教育普及，加快发展现代职业教育，推进高等教育分类发展，促进和规范民办教育发展，大力发展继续教育，加快发展民族教育，大力加强国防教育，办好特殊教育，保障困难群体受教育权利，及时解决教育热点难点问题等。

4. 统筹推进教育工作情况

建立教育工作决策管理机制，制定实施教育事业发展规划，优化教育结构和学校布局，制定实施各级各类教育标准，强化教育督导，建立健全教育领域军民融合发展制度机制等。

5. 加强教育保障情况

全面推进依法治教，落实教育投入，加强教师队伍建设，改善学校办学条件，

推进教育信息化建设等。

6. 学校规范办学行为情况

坚持正确办学方向，落实立德树人根本任务，完善学校管理制度，校长依法治校，教师依法执教，强化教学纪律，规范学生管理，维护正常教育教学秩序和师生合法权益等。

可以看出，政府履行教育职责评价的具体内容主要包含四个方面，即对政府在教育事业发展中的领导责任、管理责任、发展责任、保障责任，这四个方面责任也可以概括为一条主线（发展）和三大服务支撑体系（领导、管理、保障）。

（二）我国现行对省级政府履行教育职责评价的指标体系

合理科学的评价指标体系是监测政府履行教育职责成效的重要依据。根据《2019 年对省级人民政府履行教育职责评价方案》①，我国现行对省级政府履行教育职责评价的指标体系具体内容如表 5－1 所示。

表 5－1　我国现行对省级政府履行教育职责评价的指标体系

一级指标	二级指标	三级指标
贯彻执行党的教育方针情况	全面加强党对教育工作的领导和教育系统党的建设	建立健全省级党委、政府领导联系学校制度，“领导干部上讲台”制度化、常态化，学校思想政治工作得到加强，党对学校意识形态工作的领导权得到保证，教育系统树牢“四个意识”，坚定“四个自信”，坚决做到“两个维护” 各级各类学校党组织全覆盖，“三会一课”等制度扎实有效落实，党建工作评估考核制度化
	健全德智体美劳全面发展育人机制	把习近平新时代中国特色社会主义思想贯穿落实立德树人根本任务全过程，配套政策和具体措施健全，评价体系和工作机制完善，学校思政课扎实有效，各级各类学校体育、美育、劳动教育得到加强

① 中华人民共和国教育部．国务院教育督导委员会办公室关于印发《2019 年对省级人民政府履行教育职责评价方案》的通知［EB/OL］．（2019－06－21）［2022－06－15］．http://www.moe.gov.cn/srcsite/A11/s7057/201906/t20190627_388020.html.

续上表

一级指标	二级指标	三级指标
落实国家教育法律、法规、规章和政策情况	出台落实国家教育法律、法规及重大项目的相关配套政策措施	贯彻落实深化教育体制机制改革、推进教育现代化、依法治教、教育信息化、教育脱贫攻坚等国家重大教育政策、项目，制定地方具体措施，建立工作推进机制
各级各类教育发展情况	推动学前教育公益普惠发展	普惠性幼儿园覆盖率达到省定目标 建有一所及以上公办中心幼儿园的乡镇比例达到100%
	巩固提高义务教育发展水平	义务教育巩固率达到省定要求，年辍学率超过控制线的县（市、区）数量比上一年度有下降 政府依法履行义务教育主体责任情况。按计划通过义务教育发展基本均衡县（市、区）国家认定，积极推动优质均衡县创建工作
	提高高中阶段教育普及水平	高中阶段教育毛入学率不断提升，省定目标按时实现 职普招生比大体相当
	提高职业院校办学能力与水平	高职扩招部门协同联动机制健全，本省承担的高职院校扩招计划落实到位，基本办学条件和专业建设符合“扩规模与保质量并重”要求
	提升高等教育内涵发展水平	提高高校本科教学水平，“双一流”建设以及高水平大学和优势学科建设取得明显进展
	促进和规范民办教育发展	校外培训机构办学日常监管机制运行有力，年检年报制度、信息公开制度得到有效落实，各级民办学校违规办学行为得到及时查处
	加快发展民族教育	民族地区推普脱贫攻坚措施得力，组织开展青壮年农牧民普通话培训，各级各类学校教师普通话水平达到国家规定的等级标准，加强对口地区语言文字工作支援
	优化特殊教育资源	辖区内所有市（地）和30万人口以上的县（市）均独立设置特殊教育学校，人口不足30万的设置有特殊教育资源中心，所有招收5人以上残疾学生的普通学校设有特殊教育资源教室

续上表

一级指标	二级指标	三级指标
统筹推进教育工作情况	建立“落实教育优先发展”工作机制	建立省级政府教育工作统筹规划、科学决策、部门协同、推动落实的机制 乡村小规模学校和乡镇寄宿制学校规划建设得到加强，省域内义务教育阶段66人及以上超大班额基本消除，普通高中大班额比例逐年下降 完善教育督导体制机制，依法设置各级教育督导机构，加强教育督导队伍建设，强化教育督导工作
加强教育保障情况	保障教育财政投入	一般公共财政预算教育支出比上年增长，按在校学生人数平均的一般公共预算教育支出比上年增长 制定各级各类教育生均公用经费或生均财政拨款标准，并足额及时拨付到位
	加强教师队伍建设	创新和规范中小学教师编制配备，加强省级统筹力度，为教职工编制统筹配置和跨区域调整提供政策支持 落实中小学教师平均工资收入水平不低于当地公务员平均工资收入水平 拓展乡村教师补充渠道，多种途径和方式推动城镇优秀教师向乡村学校流动，提高乡村教师培训实效，县域内交流轮岗的教师比例不低于符合交流条件教师总数的10%，其中骨干教师不低于交流总数的20% 师德师风建设取得明显成效
学校规范办学行为情况	建立健全学校安全管理常态化监管长效机制	建立由政府有关部门共同参与的学校安全风险防控体系，学生欺凌防治、校园安全保障、校园周边治理、校车安全保障等工作责任明确、机制健全、管理到位、预警及时、处置得力，师生安全得到保障

三、市县级政府探索案例

（一）山东：潍坊市出台县市区党委政府履行发展教育职责清单[①]

山东省潍坊市委、市政府印发《县市区党委政府履行发展教育职责清单》，深

① 中国教育督导．一线呼声丨山东潍坊：出台县市区党委政府履行发展教育职责清单［EB/OL］．（2021－04－07）［2022－06－15］．https://mp.weixin.qq.com/s/EQdUZJ_3vwrmb4xkn9n6vA.

入落实党中央、国务院关于深化新时代教育评价改革和督导体制机制改革的决策部署，明确党委政府班子和主要负责同志年度述职教育五项内容，具体如下：

1. 加强党对教育工作的全面领导

健全党委领导教育工作的制度体系，形成党委统一领导、党政齐抓共管、部门各负其责的教育领导机制；党委常委会会议、党委全面深化改革委员会会议、政府常务会议定期研究教育工作；党政主要负责同志要熟悉教育、关心教育、研究教育，深入教育一线调研、为师生上思政课并联系学校；落实教育优先发展地位；加强校园安全人防、物防、技防建设，守住教育系统安全稳定底线。

2. 营造良好教育发展环境

树立正确教育政绩观，高度关注学生健康成长，加大校外培训机构整治力度，减轻校园教师负担，引导社会形成正确的用人导向，优先保障中小学专任教师引进，优先布局建设教育设施，消除重点领域安全隐患。

3. 优先保障教育投入

依法保障教育支出，全面落实教育民生实事经费政策、足额落实生均经费拨款，依法依规使用教育费附加。

4. 推动教育全面均衡发展

推动学前教育普及普惠发展，创建国家义务教育优质均衡发展县市区，推进普通高中新课程新教材实施国家级示范区建设，推动职业教育创新发展省级示范区建设。

5. 建立健全教育工作体制机制

深化教育督导体制机制改革，建立完善教育述职制度，完善家、校、社协同育人机制，建立教育职责清单落实责任制。

（二）广西：创新市县政府履行教育职责评价机制①

广西壮族自治区已连续三年组织实施对市、县级人民政府履行教育职责的评价，通过改革评价办法和完善奖惩机制，压实各级政府优先发展教育事业的责任，努力办好人民满意的教育。

在评价设计上，既考核“规定动作”完成情况，又评价动作完成的“难度系数”，综合评价市县政府履行教育职责情况和各地攻坚克难推动事业发展情况。针对各地教育发展基础不同、水平不一、各有特点的实际，采取考核评价年度履职情况为主、兼顾各地工作努力程度的方法，综合评价各地年度教育发展情况。年度评

---

① 中国教育督导．广西壮族自治区：创新市县政府履行教育职责评价机制［EB/OL］．(2021-07-21)［2022-06-15］．https://mp.weixin.qq.com/s/w2S4x8QkGkRwwhvDPv2N-A.

价指标总分100分，其中，年度履职情况分值95分，包括7个评价要点，下设23～25项具体指标；年度工作进步情况分值5分，以年度工作中有重大突破、较上年有明显进步或对全区工作有较大推动作用为依据，由市县提出申请，经审核后根据实际情况赋分，单项最高分值为2分，如有多项申请可累积，但最高不超过5分。

在具体指标设置上，突出教育项目建设推进情况、教育信息化任务完成情况、依法依规落实教育经费投入情况、教师队伍建设情况、学校安全工作保障及防溺水工作情况等5项重点工作，每项分值不低于6分，凡有一项未能完全落实到位的市县，在“基本分”上最高只能拿到89分，使获得“优秀”等次相对有难度，以此推动市县政府切实落实教育保障举措。

在结果评定上，增加评价等次辅以得分排名，确保评价结果客观合理。按照得分情况评定优秀、称职、基本称职、不称职四个等次。设立专项奖励经费6 000万元，对评价得分排在前列的设区市、县（市、区）给予经费奖励。奖励经费由各市县统筹用于改善学校办学条件，资金使用方案上报自治区教育行政部门备案。对评价等次为“不称职”的设区市、县（市、区），由自治区人民政府教育督导委员会约谈相关市县负责人。督导评价结果在主要媒体上公布，并报送被督导评价市县和上级党委组织部门，作为干部提拔任用的参考。

（三）湖南：县级教育工作两项督导评估考核制度

2004年，湖南省建立了对县级人民政府教育工作督导评估和对县级党政主要领导干部教育工作实绩督导考核制度（简称县级教育工作两项督导评估考核制度），有效推动县级人民政府及县级党政主要领导干部切实履行教育职责，也获得了首届国家教育改革创新奖的荣誉。

其中，对县级党政主要领导干部履行教育职责评价的具体内容被写入《县级人民政府和县级党政主要领导干部履行教育职责评价办法》中，主要包括：依法履行把方向、管大局、做决策、促落实的职责，深入教育一线调研，协调解决教育重点热点难点问题，为师生上思想政治课，联系学校和年终述职必述教育工作等方面的情况。①

这项制度紧紧抓住对县级党政主要领导教育干部工作实绩进行评价考核这个关键之处，始终做到了两个“坚持”。一是坚持将县级政府履行教育职责评价与县级党政主要领导干部教育工作考核同步进行且结果挂钩；二是坚持将二者的评价考核结果一并在官方平台予以公布。这样的做法有效增强了县级党政主要领导抓教育的

---

① 湖南省人民政府．湖南省人民政府办公厅关于印发《县级人民政府和县级党政主要领导干部履行教育职责评价办法》的通知［EB/OL］．（2021－07－13）［2022－06－15］．http://www.hunan.gov.cn/hnszf/xxgk/wjk/szfbgt//202107/t20210716_19934884.html.

责任感和使命感。

区域内教育发展需要当地政府来推动和保障，关键就在于当地的党政主要领导干部。因此，不仅需要对教育部门及其他承担教育职责的相关部门履行职责的情况进行评价，更重要的是对党委和政府主要领导教育工作的评价。

（四）江苏：苏州设区市政府履行教育职责考评①

根据政府教育履职内涵要求，苏州在借鉴国际通行的 CIPP 模式的基础上，既考虑不同设区市背景、特点等现状水平性指标，也考虑教育投入、管理等过程性指标，还关注发展结果、努力程度等发展性指标，设计了《设区市政府履行教育职责考评指标》。

《设区市政府履行教育职责考评指标》包含党的领导、依法治教、教育发展和教育保障 4 个一级指标，下设 22 个二级指标和 60 个观察点。其中，聚焦热点难点化解是评价指标设计的重要关注内容。首先，专门设计“热点难点解决”二级指标，考察各地推动解决当前教育热点难点问题举措，主要包括师德师风、招生入学、控辍保学、教师轮岗交流、推进高考改革、规范校外培训、减轻教师负担等方面情况。其次，设置“教育改革创新”二级指标，对各地化解当前教育热点难点进行正向激励，鼓励设区市政府在教育改革创新方面所取得的重大进展或突破性成果。最后，设置“考评整改落实”二级指标，关注各地热点难点存在问题整改落实。

另外，苏州实施联动多元评价机制，进一步完善了对设区市考评机制。一是建立了“五位一体”的评价机制，评价参照江苏省教育现代化监测、省义务教育学校标准化监测、省教育事业统计年报、第三方机构监测、省有关部门提供数据材料，不再单纯依据市县报送材料。二是建立正负面评价机制，实行正面与负面评价相结合的方法，按照达到国家和省有关标准程度进行赋分，同时建立负面清单制度，对出现的负面问题给予扣分。三是建立上下联动评价机制。明确要求市级政府加强对县级政府考评力度；并将考评结果报送省政府教育督导委员会办公室，形成了一级督一级的联动考评机制。

① 中国教育督导. 广西壮族自治区：创新市县政府履行教育职责评价机制［EB/OL］.（2020－08－03）［2022－06－15］. https://mp.weixin.qq.com/s/w2S4x8QkGkRwwhvDPv2N－A.

第三节
评价实施

一、目标

通过对各级政府履行教育职责情况的评价，构建顶层有设计、责任有分工、规划有落实、进展有督查、奖惩有通报的监管体系，推动各级人民政府提高履行教育职责的积极性、主动性，为各级各类教育添动力、谋发展、求突破，努力形成布局结构更加合理、治理能力更加优化、办学行为更加规范、人民群众更加满意的新局面，为加快实现教育现代化、建设教育强国保驾护航。

二、总体要求

以习近平新时代中国特色社会主义思想为指导，全面贯彻党的十九大精神，全面落实依法治教、依法治校要求，始终坚持以提高教育教学质量为中心，遵循依法依规、突出重点、客观公正、注重实效的原则，充分发挥教育督导的“利剑”作用，把对政府履行教育职责评价工作作为提高地方各级政府教育公共服务能力、提高各级各类学校教育教学质量、加强教育监管的重要举措，以评价推动各级人民政府及相关职能部门切实履行教育职责，切实提高教育治理能力和治理体系的现代化水平，着力促进教育公平、提高教育质量，不断提高人民群众教育获得感。

（一）依法依规

评价工作严格依据《中华人民共和国教育法》等教育法律法规的规定，按照《教育督导条例》及《国务院办公厅关于印发对省级人民政府履行教育职责的评价办法的通知》等相关政策文件的要求组织开展。

（二）突出重点

以各级政府及有关部门领导、管理、保障、推进本区域教育改革发展稳定有关工作为评价重点，聚焦习近平教育思想的贯彻落实，聚焦党中央、国务院重大教育决策的贯彻落实，聚焦重大教育项目的实施推进，聚焦各级各类教育的突破性进展，聚焦年度教育工作要点的落实。

（三）客观公正

评价工作引入第三方专业评估机构参与，引入社会监督，充分考虑东中西部地区差异的实际情况，确保评价结果的客观性、可信度和公信力。评价指标力求全面系统，评价结果力求实事求是，评价过程力求客观公正，奖惩问责力求有据可依、合法合规。

（四）注重实效

评价工作不影响评价对象正常工作，不流于形式，注重问题导向和目标导向，注重结果运用，重在发现问题、分析问题、解决问题，推动各级政府及有关部门客观掌握情况，有针对性整改，科学决策，更好地履行教育职责。

三、程序

对省级政府履行教育职责评价工作由国务院教育督导委员会统筹领导，国务院教育督导委员会办公室组织实施，每年开展一次。评价工作的程序主要包括印发通知、自查自评、第三方监测、实地检查、反馈意见、整改复查、发布报告等环节。评价工作根据国家教育事业发展的总体目标、当年重点任务和存在的突出问题，制定年度评价工作重点、实施细则。参照省级人民政府，对县（市、区）政府履行教育职责评价工作由市（地）政府（行署）结合本行政区域实际组织实施。

（一）印发通知

国务院教育督导委员会办公室组织专家根据教育事业发展的长远目标和阶段性目标、重点任务和存在的突出问题及评价办法，在广泛征求各省（区、市）及教育部相关部门意见的基础上，研究制定年度评价工作实施方案，以书面通知形式印发各省（区、市）。

（二）自查自评

各省（区、市）按照通知要求，围绕指标体系，对上一年度履行教育职责、促进教育改革与发展情况进行自查自评，形成自评报告，在当地政府门户网站公示后，报国务院教育督导委员会办公室。自评报告应包括自查情况、工作成效、经验做法、存在问题及改进措施，并附相关佐证材料。自评报告遵循实事求是、客观准确、数据翔实、突出重点的原则来进行撰写，着重问题与改进措施部分。

（三）监测评估

第三方专业机构受国务院教育督导委员会办公室委托，制定科学的评估监测方案，建立信息化监测工作平台，根据评价指标，利用国家统计数据和调查获得的系统数据，对省级人民政府履行教育职责情况进行监测评估，并面向社会、教师和学生开展满意度调查，了解社会公众对有关教育政策措施的评价，获取问题线索。在规定时间之前形成年度监测报告。

采取购买服务的方式引入第三方专业机构有两个重要原因。一方面，第三方专业机构有其人力资源和技术优势，可以将教育事业数据监测和社会公众教育满意度调查等工作内容更加专业地完成。另一方面，第三方专业机构具有非政府的、独立的性质，使得督导评价的主体更为多元化。由第三方专业机构独立实施社会公众教育满意度调查，独立统计调查结果，能够运用其组织实施和统计分析方面的专业优势，得到客观真实的调查结果。

满意度调查是政府履行教育职责评价工作中的重要内容。首先，从经济学的角度来看，履行教育职责属于政府的法定工作，具有非竞争性，资金来源于公共财政，所以社会公众是评价其履职情况的主人。正如艾蒙斯（Ammons）曾说："通过评价，政府可以获得市民的信任，市民也会觉得他们在缴税后得到了合理的回报。"其次，将公众满意度作为指标纳入政府履行教育职责评价体系体现了民主价值，因为由公众做出评价是衡量政府履行教育职责行为合法性、合理性、合情性的不可忽视的标准。

（四）实地检查

综合考虑各地自查、监测评估、信访举报、地域分布等因素，抽取7～8个省份开展实地督查。国务院教育督导委员会办公室将组建若干督查组，每个组负责督查一个省份，由副省级领导带队。督查组将进驻受检省份，每个省份10～12天。实地抽查既要督查共性问题，又要体现针对性，重点督查受检省份存在的突出问题。督查方式包括听取省级人民政府及有关部门工作汇报、座谈听取意见、调阅文件资料、核查有关数据信息、走访社区、暗访、问卷调查等。督查结束后，形成实地督查报告，报送国务院教育督导委员会领导及各成员单位负责同志。

（五）反馈意见

检查组根据省级人民政府自评、第三方专业机构监测评估和实地检查情况，总结受检省份履行教育职责情况，特别要列出问题清单，形成评价报告，向受检的省（区、市）反馈评价意见和建议。国务院教育督导委员会办公室采取"一对一"方式向受检省份反馈评价意见。

（六）整改复查

受检省（区、市）按照国家督导检查的问题清单和反馈意见制定整改方案，提出整改措施和时限，明确责任部门，落实整改责任。责任部门要及时采取措施整改，省级人民政府教育督导部门负责跟踪督办其整改落实情况。整改完成后要形成整改报告，在本行政区域内公开，并在规定的时间内以省级人民政府办公厅的名义报送国务院教育督导委员会办公室。国务院教育督导委员会办公室将视各地整改情况组织复查。国务院教育督导委员会办公室视受检省份整改情况组织“回头看”，重点督查整改落实到位情况。

（七）发布报告

第三方专业评估机构组织专家委员会，综合省级自评、监测评估、实地检查、整改复查等情况，形成国家评价年度总报告、分省报告（含问题清单）及整改问责建议。国务院教育督导委员会对专家委员会的评价结论进行审议后，正式发布评价报告及评价结论。对评价结论存在异议的，须在收到评价意见之日起5个工作日内，向国务院教育督导委员会办公室提出申辩意见。

四、方法

（一）定性评价与定量评价相结合

定性评价重点评价各级政府前一年履行教育职责中建立制度、出台措施及工作成效，同时兼顾当年落实党中央、国务院新政策新部署新要求及上一轮评价的整改落实情况。

定量评价重点评价各级政府统筹推进本行政区域内各级各类教育发展的具体目标实现情况。对政府履行教育职责有关数据信息进行统计分析，精准掌握教育事业发展情况，注重从量上分析和发现问题。

在进行定量评价时，需要多方听取意见建议，注重了解师生和群众的实际感受，对问题性质及严重程度进行研判。信息技术手段为我们收集和挖掘数据提供了便利，但是要防止落入技术的陷阱，尽力克服“唯数据、唯量化”倾向。归根结底，数据和量化只是提供了一种事实判断。特别是对于一个县级行政单位教育工作的评价，不能仅仅观测经费投入、入学率、巩固率、合格率、普职比、学科成绩、差异系数等面上的数据，更要关注县级党政领导班子、教育部门领导班子、有关职能部门和乡镇主要领导对于教育工作的情感、态度、价值观和工作思路，关注学校里和教育系统每天发生的小故事，关注学校的课程实施和校园文化建设，关注教师的归属感、精神面貌和职业体验，关注学生和家长的安全感、获得感、幸福感。

（二）发展性评价与结果性评价相结合

发展性评价是指充分考虑各地发展水平上的差异，着重评价各级政府履行教育职责的努力程度，量化指标重点跟前一年的变化进行评价，不做省域间的比较评价。结果性评价是指在短时间内对某个单位长时间的工作进行结果评价或等级判定。

若只重视结果评价，不重视过程，缺乏对评价前的过程监控、信息收集和评价后的跟踪复查，那么整个评价工作的各个节点都是零散的、独立的、脱节的。以对县级政府履行教育职责评价为例，如果一个县的教育基础很好，工作推进力度也比较大，总是能够获得优秀等次；如果一个县的教育基础薄弱，工作推进滞后，感觉优秀无望，只追求“躺平”，达到合格的标准即可，这样就无法起到“以评估促发展”的目的。因此，对各级政府履行教育职责的评价应该坚持发展性评价与结果性评价相结合，建立完整的评价工作链条。

（三）正面引导与问题导向相结合

正面引导是指进行评价工作时要挖掘各级政府在履行教育职责过程中的好做法和典型经验并加以推广。问题导向是指进行评价工作时重点查找各级政府履行教育职责中存在的问题和不足，提出整改要求和问责建议，切实把评价结果作为对地方人民政府及有关部门和领导干部考核、奖惩以及教育系统内省级教育资源配置的重要依据。

（四）明查与暗访相结合

明查是指在各省级政府门户网站开设留言板平台，面向社会公开征集人民对本地政府履行教育职责方面存在的问题线索和意见建议。暗访是指采取“四不两直”（不发通知、不打招呼、不听汇报、不用陪同接待、直奔基层、直插现场）方式，精准查准问题，推动问题解决，回应群众反映。督查组在开展评价工作时要走访师生、社区和群众，开展形式多样的暗访，广泛了解情况，掌握第一手信息。

（五）线上与线下相结合

以对省级政府履行教育职责评价为例，线上是指线上“互联网＋督查”，国务院教育督导委员会办公室组织开发了对省级人民政府履行教育职责评价工作系统，各地自评报告通过线上报送，同时，委托第三方进行线上监测评估、组织专家进行线上评审，通过网络平台广泛征求意见。线下是指选优配强实地督查组，随机赴有关省（自治区、直辖市）实地抽查。

五、结果运用

对省级政府而言，评价报告是评价结果的呈现形式，也对省级人民政府及其有关部门领导班子和领导干部进行考核、奖惩以及教育系统内省级教育资源配置的重要依据。对教育职责履行到位、工作成效显著的地方政府及相关部门，以适当方式予以表彰。根据评价中反映出的受检省份履行教育职责不到位、整改不力、出现重大及以上教育安全事故、有弄虚作假行为等情况，国务院教育督导委员会将按照国务院有关规定，采取适当形式对有关责任人进行约谈、通报批评，情节严重的提出处分建议。

对于市（县）级政府而言，评价结果根据各地的实际情况一般采用等级制评分进行呈现。各地根据制定的评价标准对市（县）级政府履行教育职责情况进行打分，根据总分评为优秀、良好、合格、不合格四个等级。评价得分 90 分以上为优秀，75 分以上 90 分以下为良好，60 分以上 75 分以下为合格，60 分以下为不合格。对评价结果优秀的地级以上市、县（市、区）人民政府，予以通报表扬；评价结果不合格的地级以上市、县（市、区）人民政府要向省政府教育督导委员会做出书面说明，并提出整改方案，明确整改措施和时限。最后省政府教育督导室组织对整改落实情况进行复查。与省级政府评价类似，对市（县）级政府履行教育职责的评价结果也将作为对各地政府及其有关部门领导班子和领导干部进行考核、奖惩的重要依据。

六、 特点

综上所述，我国已经基本建立起了以自查自评为基础、随机抽查为主导、第三方参与的评价机制。对政府履行教育职责评价呈现出评价内容更加全面、政府责任更加明确、评价程序更加规范、评价结果更加注重实效的特点。

（一）评价内容全面

评价内容不仅包括常规工作，还针对每年重点工作进行评价。无论是省级还是市、县级政府履行教育职责评价，评价内容都始终坚持常规工作稳步推进的原则，每年还聚焦于重点工作，结合实际制定评价指标，对学前教育、义务教育大班额化解、教师待遇保障、“双减”、规范民办义务教育发展、普通高中新课程改革、学前教育普及普惠等重点工作进行重点督导，推动政府履职评价内容更加全面的同时，也更有精度。

（二）政府责任明确

对省级人民政府履行教育职责情况的评价每年开展一次，市、县级政府也逐步开始推广每年开展一次。依据政府依法承载的教育职责，合理设计了科学的评价指标体系，以监测评价政府的履职成效，起到总结成绩、发现问题的重要作用。评价指标体系是政府教育责任的具体化，有利于明确政府发展教育的方向与推进整改工作的重点，也为形成教育现代化政府履职推动机制与激励机制提供支持与依据。

（三）评价程序规范

评价工作的程序和规范直接关乎评价工作的成效。对政府履行教育职责的评价工作坚持依法依规、突出重点、客观公正、注重实效的原则，按照印发通知、自查自评、第三方监测、实地督导、反馈意见、整改复查、发布报告等程序进行，遵循了《教育督导条例》等相关规定的基本规范和程序，体现了评价的权威性和严肃性。另外，自查自评环节有利于引导政府建立常态化的自我监测和评估机制，充分发挥政府的主体作用。引进第三方监测有利于增强评价结果的公信力和说服力。

（四）评价结果注重实效

评价结果作为对政府及有关部门领导班子和领导干部进行考核、奖惩的依据。这样的制度安排，问责对象、问责方式都非常明确，有利于提高对政府履行教育职责评价的实效性，也有利于推动政府不断改进自身工作。此外，评价结果也能让教育领域的问题及时被披露，尽快被解决，这有助于最终实现教育公平、提升教育质量的目的。

问题思考

1. 简述政府履行教育职责评价的含义。
2. 简述开展政府履行教育职责评价的意义。
3. 简述对省级政府履行教育职责评价的内容。
4. 简述政府履行教育职责评价的方法。
5. 简述我国开展对政府履行教育职责评价的特点。

第六章
学校评价

学习目标

了解：学校评价概述；学校评价的基本含义；学校管理评价；不同类型学校评价的内容。

理解：学校评价的内容；学校评价的标准和价值取向；学校文化和办学条件评价；学校评价的主体和程序。

掌握：学校评价的目的和意义；学校师资水平评价；学校评价的方法。

学习概要

学校评价是教育评价的重要组成部分，本章首先介绍了学校评价的目的、意义、内容、标准和价值取向，其次对现代中小学学校评价的要素进行了详尽的分析，再次通过对学校评价的主体、程序和方法的具体内容有了大致的了解，最后对最新文件《深化新时代教育评价改革总体方案》中规定的不同类型学校评价的内容展开了描述，从而了解学校评价的全貌。

第一节
学校评价概述

一、学校评价的基本含义

在我国，无论是教育理论专家还是实践工作者，对于中小学学校评价的概念界定及其评价范围等都还没有形成统一的认识。有人认为学校评价是指评价人根据一定的标准，采用一定的评价方法，对学校的一项或多项工作的显在和潜在价值进行判断，以便调整和控制学校工作的活动；也有人认为学校评价就是运用现代教育评价的理论和方法，对学校管理工作进行全面的、科学的、客观的评价。[①] 本章学校评价则是从一般意义上界定的，指对学校的办学条件、办学水平、办学质量等方面进行评价，旨在为学校办学提供指导，提高人才的培养质量。此外，我们在查阅有关学校评价的文献资料时发现，一部分文献从教育评价的角度对学校评价做简单的概述，另一部分文献从学校管理工作评价的角度进行阐述，而形成系统的发展性学校评价的研究却很少。本章试图在传统的学校评价和现代学校评价的内容、方法、标准等各个方面的对比分析中探讨完善和改进中小学学校评价的途径。

二、 学校评价的目的

学校评价的目的极其重要，它对于我们如何评价学校、从哪些方面评价、评价什么都有着重大的影响。在我国评价理论界，对于学校评价目的的认识始终是有争议的，但一般认为学校评价的根本目的在于提高学校的办学质量，引导学校的办学方向，促进学生、教师和学校的健康发展。从现代教育评价的角度来看评价的目的，一般认为，教育评估的本质是价值判断。但是，以教育工作达到教育目标和标准的程度为准绳做出的价值判断本身不是目的。这就涉及教育评价的目的问题。我国学者陈玉琨在他的《中国教育评论》中对教育评价的目的做了这样的总结："所谓教育评价的目的，就是人们在开展教育评价之前，所设想和规定的教育评价活动所欲达到的效果和结果。"具体到学校评价来说，学校评价的目的从评价的结果来看可以分为两类。

第一，改进学校管理，充分发挥学校效能。学校评价的目的是从不同角度考察自己学校的实际情况，获得能改进学校管理工作的客观依据。这是从学校综合管理的立场出发，研究管理工作的有效性如何，从而明确管理中有效的方面和需要改善的方面，并力求进行适时的调整和有效的管理，以发挥学校管理的效能，促进学校的发展。

第二，判断学校工作的好坏，评定学校的优劣。在我国，以这一目的为导向的学校评价长期以来占据着主流地位，这种评价目的是为了通过区分学校的优劣来树立榜样，表彰先进，促进学校与学校之间开展竞赛活动，互相学习，互相促进，共同提高。这种以目的为导向的评价带来的另一方面的影响就是划分学校层次，片面地看重"好学校""重点学校""名校"等，而忽视了普通中小学的教学质量和学校发展的问题。

依据这两种评价目的，学校评价应该以改进学校管理，充分发挥学校效能为主，但事实上人们一提到学校评价就往往把它理解为是评价学校本身的好坏，其实学校

---

① 张玉田. 学校教育评价［M］. 北京：中央民族大学出版社，2003.

评价不止这一个方面。如果学校评价只是为了区分学校的好坏，而不是用于改进工作，不能使管理者及时发现工作中出现的问题，并及时进行调整，那么评价本身也就没有其实施的实际意义了。以上两个方面的目的是就整体而言的，但实际上学校是一个多因素组成的整体，学校内部的人员组成上就有学校领导、教师、后勤人员和学生等，评价对于不同的人来说，目的也有所不同。所以有必要对评价的一般目的做探讨。

1. 指导目的

学校工作设计者和指导者必须使整个管理工作都能够促进既定目标的实现，这就需要教育者和领导者利用评价的反馈机能，根据获取的信息改善和调整工作计划，从而对整个教育过程发挥更加有效的指导作用。

2. 激励目的

教育评价具有激发行为动机、调动积极性的功能。评价可使被评价者看到自己的成绩，找出不足，激发起改进和提高的内在需要与动机，增强信心，努力改进工作和学习，从而达到提高教育质量的目的。

3. 调控目的

在评价过程中运用反馈的原理，将评价信息及时反馈给被评价者，达到及时强化正确的教育行为，及时调整、矫正不当的教育行为的目的，从而使教育过程不断地得到优化。

4. 管理目的

评价的管理目的在现实中是极为重要的。这种评价的目的是对不同的人进行合理的分配和使用，实行科学的管理。比如管理者对每个教师的评价，一方面是为了对他们进行有效的指导，另一方面是为了在管理过程中能够根据每个人的能力和个性，分配最适当的工作以及有计划、有针对性地培养和提高每个教师的能力。

三、 学校评价的意义

在教育界，评价的意义这个词最早出现在 20 世纪 30 年代，当时教育测量在教育界的应用变得广泛了，人们开始探索：教育测量不但对容易测量的知识面的评价是重要的，而且对一些难以测量的内容，例如，人格、态度、效果等的评价也是重要的。在著名的“八年研究”中，以史密斯与泰勒为首的教育工作者认为教育评价是了解教育目标的实现程度的手段，他们提出了以下的想法：①教育是求得改变人们行为方式的过程。②学校以试图改变人们行为方式为教育目标。③教育计划是希望在学生的行为中引起某些表达，评价则是为了重新观察在实际过程中这些学生在发生着何种程度的变化。①

在当时的教育工作者的研究中，对于教育评价的意义大多都是从学校教学评价的意义，或者是从教师评价和学生评价的意义的角度进行研究的，而对于学校评价的意义研究甚少。学校教学评价意义的研究对学校评价意义的研究产生了很大的影响，在我国，学校评价对我国教育的发展意义主要有以下几个方面。

（一）是现代学校教育发展的客观要求，也是我国基础教育改革的迫切需要

随着现代学校教育理论和实践的发展，对学校评价的科学性的要求更为紧迫，如何对学校进行评价、评价什么、评价的标准为何等对促进学校教育的发展有着重要的意义。自1999年以来，我国基础教育改革启动以后，随着中小学教育的改革，中小学学校的评价改革也被提上议事日程，而学校评价的发展同样也推动了基础教育改革的进程。近些年来，我国基础教育改革的核心问题是，如何真正实现中小学由传统的应试教育转向全面实施素质教育的轨道，而学校是实施素质教育的载体，观念更新、课程改革、考试评价改革等都只有通过学校真正将其转化为学校的内在追求，才能得到贯彻落实。所以，学校评价在深化教育改革、全面推进素质教育中，具有非常重要的作用。

（二）对学校教育起着重要的定向引导作用

科学合理的学校评价活动，可以有效地保证学校教育自觉地控制自己的办学方向，主动纠正偏离教育目标、违背教育规律的做法，使之每前进一步都朝着既定的目标靠近，同时学校评价还可以帮助学校教育工作者对学校的教育目标、教育过程以及教育方法和效果进行自我分析与判断，发现偏差，分析原因，落实措施，从而使好的方面得以强化和发扬光大，使偏差行为得到有效的抑制和矫正调整，逐步达到整体最优化。另外，通过学校评价过程中的区别比较，有利于开展友好竞争，鼓励各个学校、各个科组、各门课程办出特色。这样可以使每个学校都能在竞争中不断提高自己的办学水平，升格晋级，逐步形成求竞争、求生存、求发展、求提高的办学理念。

（三）可以促进学校领导和教职员工的发展

正确的、有效的学校评价可以帮助中小学领导树立正确的管理理念，在压力和动力下提高学校领导的管理能力，促进其成长；学校评价可以帮助教师树立正确的教育观念，提高教师的教育、教学理论水平和业务素质，提高其工作积极性；学校

① 瞿葆奎．教育评价［M］．北京：人民教育出版社，1989．

评价可以促进学生德、智、体、美、劳等诸方面全面和谐地发展；学校评价具有对教育改革信息进行反馈的功能，即能通过评价使决策者洞察到改革的情况变化，掌握在一定时期内改革的方向、发展趋势和倾向，以便对改革做出正确的调整，保证学校教育改革活动沿着科学的轨道发展前进。

（四）有利于调动社会各方面的力量关心学校教育

学校与社会是紧密相连的，社会对学校具有多方面的制约作用，学校对社会也同样具有不可忽视的影响力。学校评价一方面可以扩大社会各方面对学校的了解，使社会各界进一步了解学校的作用，从而向学校提供物力或人力等方面的大力支持；另一方面可以确立正确的学校评价标准，使学校工作经常处于社会的监督之下，促进学校工作的不断改进和提高。然而，我国以往的学校评价主体往往比较单一，一般由上级教育行政部门对学校进行评价，完全忽略了社区、社会对学校的评价。从不同的主体出发对学校进行评价是加强学校与社会联系的重要渠道，也是促进学校评价科学公正的有效途径。

四、学校评价的内容

学校评价的内容是广泛的，学校的工作事项涉及校内和校外，校内又有人、物、管理等复杂的系统，所以学校评价的内容向来也是很复杂的。传统的学校评价关注的是学校的教学质量，所以其评价的内容也主要指向教学评价，是对学校教学的综合性评价。我国目前已有较为完善的教学质量评估体系，主要包括师资水平、办学条件、学生质量、教学活动、教学管理等方面。学校评价的内容也可以指综合评价，主要包括三部分内容：一是办学方向和工作水平。它是指学校要有明确可行的办学方向，工作水平除了包括师资水平外，还要注重领导干部的自身建设和加强各项工作的管理。二是办学质量与特色。在保证培养学生质量的基础上发展自身的优势，显示特色。三是办学条件与效益。办学条件是指各项软硬件设施，效益是指投入与产出之间的比例关系。

相对于传统学校评价来说，现代学校评价的内容相对要丰富一些、系统一些，综合国内的教育评价专家的研究主要可归纳为以下几个方面。

（一）学校的发展目标

学校的发展目标主要包括学校的办学目标和培养目标两个方面。办学目标是指学校预期在将来多久的时间内发展成为一所什么样的学校，其中最重要的内容就是学校的办学特色；培养目标则是在党和国家的教育方针和法律规定的前提下，学校希望将本校学生培养成什么样的人，取得什么样的成果。

我们在以发展目标为学校的评价内容进行评价时要注意：评价一所学校的办学目标和培养目标是否适当、合理，要依据社会的客观需要、学校发展的客观水平、学校办学的客观条件和教育活动的客观规律这四个方面的客观因素进行客观公正的评价。

（二）学校的发展能力

学校的发展能力包括师资队伍的建设、校本培训的能力、争取社会支持的能力、教科研的氛围与能力、校本课程开发和建设的能力、人才培养的模式和校园文化的建设等方面。这些都属于显在的和潜在的能推动学校发展的因素，所以它们的发展能力就是学校的发展能力，学校的发展能力是学校评价的一项重要内容。

（三）学校发展的自我保障机制

在我国，随着校本管理理论的逐渐深化应用，学校自主权的不断扩大，学校内部必须建立相应的自我约束机制，以保证学校各种自主权不会被滥用，使学校的各种资源真正得到充分有效的利用，使各种教育教学活动能保质保量地完成。这种自我约束机制的建立和实行是保障学校长远发展的重要内容之一。

（四）学校的发展成效

学校的发展成效即学校的办学效果，它集中表现为学生群体的发展水平和学校办学目标的达成度，简单地说，一所学校办得好坏最终考察的是其办学效果。这种评价内容主要表现为学校的综合实力，集中反映为学校的社会形象，可以通过学校社会声誉调查等方法来评价。

五、学校评价的标准

所谓学校评价，简单地说就是何为好学校，何为坏学校。那么，如何来评定区分呢？这就涉及学校评价的标准的问题。中国有句古话："仁者见仁，智者见智。"这就是说，对同一种事物，不同的人给予的看法与评价是不同的。对学校评价标准的看法也是如此。那么，评价学校的标准是什么呢？有人说是学生的成绩，有人说是学校的名气，还有人说是学生的综合素质，等等。现存的对学校评价的标准主要可以分为两类：一类是以学校升学率的结果对学校进行好坏区分；另一类认为评价学校不能只看结果，还要注重过程，即以学生的发展为标准。

（一）以升学率为标准进行学校评价

以升学率为标准对学校的好坏进行评价在我国长期以来都占据着主导地位，即使是在基础教育改革开展得如火如荼的今天，以升学率为标准的学校评价依然搞得有声有色。这不禁会让人认为升学率就是评价学校的标准。在学生及家长看来，一所好学校之所以好，就在于这所学校里的学生能学好，能学有所成，毕业时能顺利地升入同样有较好名气的高一等级的学校。换句话说，学好和升学在某种意义上是同义语，是评价一所学校优秀的首要指标。在老百姓看来，如果没有良好的升学率，校园环境搞得再好，校长的管理方法再先进，老师的能力再强，都是没有用的，他们还是会以更高的成本和代价送孩子去“好学校”“名学校”。从这种意义上来说，升学率的确是评价学校的唯一标准了，然而从教育评价专家的研究中可以发现，学校评价的指标体系是非常复杂的，它是由不同层次、不同目的的指标组成的一个非常庞大的体系。但是，现代教育评价体系不论多么全面而又纷繁复杂，其核心指标依然还是学校的教育教学质量，即学生能否学好、能否升学直至满意就业。它是“评价一所学校办学水平的极为重要的指标”。十余年来，我们有些地方教育部门出台的某些教改措施或政策，虽然说得振振有词，表面上也搞得轰轰烈烈，但是由于社会选拔人才的方式并没有发生变化，所以学生和家长甚至学校都还是一味地追求升学率，评价学校的标准也没有发生根本改变。

（二）以发展过程为标准进行学校评价

持这种观点的学者在基础教育改革逐步深化的今天也占有很大的比例。他们认为升学率是造成当今中国“应试教育”如此泛滥的直接原因，是由与教育方针不配套的教育评价制度，特别是不合理的高校招生制度造成的。国家的教育方针是要德、智、体、美、劳全面发展，而现在高校录取学生的唯一标准是一次文化考试的分数，评价学校好坏的唯一标准是升学率。许多家长虽然也看到了“应试教育”对孩子的摧残，也比谁都心疼自己的孩子，但现在是考试分数决定着孩子的命运，家长们也只有逼着孩子去追求这个分数，并且还要逼迫学校去追求升学率。许多学校的校长也明白应试教育带来的弊端，但是因为社会要升学率，上级要升学率，家长要升学率，在这种环境下学校如果没有较高的升学率，是很难生存的，所以学校只好拼命地去追求升学率。

这种只追求升学率的评价标准忽略了一个问题，如果一个学校输入的学生本来的水平很差，而输出的学生相对水平得到了很大的提高，那么这样的学校算不算“好学校”呢？反之，如果一所学校输入的学生本来就是层次比较高的学生，那么输出的如果也是水平很高的学生也就没有争议了，但是，如果输出的学生的相对能力水平下降了，那么这所学校还是“好学校”吗？所以，持这种观点的人认为，培养出好学生的学校未必就是“好学校”，评价学校质量好坏的标准不在于是否培养出了好学生，而在于它是否把不好的学生变成了好学生。这样的标准就意味着评价一所学校的好坏，不仅要看它的升学率有多高，升入重点大学的学生有几名，还要看输入给它的生源质量怎么样。现行的评价考试制度已经成为推进素质教育的瓶颈。教育部发布的新的评价与考试改革方案规定，考分和名次不再是衡量学生的唯一标准，升学率不能成为评价学校的唯一标准，要注重对学生的发展过程的评价，例如成长记录袋等评价方式将成为中考、高考招生择优录取的重要参考之一。

（三）中小学学校评价的指标

随着我国基础教育改革的开展，升学率虽然不再是评价学校的唯一标准，但是对于中小学校评价的标准的争议仍然没有停止，教育界依然没有达成一致的看法。但无论以何种标准进行中小学校评价都要遵循一些基本的评价指标，只有这样才能真正地发挥中小学校评价的作用。在这一方面，教育部门的研究人员在理论和实践上都取得了一定的经验，例如明确评价指标包括如下几个方面的内容。

1. 基础性指标

就是对学校常规工作的标准要求，也是学校必须做到的规范性工作，这是评价的主体，也是评价的重要指标，例如对学校管理、师资队伍建设、教育教学工作等的评价。这部分指标体现了办学的基础需要和基本要求，是实施素质教育的必要保障，通过规范性的评价，来判定这所学校是否合格，是否按教育规律办事，是否依法办学。

2. 发展性指标

是根据学校教育发展不平衡的现实，在实行基本水平评价的基础上实行年度发展评价，形成基础与发展两条线的评价制度。具体分为两个层面设置：一是必选指标，根据教育行政部门制定的年度工作要点，确定一两个统一要求必须发展的项目作为必选指标，以保证区域教育发展方向的协调一致性。二是自选指标，目的在于给学校自主发展的空间自主权，主要体现在设施建设和学校管理方面，把这些内容分别列出菜单，提供给学校自主选择。

3. 学校特色发展指标

该指标的设置是为了促使学校在达到常规要求的基础上，立足自身发展实际，借助某一方面的传统和优势，以全面实施素质教育、坚持教育创新为宗旨，以个性特色为切入点和发展的增长点，积极探索，厚积薄发，逐步形成自己独特的、优化的、稳定的教育特征、风格和校园文化，引导和促进学校不断向更高境界发展攀升。

4. 教育效益指标

把市场经济的一般规律引入教育，按照教育投入与教育产出之间的比值来评价学校。这部分指标既有体现面向全体、促进全面发展的质量评价（如普及程度及德、智、体、美、劳质量指标），也有体现和促进学生主动发展、衡量学生张扬个性的个性化评价（如学生个性特长发展）。这部分指标可以对学校实施素质教育的整体质量和效益状况进行全面衡量。

六、学校评价的价值取向

教育评价中的价值取向问题是教育评价研究中的基本问题，它是任何一个教育评价研究者都无法回避的问题。研究教育评价的价值取向首先要清楚什么是教育价值取向。因为评价是教育价值取向的具体体现，教育价值取向对于教育评价的目的、标准和所选择的方式、方法等都起着导向的作用。因而，确立正确的教育价值取向对教育评价是至关重要的。教育价值取向是人们依据某种价值观，根据自身需要，对教育活动做出选择和判断时所持的一种倾向性。反思我国的教育价值取向，曾经表现出一种片面的和急功近利的特点，在教育价值关系上忽视甚至否认受教育者的主体地位，过分追求教育的外在价值，忽略了其内在价值的实现。受此影响，我国的教育评价价值取向曾一度强调为社会服务，忽略了学校作为评价的主体的作用，导致我国的教育评价行政化色彩强烈，出现评价指标统一化、评价内容行为化、评价实施指令化等弊端。在我国基础教育中，为了避免和克服传统学校评价价值取向的错误引导，学校评价的价值取向要注意以下几点。

（一）关注评价主体的需要

教育评价的主体是多元的，在传统的教育评价的价值取向中，学校评价基本上侧重于行政部门对学校的评价，而学校本身对自己的评价基本上被排斥在外。同样在学校范围内，教师作为被评价的主体，也是被排斥在外的，学生是学习的主体，教学工作的好坏、学校的各种措施是否恰当、学校领导的办事能力和作风如何等，学生都有评价权，家长也有评价权，因此，他们也是教育评价的主体，他们既要评价别人和各种教育活动，也要评价自己，实行自我评价；学校领导班子的成员，是全校教育工作的领导者和管理者，他有权根据国家的教育方针政策和上级教育行政部门的要求，对全校的教育工作进行评价，他们也是评价的主体。无论是学校、学校的教职员工，还是学生、家长，作为评价者都是评价体系中不可缺少的一个重要组成部分。要发挥评价的教育功能，就必须通过评价来使评价主体参与其中。我们知道，教育评价不应仅仅对客观的教育现象做出判断，而且要主体本身及其需要进行分析，并在此基础上进行评价，所以学校评价的价值取向要关注评价主体自我评价的需要。

（二）注重评价的发展性

基础教育新课程改革倡导发展性评价，突出评价促进发展的功能。发展性评价的关键是要求教师用发展性的眼光看待每一个学生，学校用发展性的眼光看待每一名教师，教育行政机关用发展性的眼光看待每一所学校。发展性评价的核心是重过程，它强调给评价对象多次评价的机会，重视对象在过程中的转变，在形成终结性评价之前，评价主体会对评价对象进行指导帮助，并给予评价对象再次改正、修正的机会，在评价中始终强调静态和动态、科学和人文以及整体性和综合性。以发展性为导向的价值取向才能使评价主体以发展性的思维来促进学校的进步。

（三）重视评价的激励作用

一位著名教育家曾说过："教育的奥秘不在传授，而在激励、唤起和鼓舞。"课堂上学生有了兴趣，才有交流的动机；有了兴趣，思维才会活跃。培养兴趣的重要途径就是"激励"。激励的作用在管理学上应用非常广泛，因为在人的深层需要中都有渴望被别人赏识的愿望。对于教师来讲，激励性的评价要求教师在教学中充分调动自己的情感因素，把每个学生当成自己的朋友，在对学生的表现进行评价时，多用鼓励少用批评，尽可能地寻找学生身上的闪光点；对于学校来讲，要充分重视评价的激励性对学校教职员工的影响，发挥评价的激励作用，调动员工的工作积极性，避免评价的消极影响。

（四）关注评价的文化性

校园文化是一种重要的亚文化形态，是在一定社会文化大背景下学校内激励、影响和制约师生活动的具有文化内涵的校园环境，是学校在办学过程中形成并为全体师生所认同的群体意识、群体行为的总和，是学校历史积淀、办学特色、校风教风学风的具体体现。它不仅能反映出一定社会发展阶段总体物质及精神文明水平，而且人们往往能从学校在社会发展中的总体地位及功能实现的全面性方面判断出社会发展的健康状况及文明程度。但是目前的情况却有些令人失望，很多学校都没有符合自身特色的校园文化，甚至是根本就没有建设校园文化，自然，学校评价中也没有关注到文化性，由此导致的后果就是忽略学校文化建设工作。一个学校的长效运行机制的产生与确保，必须借助于这个学校的强大的文化背景，而这个文化背景只能是这个学校所特有的。

第二节
学校评价的要素

我国自20世纪80年代以来，随着教育评价的发展，无论是在理论研究还是在实践探索方面都取得了辉煌的成就，初步形成了具有中国特色的学校评价体系，对规范教育行为、调动办学积极性等方面都起到了积极的作用。但是，正如在本章第一节中所述，随着教育价值观念的变化和基础教育改革的发展，目前中小学学校评价中存在的误区便显现出来。我们在对中小学校进行评价时应该同时思考如何改进评价，进而探索如何提高学校质量，不能“为评而评”，不能以评价本身为目的，而要以促进学校的发展为目的。在本节中将着重对现代中小学校评价的几个重要的因素进行论述，进而探讨改进学校评价、提高学校质量、促进学校发展的策略。

一、 学校管理评价

（一）学校管理评价的主要内容

学校管理一般是指根据一定的教育目标，通过决策、计划、组织、指导和控制，有效地利用教育的各种要素，以实现培育人的学校管理活动。现代学校管理是一种系统管理，管理者应该把对象作为一个动态的系统，以整体优化的观点协调各基本要素之间的关系，使之向共同的管理目标逼近，其中包括人、财、物、信息和工作等要素的整合优化。具体来说，学校管理可以分为教师管理、学生管理、领导管理、财务管理和资源管理等。它是学校良性运作与发展的有效前提，管理不善，条件再好也不能得到有效利用。

从现代管理学角度来看，管理是任何组织活动成功与否的关键因素。在我国，学校管理的理论正在逐步完善，学校评价引入借鉴国际质量管理模式，无疑有助于推进我国学校评价制度发展的进程。ISO 9000 作为著名的质量认证制度，是得到全世界企业和广大消费者认同的认证标准。它对于教育管理及其评价也有着普遍的指导意义，以“生产”为目的的教育，也可以将 ISO 9000 管理认证思想应用其中。应该借鉴 ISO 管理标准，改变传统观念，规范管理，强调“服务”意识，树立“以人为本”的管理理念，使学校不断朝着国际化、科学化的方向发展。因此，学校管理应该做到制度化、科学化。

中小学学校管理的评价指标也同样包括办学目标、人员职责、过程管理、服务体系和完善机制这五个方面。过程管理是指管理制度中要体现对过程的监督，突出过程的重要性，以保证质量。服务体系则要求能够有丰富和完善的服务体系，能够为学生和教师提供服务。完善机制是指制度本身的自我完善体系，通过种种渠道使其不断地得到完善。ISO 9000 国际质量认证体系正是以其管理理念的先进性和管理规范的科学性取得了国际上的认同，我国在职业教育领域对 ISO 9000 国际质量认证体系的引入比较多，而对于中小学学校管理这种质量评价的应用还很少，我们可以把用 ISO 9000 国际量证体系的指导思想和精髓应用到中小学学校评价中，为评价思想和方法注入新的活力。

（二）校本管理评价

就管理自身而言，传统的学校教育评价实质上是一种外控式管理模式的评价，这种评价依据的是上级教育行政部门的指令性要求，学校的管理权力主要掌握在教育行政机关的手中，他们不仅拥有很大程度上的教育政策的制定权，而且还拥有对诸如课程、教学和财务等一些学校常规管理进行掌控的权力。但是，行政机关在对学校教育的预期目标、教育过程、教育结果等内容进行判断时，很难准确评价学校本身的特性、需求和发展前景，这样就会导致管理的权限不但高度集中，而且官僚化严重，造成学校制度的不完善，使得学校在面对变化的外在形势和要求时，缺乏一种应变能力和创新能力。20 世纪 80 年代中期，在世界范围内出现的学校改革运动中，提出了校本管理的思想，提倡政府把权力下放到学校，学校管理改革出现了新的思想，对学校管理的评价引入了校本管理评价的内容。

校本管理（school-based management）的基本含义是教育的主管部门将其权力逐渐放给学校，给予学校更大的权力和自由，使学校能够按照自己的意愿和具体的情况来决定资源的分配、学校财政的预算、课程的设置、教科书的选择、学校人事的决策等方面的改革措施，从而达到变革学校已有的管理体系、优化学校的教育资源、提高学校的办学质量的目的。校本管理既是一种管理思想，又是一种针对性极强的管理模式，实施校本管理最基本的条件是要赋予学校主体权，但谈管理又不能局限于学校，应该开阔眼界，建立相对开放、有广泛参与面的共同决策机制，创新管理制度，使校本管理的效益尽可能最大化。

对校本管理进行评价的关键是以学校自评为主，让学校积极参与到评价中来，真正做到“校本评价”，才能真正实现校本管理，学校才能有真正的自主权。

二、 学校师资水平评价

教育永远都离不开教师。一所学校的师资水平在很大程度上影响着该校学生的质量及学校的生存和发展。评价一所学校的好坏，教师队伍的好坏是主要标志之一，所以对于学校的师资水平的评价无论是在传统学校评价还是现代学校评价中都占有非常重要的位置。

（一）六点论

有些学者认为师资水平的评价主要包括以下六方面内容。

（1）教师队伍建设的评价，主要评价学校教师人数，教师的职称、专业、学历水平以及研究方向等。

（2）教学质量的评价，要评价教师的教学水平、班级管理能力等方面。

（3）教师品德修养的评价，这类评价采用鉴定和思想总结，包括教师的思想作风、人格修养、待人处事、为人师表、事业心和责任感、关心和热爱学生的程度等。

（4）教育科研能力的评价。教师是教育理论的实践者也应该是教育理论的总结和研究者，中小学教师的教育科研能力也是对其进行评估考核的一项重要内容。

（5）教师身体素质的评价。

（6）教师心理素质的评价。

（二）两点论

有学者认为，师资水平的评价主要从教师队伍建设和教师专业化两方面进行。

1. 教师队伍建设评价

（1）国际规定的人数和实际胜任教学工作的人数在教师总人数中所占比例的大小；受过专门教育训练或系统学习过教育理论的人数在教师总人数中所占的比例的大小。这两个比例越大，说明这个学校教师队伍的基本素质越好。

（2）是否形成了合理的教师梯队结构，即既有经验丰富的老年教师，又有精力充沛、勇于改革的中年教师，还有积极上进、有很大潜力的青年教师，并且在各个学科中都有一定数量的、大家所公认的骨干教师。

（3）教师发展和学科发展是否一致，教师所学专业和所教学科相一致的人数是否在增加。

（4）是否有一定的教师培训，有无具体可行的调整方案、实施步骤并取得调整效果；对全体教师能否根据不同情况进行有计划的培养和提高。

（5）教师队伍是否稳定。教师队伍的稳定包括一定时期内教师的合理流动。

2. 教师专业化评价

“教师专业化”一词是 20 世纪 80 年代美国教育专家在美国教育质量呈不断下滑趋势的背景下提出的。他们认为要提高教学质量，一要确立教学工作的专业性地位，二要建立起与这一专业性职业相应的衡量标准，师范教育的责任就在于培养出训练有素的达到专业化标准的教师，以教师的专业化来实现教学的专业化，以确保未来学校对师资的需要。教师专业化评价概括起来主要从以下三个方面进行。

（1）职业道德评价。

评价教师职业道德是否从一般的道德要求向教师专业精神发展。世界各国越来越重视教师的专业精神培养，把教师专业精神的培养看成搞好本职工作的重要保证和内在动力。这是因为只要有这种精神，在各种环境和条件下教师都会把自己所从事的工作与社会未来的发展联系在一起，都会把自己的工作同个体的生命价值、家庭的希望与幸福联系在一起，就会对自己的工作充满事业心和责任感，就会把终身奉献给教育事业。

（2）专业知识和能力评价。

评价教师的知识结构和能力体系是否从单一型向复合型发展。科学技术的综合化，教育的社会化，教育、科研一体化趋势，要求教师具有一般的、较宽广的科学和人文素养。专业知识结构要合理。对于教师专业能力的要求包括四点：一是要求教师具有教学能力、实验指导能力、书面与口头表达能力、示范能力，以及推理思考能力；二是要求教师具有组织管理的能力；三是要求教师具有善于与人交往的能力，即与学生、学生家长实现有效的双向沟通的能力；四是要求教师具有教育研究能力。

（3）劳动形态评价。

劳动形态评价是评价教师是否从传授者转变到创造者。教育是创造性的劳动，学生不只是机械性地接受教师所传授的知识，还要具有创造知识的能力。因为教育的对象千差万别，教育内容不断变化，教师个人条件不同。教师的劳动不可能千篇一律，教育时机的把握和教育矛盾、冲突的解决，需要教师做出正确、及时的判断并采取相应的措施。

三、 学校文化评价

苏霍姆林斯基曾把校园环境的育人功能形象地比喻为“让学校的每一面墙壁都说话”。一方面，学校文化作为学校的精神文化和物质文化的总和，不仅能反映出一定社会发展阶段总体的物质及精神文明水平，而且人们往往能从学校在社会发展中的总体地位及功能实现的全面性方面判断出社会发展的健康状况及文明程度；另一方面，从学校内部来说，学校文化的优劣也直接影响着师生的身心健康和教育效果。校园文化不是为文化而文化，而是为管理而文化，为发展而文化。在学校的发展中它既是一种文化现象，又是一种新的学校管理模式。学校文化的状况如何无论是对于学校自身的发展，还是对于社会的文明都是至关重要的。所以，学校文化是学校评价的一项重要内容。

（一）校园文化在学校管理中的作用

对于校园文化的功能、建设等方面的研究，我国理论研究者主要从社会学、文化学、教育学等方面进行了探索，而将校园文化与学校管理相结合，从管理学的视角来论述校园文化的管理功效，使校园文化作为学校管理模式加以应用，这方面的研究还很少。这也就意味着学校管理的研究与实践还未真正将校园文化纳入管理学的范畴，所以有必要从管理学的角度对校园文化的作用和建设等进行探索和研究。

1．校园文化在学校管理中的管理功能

（1）凝聚功能。具体表现为对学校目标和价值观念心心相印的“认同感”、工作“自豪感”、与师生员工同甘共苦的“归属感”。学校文化环境的这种凝聚功能产生积极、持久的凝聚力量，并进而成为学校发展的动力源泉。

（2）导向功能。学校文化反映了整个学校追求的价值取向和整体利益，它可以将师生员工引导到学校所确定的特定目标上来，把个人的智慧、力量凝结成巨大的合力。

（3）激励功能。良好的学校文化，可以创造出一种人人受重视、受尊重的氛围，由此激励成员在实现学校目标的同时，实现自我价值。

（4）约束功能。浓郁的学校文化可使师生员工自觉服从那些从学校整体利益出发制定的行为准则，形成有效的“软约束”。这就减弱了规章制度这种“硬约束”对师生员工的心理冲撞和由此而产生的心理抵抗力，从而使学校的各级组织达成某种统一、和谐和默契。

（5）辐射功能。学校文化除了对内具有强烈的感染力外，还会通过师生员工与社会交往，或者通过某种特定的文化形式，向外辐射学校文化的内涵和特点，并产生良好的社会效益。

（6）应变功能。学校文化虽然具有稳定性、持续性，但在社会发展变化的影响下，它必然适时更新其形态和内容，以适应社会发展的要求。

2．校园文化是学校发展的源泉和成功的保障

校园文化是以人为中心的管理思想在学校管理中的反映，是一种管理制度和管理文化，它为学校管理创设了背景氛围，是学校发展的源泉和成功的保障。这表现在以下三个方面。

（1）校园文化是学校管理最直接的环境，是学校管理的基础，学校管理总是在已有的校园文化中进行的。

（2）正如陶行知先生所说：“校长是学校的灵魂。要想评议一所学校，先要评议这所学校的校长。”所以说学校管理者的价值观念、思维方式对学校管理的影响将是至关重要的。而校园文化则影响学校管理者的价值观念、思维方式，从而深刻地影响着学校工作目标的确定、管理方法和措施的采取。

（3）正如学校管理者的思想受校园文化的影响一样，校园文化也影响学校被管理者的思想观念、道德情操，从而制约着被管理者的行为。

正如美国 IBM 公司总裁沃森所说："一个伟大的组织之所以能够长久存在，最重要的条件并非结构形式或管理技能，而是我们称之为信念的那种精神力量，以及这种信念对于组织的全体成员的感召力。"校园文化作为校园组织文化，它也同样具有这种管理功能。而作为组织文化的校园文化与学校组织特点相结合，便构成了代表新一代学校管理理论的校园文化理论。校园文化作为一种先进的管理理论，影响和制约着校园中人的活动与发展。这种影响和制约正好与管理的导向、凝聚、协调、约束诸功能相吻合。因此它是改造学校文化环境、优化学校人员队伍（包括管理者、教师和学生）、树立学校形象、完善学校管理的有效途径。可见校园文化对学校管理有着广泛而深远的影响。

（二）校园文化评价内容指标

校园文化有狭义和广义之分。狭义论者认为校园文化是相对课堂文化而言的课外文化，它包括学校的舆论风气、人际关系、校园环境等；广义论者认为校园文化是学校的整体文化，它包括校容、校貌、教学内容、管理制度、全校师生的共识及所遵循的价值观念与行为准则，以及由此而产生的一种浓烈的精神氛围。由此可见，校园文化既包括精神氛围又包括物质环境，华东师范大学陈斌教授对校园文化从三个方面进行了定义：一是表层的实体文化，如学校的整体布局、建筑样式、文化设施等；二是中层的制度文化，如考助制度、教师聘任制度、教师岗位责任制度等；三是深层的观念文化，如师生的价值观念、师生的思维方式、学校里的风俗习惯等。按照他的这种定义，校园文化评价包括三个层次的意义。

第一层次，校园物质性文化评价。包括学校进行正常活动的物质条件及学校活动的产物和成果所蕴含的文化因素，又称载体文化的评价。

第二层次，校园的制度规范性文化评价。主要是对学校依据国家有关政策及教育发展规律所建立起来的学校纪律规范和规章文化的评价。

第三层次，校园的精神价值性文化评价。它主要是指学校的校园精神，是赋予学校以生命活力并反映学校历史传统、校园意志和精神面貌的一种校园精神文化形态，是校园文化的最高境界。校园文化评价主要是看一所学校是否具有促进学校发展的文化的凝聚力。

在校园文化的这三个层面中，物质性文化是校园文化的基础；制度规范性文化是校园文化的关键，它把物质性文化和精神价值文化统一为一个整体；精神价值文化是校园文化的主导目标和灵魂，它决定了校园物质性文化和制度规范性文化发展的方向。校园文化的这三个层面是相互制约、相互渗透、相辅相成的。在对校园文化进行评价时不能忽略任何一个层次，否则就是不完全的，起不到引导学校发展的作用。

四、 办学条件评价

（一）学校办学条件评价

1. 传统的办学条件评价内容指标

办学条件从广义来看，可以分成硬件和软件两个方面。在前文中所提到的师资其实也可以归类为办学条件，属于办学的软件。这里的办学条件主要是指办学过程中的硬件设施。传统的办学条件评价可以从校内外两个部分来看。

学校内部通常是指校本部，它的办学条件可以从以下四方面进行考虑：一是办公设施。它既包括为学校教师提供的办公场所和办公设施，也包括师生生活的设施，如独立的校园、体育场、图书馆、医疗室等。二是学校的各种设施的布局是否合理，如住宿区、教学区、活动区、办公区等是否相对集中，特别是教学区是否有比较安静的环境。如果这些小区不能相对区分开来，校园内必然很混乱。除了布局是否合理之外，还要看校园的清洁卫生与绿化的情况。三是教学设施和设备能否保证教学工作的基本需要，如教室资源必须保证班班有教室，人人有课桌椅，教师有备课室，有与教材有关的必需参考书，有供师生使用的阅览室以及一般的报纸和杂志等；学校有无实验室，是否能按照教学大纲的要求进行各种实验，以保证学生知识的掌握和技能的形成；是否有教学大纲所要求的多媒体教学所需的设备等。

学校外部的办学条件主要指周围的环境条件，学校所处社区的人文和自然环境是否有利于学生的成长和学校的发展。

办学条件作为整个学校的重要组成部分，它的评价指标包括人均场地、人均设备（人均资源）和资金运作等方面。前两项是针对学校的教职员工的，是使他们高效发挥的必备因素，后一项则是一所学校生存和发展的保障，对其进行评价和监督有利于资源的合理有效利用。必要的办学条件和设备，是保证教学水平和质量的物质条件。对办学条件和设备进行考察、评价的目的在于：促进学校和主管部门加大投入、提高效率，使办学条件设备不断改善，使其投入产出比不断优化，充分发挥办学条件和设备的可能性效用和现实性效用，提高其对教学需要的适应度和满足度。

2. 现代办学条件评价内容指标

20 世纪 90 年代后期，沿海一些经济和教育发达省市先后制定了新的标准和实施规划大力推动办学条件现代化和均衡化发展。1998 年，上海市开始实施“中小学标准化建设工程”，市政府要求“各级政府要将达标工程列入重要议事日程，落实专门部门负责，制定规划，分工到位，定期检查，限期完成”；1999 年，广东省政府提出“科教兴粤”战略，力争五年内使广东进入教育强省行列，为此，广东省政府先后出台《广东省小学、初中改造薄弱学校建设规范化学校实施规划》和《普通高中办学基本标准（试行）》等文件。大力改善办学条件；2001 年，深圳市出台了《深圳市义务教育规范化学校设备设施配置标准》，并制定了《深圳市义务教育学校建设基本标准三年规划（2001—2003）》，要求市、区教育、计划、财政、国土规划、建设、共同富裕办公室等有关部门要根据市委、市政府的要求切实履行职能，密切配合，分工协作，做好有关工作。这些相关规定和措施的出台都为学校办学条件评价的内容指标提出了新的要求，概括起来总体内容要求有以下几点。

（1）学校建筑设计应更多考虑到现代课程和教学的发展需要。比如：在教室群中设计为学生小组讨论和学习使用的小型教室；开辟多种空间为学生自学提供条件等。

（2）校园设计更加人性化。除了增加绿地、学生活动场地以外，还在走廊、连廊、室外等建筑局部设计适合学生课间活动和交流的场所。

（3）创建绿色学校。一方面符合社会伦理责任需求，另一方面可以把对学生的环境保护教育实践化。在学校建设中，尽可能把节约能源和环境保护的项目引进来，例如污水处理、在采光设计中充分利用日光节约电能等。

（4）开放学校设施。在“学校是社区文化中心”理念的指导下，构建面向社会的学校校舍、设施布局，以合适的方式将教室、运动场和图书馆等资源提供给社会公众利用。

（5）充分利用社会资源。借鉴发达国家的教育实践，设置专门的教育设施、设备、器材利用的协调机构，组织学校充分使用公共图书馆和共用大型教育设备和器材，节约社会资源。

（6）大力发展计算机网络。在教室中配备教师和学生使用的计算机，鼓励师生通过网络资源教学和学习，并把网络作为中小学师生沟通的辅助手段。

（7）以研究和实验带动办学条件的创新和发展。一些新理念产生后，经过深入的研究，很快在学校建设中通过个别实验得到实现，并根据成功范例逐步推广。

（二）学校特色评价

《中国教育改革和发展纲要》规定的基础教育事业发展的指导方针明确提出：“中小学要由‘应试教育’转向全面提高国民素质的轨道，面向全体学生，全面提高学生的思想道德、文化科学、劳动技能和身体心理素质，促进学生生动活泼地发展，办出各自的特色。但是，目前各地普遍实行或试行的《中小学办学水平综合评价方案》，还不能适应学校“办出各自的特色”的特殊需要。因此，探索研究学校特色建设评价已迫在眉睫。

学校特色建设的评价与一般学校办学水平的评价有密切的联系，但又有根本的区别。学校特色评价的着眼点是通过收集相关的信息与资料，对学校建设自己的特色的过程及成熟度水平进行价值判断，以便不断地对学校特色进行自我完善。根据目前的研究成果看，学校特色是指学校在长期的教育实践活动过程中所形成的独特的办学风貌或教育风格，学校特色作为一种教育现象，是许多综合性和多样性的统一。从最基本的构成要素来看，一般认为学校特色评价是以学校特色主题思想、学校教育行为方式、学校教育环境氛围和学校特色项目四大要素为内容进行评价的。

1. 学校特色主题思想

学校特色主题思想是以校长为代表的学校个性化教育思想在办学过程中的集中体现。一般说来，它是校长在党和国家有关教育政策的指导下，依据某种教育思想与观念，对学校现实、教育资源配置状况和学校教育发展水平进行调查、分析、研究，并对学校教育发展前景进行规划的思想结晶。学校特色的主题决定着学校对教育形式、结构关系、运行程序的选择和组合，它体现并决定着学校教育改革活动的主旋律。

2. 学校教育行为方式

学校教育行为方式是指在学校教育实践活动中占主导地位的教育行为方式。一般说来，它是依据某种教育思想观念或教育经验，对学校教育所涉及的各种教育要素选择、组合、运用和控制的工作行为。在学校特色的建设中，教育行为方式是学校特色主题的外显形式，是特指在主题思想的指导下，对所涉及的教育要素自身进行优化和对各要素间的结构关系进行优化的方式，而且这种教育行为方式在学校长期的教育实践活动中，已被大多数教育工作者认同、接受，并转化为个体教育行为的特征，成为学校办学的优良传统和宝贵财富。

3. 学校教育环境氛围

学校教育环境氛围是指学校的物化环境和社会人文环境，特别是学校教育舆论的主导倾向和学校人际交往的心理氛围等。学校的物化环境和社会人文环境是学校特色赖以生存与发展的土壤，学校教育舆论的主导倾向是教育工作者对教育活动、行为方式进行调节的精神力量。学校特色要靠学校各方面人员同心协力、密切合作去创造，可以说，良好、真挚的人际关系与和谐、融洽的交往心理氛围是学校形成教育整体合力的前提，也是学校特色形成与发展的前提。

4. 学校特色项目

学校特色项目必须具备以下三种性质：一是独特性，特色学校关键就在“特”字，在办学时要做到“人无我有”和“人有我优”；二是综合性，特色项目能体现多门学科、多种能力的融合；三是深刻性，项目水平沿着阶梯不断提高，特色项目研究不断做好、做深，研究成果能为同行所用，特色项目在实践中不断地得到完善和发展。

评价不是以判断为结果的。评价学校办学特色，主要是判断学校在哪些方面有特色，并判断其特色水平。学校特色评价是学校特色建设过程中一个自我教育、自我提高、自我完善的重要环节，通过评价可以找出学校特色建设的进展和不足，进而制定出相应的改进措施与办法。只有这样才能在深化教育改革的过程中推动学校特色建设向前发展，真正做到在向素质教育转轨的过程中办出自己学校的特色，不断地提高学校特色的层次水平。

第三节 学校评价的实施

一、学校评价主体

（一）学校自我评价

学校自我评价是由学校的干部和教师依据该评价方案的各项指标对本校一年来的管理工作及其质量进行自我价值判断的方法，学校自我评价每一学年开展一次，一般在学年结束后进行，其作用在于通过评价，达到自我认识、自我完善、自我提高的目的，使学校依靠自身的力量不断总结工作、改进工作，更加自觉地全面贯彻党的教育方针，全面提高学校的管理水平和教育质量。

（二）教育行政评价

教育行政评价是由各区县教育局主管小学教育的副局长及小教科负责，区督学室协助，教育局各有关行政科室结合日常工作总结及平时掌握的有关资料，依据《北京市小学教育质量综合评价方案（试行）》，每学年对全区各小学校的管理工作质量和教育质量进行的一次综合评价。

由于教育行政评价是在学校自我评价之后进行的，这两种评价之间可以互相照应，及时反馈，取得共识，形成合力，推动学校工作的开展。此外，评价的结果，既有利于教育行政部门的决策和工作计划的调整，更好地指导学校工作，也可以作为教育行政部门评优和评先、考核校长政绩和推广学校先进经验的重要依据。

（三）教育督导评价

教育督导评价由区政府督学室负责，在区教育局及其他有人部门的协助下，集中人力、集中时间深入到各学校，依据《北京市小学教育质量综合评价方案（试行）》，每三至五年对全区各学校进行一次教育督导评价，通过评价，在充分肯定学校工作成绩的基础上，帮助学校总结经验，发现存在的问题，提出具体的改进意见，对学校的管理工作具有指导、激励、鉴定的作用。教育督导评价也是对学校自我评价和教育行政评价结果的验证，同时通过全面调查研究，广泛收集信息，认真进行综合分析，可以发现先进经验，总结出带有共性的问题，从全区整体出发，把握教育发展的方向，推动全区教育工作的开展。

二、学校评价程序

（1）学校成立以校长为首的评价工作领导小组，其成员由党政、工、团及教师代表组成，依据各自工作职能，可分设若干专项工作评价组、行政管理评价组、教育工作评价组、教学工作评价组、体卫工作评价组、总务后勤工作评价组等。按照教育行政主管部门的要求制定自评工作计划，并做好评价的各项准备工作。

（2）分层进行思想动员，使学校各职能部门的管理者和全体教职工明确开展自我评价的意义，端正参加自我评价的态度，学校还应组织全体参评人员学习评价的指标体系，掌握评价的程序和方法。

（3）在学校内部开展三个层次的自我评价工作。首先，由学校各专项评价小组对各自所负责的工作进行全面总结和自我评价，并在此基础上分别向全校教职员工汇报自评的结果；然后，全体教职工依据各组的汇报和自己平时了解的情况，按照各项指标的评价标准逐项打分；最后，由学校领导班子成员根据各专项组的汇报及全体教职工的评价结果再次进行自我总结和评价。

（4）学校领导依据各个层次和各个专项评价小组自评的结果撰写出学校自评报告，该报告需在教代会或全校大会上宣读，再次征求大家的意见，经修改定稿后的自评报告要送交教育行政主管部门。

三、学校评价方法

教育督导评价和教育行政评价主要是由督学室及教育行政部门的有关人员对学校管理工作进行的一种综合评价，这种评价也是一种诊断性的外部评价，要想使这项工作做到实事求是、准确无误，既要总结成绩又要发现问题，发挥评价的鉴定、激励、改进功能，调动学校干部、教师的工作积极性，必须深入学校，全面收集各种信息，通过整理和分析，做出客观而公正的判断，其中的关键问题就是要通过下述各种方式广泛收集评价的信息。

（一）听取工作汇报

评价组的全体人员应当首先听取学校领导对学校工作的全面汇报及学校主要职能部门负责人的专项工作汇报，以对学校工作有一个初步的了解，同时还应参阅学校的自评报告及教职工对学校工作的评价结果。

（二）召开座谈会

评价小组人员按各自分工召开各种类型的干部座谈会和师生座谈会，参加座谈会的人员由评价组抽选。如行政管理评价组可以召集中层干部座谈会、骨干教师座谈会、青年教师座谈会；教育工作评价组可召开年级组长、班主任座谈会、学生座谈会等，此外，也可采用个别访谈的方式，根据评价的需要选择谈话的对象或接待师生的来访。

（三）全面观察

深入细致的观察是获取信息的最佳手段，体卫评价组的人员可重点观察学校的早操、课间操、眼保健操、体育课和学校的体育器材、卫生保健室以及学校的环境卫生等；后勤工作评价组则主要观察学校各类设备的使用、保管情况以及教室、办公室、食堂及校园等方面的管理工作状况。

（四）认真听课

听课是全面了解教师课堂教学质量和学生学习质量的最好方式。教学组的评价人员除了要听学校统一安排的公开课以外，还应随堂听课，以全面掌握课堂教学常规的情况、教师的教学能力与精神面貌、师生之间的关系和学生学习的积极性、主动性等各种信息资料，除认真记录外，还应做出课堂教学评价；行政管理评价组可重点选听骨干教师和青年教师的课，以了解教师的培养和提高情况。

（五）参加活动

各组评价人员应当有选择地参与学校及班级组织的各项活动，如学校的政治学习、业务学习、教研组活动以及班队会、课外文娱、体育、美术、科技等各项活动，从中获得有益的评价信息。

（六）查阅资料

查阅有关资料是评价学校管理工作不可缺少的一部分。如行政管理组应重点检查学校的各项管理制度、领导干部岗位责任制、干部教师的管理与培训计划、学校的工作总结及规划、行政会议记录以及教师的聘任制度、考核制度与奖惩制度等；教学工作评价组则主要查阅学校教学工作计划、教学管理常规和制度、领导干部听课笔记、教研组工作计划和活动记录、教师的教科研论文以及学生成绩、试卷、作品等。这些资料对于评价学校的管理工作及教育教学质量具有重要的参考价值。

◆第四节◆

不同类型学校评价的内容

一、幼儿园

在幼儿园层面，制定幼儿园保教质量评估指南。一是贯彻党中央决策部署的重要举措。党的十九届五中全会提出建设高质量教育体系。中共中央、国务院《关于学前教育深化改革规范发展的若干意见》和《深化新时代教育评价改革总体方案》都明确要求，国家制定幼儿园保教质量评估指南，各省（区、市）完善幼儿园质量评估标准。二是提高学前教育质量的迫切需要。经过连续实施三期行动计划，学前教育实现了基本普及目标，迈入全面普及和高质量发展的新阶段，迫切需要加强幼儿园保教质量评估，发挥好质量评估的引领、诊断、改进和激励作用，引导各类幼儿园树立正确的质量观，科学实施保育教育。三是深化学前教育评价改革的必然要求。长期以来，各地幼儿园保教质量评估普遍存在“重结果轻过程、重硬件轻内涵、重他评轻自评”等倾向，难以适应学前教育高质量发展的新要求，亟待从国家层面出台指南，强化科学导向，加强规范引导，推动各地健全科学的幼儿园保教质量评估体系。

二、义务教育学校

在义务教育学校层面，义务教育学校办学质量评价标准包括以下三部分。

1. 评价内容

县域义务教育质量评价：价值导向、组织领导、教学条件、教师队伍、均衡发展。学校办学质量评价：办学方向、课程教学、教师发展、学校管理、学生发展。学生发展质量评价：学生品德发展、学业发展、身心发展、审美素养、劳动与社会实践。

2. 评价方法

结果评价与增值评价相结合：合格程度 + 发展水平和工作水平的进步程度。综合评价与特色评价相结合：县域、学校全面育人整体成效和学生德智体美劳全面发展情况 + 学校特色发展和学生个性发展；自我评价与外部评价相结合：常态化自我评价 + 主体多元、统整优化、责任明晰、组织高效的外部评价工作体系；线上评价与线下评价相结合：综合素质评价档案 + 实地调查、观察、访谈。

3. 评价实施

责任分工：县（市、区）和校自评、市级复核、省级评价、国家抽查监测。对学校、县域质量评价要实现全覆盖。评价周期各地自行确定，原则上每 3 ~5 年一轮，并保证在县级党政主要负责人、校长任期内至少进行一次评价。

三、 普通高中

在普通高中层面，制定普通高中办学质量评价标准；教育部发布《普通高中学校办学质量评价指南》，从办学方向、课程教学、教师发展、学校管理、学生发展等方面明确普通高中办学质量的评价标准，着力纠正“唯分数、唯升学”倾向。

在课程教学方面，指南提出开齐开足国家规定课程，特别是信息技术和通用技术、艺术、体育与健康、综合实践活动、劳动、理化生实验等课程，重视加强法治教育、安全教育、心理健康教育和国防教育。劳动课程平均每周不少于 1 课时。

为防止抢教学进度，各校要按照课程标准实施教学，不随意增减课时、改变难度、调整进度，严禁高三上学期结束前结课备考。严禁法定节假日、寒暑假集中补课或变相补课。

为增强学生综合素质，指南明确学生在校内每天锻炼至少 1 小时，体质健康监测达标，掌握 1 ~3 项体育运动技能，掌握 1 ~2 项艺术技能，不沉迷网络游戏，积极参加家务劳动、校内劳动和校外劳动，有效控制近视、肥胖。

四、 职业学校

在职业学校层面，将德技并修作为重点评价内容；需重点评价德技并修、产教融合、校企合作、育训结合、学生获取职业资格或职业技能等级证书、毕业生就业质量、“双师型”教师队伍建设等情况，职业教育要贯彻落实《深化新时代教育评价改革总体方案》，形成特色评价体系，进一步释放职业院校的办学活力。将立德树人作为根本标准贯彻到学校教育全过程；将促进学生全面发展作为评价改革出发点；将深化产教融合校企合作作为评价改革着力点；将提升“双师型”教师队伍素质作为评价改革支撑点；将改革实习实训考核办法作为评价改革特色点。

五、 高等学校

在高等学校层面，改进本科教育教学评估，突出思想政治教育。推进高校分类评价，引导不同类型高校科学定位，办出特色和水平。改进本科教育教学评估，突出思想政治教育、教授为本科生上课、生师比、生均课程门数、优势特色专业、学位论文（毕业设计）指导、学生管理与服务、学生参加社会实践、毕业生发展、用人单位满意度等。改进学科评估，强化人才培养中心地位，淡化论文收录数、引用率、奖项数等数量指标，突出学科特色、质量和贡献，纠正片面以学术头衔评价学术水平的做法，教师成果严格按署名单位认定、不随人走。探索建立应用型本科评价标准，突出培养相应专业能力和实践应用能力。制定“双一流”建设成效评价办法，突出培养一流人才、产出一流成果、主动服务国家需求，引导高校争创世界一流。改进师范院校评价，把办好师范教育作为第一职责，将培养合格教师作为主要考核指标。改进高校经费使用绩效评价，引导高校加大对教育教学、基础研究的支持力度。改进高校国际交流合作评价，促进提升校际交流、来华留学、合作办学、海外人才引进等工作质量。探索开展高校服务全民终身学习情况评价，促进学习型社会建设。

问题思考

1. 学校评价的目的及意义是什么？
2. 现代中小学学校评价的内容有哪些变化？
3. 学校管理评价的含义是什么，它包括哪些内容？

第七章
教师评价

学习目标

了解：教师评价发展概况；我国教师评价价值取向；教师评价案例；教师评价的意义。

理解：教师评价相关概念；教师评价的内容及指标体系；教师评价的程序；评价结果运用。

掌握：教师评价的定义；教师评价的方法。

学习概要

教师是完成学校教育的主力军，他们的素质与工作积极性，直接关系到学校为现代化建设事业培养合格人才的质量。开展科学的教师评价，对于加强和建设具有高素质的教师队伍，对于振兴民族、振兴教育都有着举足轻重的作用。本章首先介绍了教师评价的概念以期对教师评价形成初步了解，同时，阐述了我国教师评价的价值取向，有利于掌握最新教师评价动态。其次，对教师的评价内容进行了剖析，有利于深入了解教师评价的内涵。最后，概览教师评价的主要实施程序，力求将所学知识运用于实践，实现理论与实践的结合。

学习本章，了解教师评价的相关概念，形成正确的教师评价价值取向，整合教师评价的标准和内容，提炼有效的教师评价的方法，能有效推进教师评价的开展和改革。

第一节
教师评价概述

一、教师评价概论

（一）教师评价的含义

教师评价是教育评价的一个重要组成部分。不同研究者对教育评价理解的多样性，给予了教师评价不同的含义。例如，教师评价是对教师工作现实的或潜在价值做出判断的活动，它的目的是促进教师的专业发展与提高教育效能。① 教师评价（teacher evaluation）是评价者依据一定的评价标准和程序，采取多种方法搜集评价资料，对教师个人的资格、能力及表现进行价值判断的过程。② 教师评价是依据一定的评价标准和程序，采用多种评价方法对教师应具备的素质、工作过程中的表现及其工作绩效等方面进行调查、分析、协商、判断，逐步达成共识的过程，目的在于不断促进教师的专业发展和提高教学效能。③ 教师评价，有的也称教师考评，是指在正确教育价值观的指导下，根据教育方针、政策、法规和教育目标、要求，以及教师所应承担的任务，运用现代教育评价的理论、方法和技术，广泛收集评价信息，对教师的素质、工作过程以及工作绩效进行全面、客观、公正的价值判断的过程。④

《中国教育大百科全书》认为教师评价是在正确的教育价值的指导下，根据学校的教育目标和教师所应承担的任务，按照规定的程序，运用科学的方法，借助现代技术广泛收集评价信息，对教师个体的工作质量进行价值判断，从而为教师改进工作，为学校领导加强改进教师队伍的管理与建设及进行决策提供依据的过程。⑤

总体而言，教师评价是以一定评价价值观和目标为导向，采用一套适合的评价程序与标准，对教师各个方面进行调查、分析与判断，以期达到某些目的的过程。

---

① 陈玉琨．教育评价学［M］．北京：人民教育出版社，1999：98.
② 胡中锋．教育评价学［M］．北京：中国人民大学出版社，2013：208.
③ 刘志军．教育评价［M］．北京：北京师范大学出版社，2018：240.
④ 王景英．教育评价［M］．北京：中央广播电视大学出版社，2004：274.
⑤ 顾明远．中国教育大百科全书［M］．上海：上海教育出版社，2012：587.

（二）教师评价的意义

1. 贯彻落实国家教育法律法规

教师评价可以端正教师工作指导思想，更好地贯彻党的教育方针。通过教师评价对教师的政治素质，如贯彻党的教育方针，执行党的教育政策等方面的素质等也进行评估，可改良片面追求升学率，重智育，忽视德育、体育等部分不良倾向，有效落实教育法律法规。

2. 提高教师素质，促进教师发展

教师评价是提高教师素质和促进教师发展的有效方法。尤其在目前的校本管理中，学校内部的评价，对于促进教师提高和发展有很大作用。科学的教师评价能够帮助教师发现其工作中存在的问题，找出其业务素质和业务水平上的薄弱之处，并在分析原因的基础上，总结成功的经验和失败的教训，提出新的促进专业发展的意见和建议，以促进逐步提高自身素质和业务水平。

3. 建设和管理教师队伍

教师评价可以为加强和改进学校管理提供必要的反馈信息，为学校管理的决策提供论证的依据。为了实现对教师的有效管理，学校领导必须充分掌握每个教师的情况，包括教师的基本素质和专业素质，教师在教育教学过程的行为表现，以及教育教学的实际效果等。只有这样，才能制定出适合本校实际的教师队伍建设目标和学校教师发展策略。同时，制订适当的师资培训、教育教学科研计划，以便提高教师水平、改善教师队伍结构、促进教育教学研究。

4. 提高教学质量

评价教师的最终目的是发现教育教学工作中存在的问题，创造各种条件努力解决这些问题，以便改进教学，提高教育教学工作的质量。很明显，教师评价可以获得教育工作实际成效的确切信息，为改进教育工作提供比较全面的依据。

（三）教师评价的原则

坚持社会主义办学方向与遵循教育规律相结合，全面贯彻党的教育方针，以立德树人为根本任务，培养社会主义合格建设者和可靠接班人。同时，要从自身发展阶段和办学特色出发，遵循教育规律，探索建立科学合理的评价体系。

坚持全面考核与突出重点相结合，全面考核教师的师德师风、教育教学、科学研究、社会服务、专业发展等内容，同时针对当前教师队伍发展的突出问题和薄弱环节，进行重点考察和评价。

坚持分类指导与分层次考核评价相结合，根据学校的不同类型或学校中不同类型教师的岗位职责和工作特点，以及教师所处职业生涯的不同阶段，分类分层次分学科设置考核内容和考核方式，健全教师分类管理和评价办法。

坚持发展性评价与奖惩性评价相结合，充分发挥发展性评价对于教师专业发展的导向引领作用，合理发挥奖惩性评价的激励约束作用，形成推动教师和学校共同发展的有效机制。

二、教师评价的理论发展

在教师评价中，一直存在两种对立的观点。一种是“控制观”（controlling view），这种观点的典型代表就是强调教师责任制的教学效能评价。另一种是“非控制观”，强调教师评价“不应看重来自上级、校长、学生、学生家长和同事的决定性压力”，而应关注教师在教学上的进步与提高（McNeil，1981）。

20 世纪 60 年代到 80 年代末，出现了关注学生学习结果的教师效能（或教师有效性）评价（teacher effectiveness）。这种评价起源于教师责任制（有人翻译成教学效能核定）（teacher accountability）。教师责任制要求教师对学生的学习结果负责，重视通过学生的学习结果来评价教师的教学效能。

20 世纪 80 年代以后，兴起了关注教师的职业发展的发展性教师评价。这类评价又被称为发展性教师评价，它是一种形成性评价，即评价的目的不是做出奖惩决定，而是用于诊断教学中存在的问题，总结经验，以利于进一步地改进。

20 世纪 80 年代中后期开始，出现了关注教师专业化的教师评价。专业化是某种专门职业特有的问题。教师作为一种专门的职业，也存在着专业化的问题。专业化职业者的评价标准应由专业人员自己建立。如果教师是专业人员，那么，对教师的评价就应以他们自己提出的标准为依据。基于这种观点，教学被看成一项复杂的、多维的活动，教师被看作是一名艺术实践者，应主动地追求不断完善自己的技能。

在我国 40 多年来的中小学教师评价的发展中，评价的内容和方法都发生了巨大变化，起初评价的内容主要是政治思想素质，后来又较为注重学生的学习成果，现在又开始注重教师的教学行为。在方法上，也更加丰富，更加科学。但总的来说，我国教师评价中，还很少有人关注教师评价内容的结构，对评价方法的信度及效度的研究也很不够。①

我国现行的教师评价体系存在着两种截然不同的评价观：以奖惩为目的的教师评价观，和以促进发展为目的的教师评价观。奖惩性教师评价是基于教师的工作表现而做出的终结性评价，这种评价着眼于教师过去已具备的素质、已承担的职责和已取得的工作成效，其最终目的是奖励和惩处。发展性教师评价是基于教师的专业

---

① 蔡永红，黄天元．教师评价研究的缘起、问题及发展趋势［J］．北京师范大学学报（社会科学版），2003（1）：130－136.

发展而进行的形成性评价，这种评价着眼于教师工作中的优势与不足，依托评价为教师提出中肯、可行的意见和建议。其最终目的是激励和促进发展。两种截然不同的教师评价取向，使教师评价在评价目的、评价功能、评价类型、评价主体、评价关系、评价结果等方面迥异，主要表现为：就评价目的而言，奖惩性教师评价以加强教师绩效管理为目的，发展性教师评价以促进教师专业发展为目的。就评价功能而言，奖惩性教师评价特别注重甄别与选拔的功能，发展性教师评价强化评价的促进与发展功能。就评价类型而言，奖惩性教师评价是终结性评价，发展性教师评价是形成性评价。就评价主体而言，奖惩性教师评价主张由学校领导或校外专家担任评价者，是单一化的评价主体；发展性教师评价强调从学校领导、教师自己、同事和学生等多角度来听取意见、收集资料，提倡多元主体性评价。就评价关系而言，奖惩性教师评价是一种自上而下的管理控制型评价，发展性教师评价是一种平等协商型评价。就评价结果而言，奖惩性教师评价拒绝评价对象对评价结果的介入和干预，评价过程难以得到评价对象的积极参与，评价结果很难得到评价对象的认同；而发展性教师评价强调评价双方的沟通、协商、理解与合作，欢迎评价对象介入评价过程，这样可以大大提高评价对象对评价结果的认可程度和接受程度。

我们可以看出，随着教育评价的发展，在教师评价的问题上，存在着两种截然不同的评价观，“观念是行动的先导”，不同的评价观促使人们在选择评价内容、设计评价方法、制订评价标准等方面采取不同策略。至于在实践活动中究竟应该选择哪种评价观，这要从实际出发，根据评价目的、评价类型、评价对象等来定，这样才能真正发挥评价的应有功能。

三、 我国教师评价的价值取向

（一）坚持把师德师风作为第一标准

以师德为先，健全师德建设长效机制，推动师德建设常态化长效化，创新师德教育，完善师德规范，引导广大教师以德立身、以德立学、以德施教、以德育德，坚持教书与育人相统一、言传与身教相统一、潜心问道与关注社会相统一、学术自由与学术规范相统一，争做“四有”好教师，全心全意做学生锤炼品格、学习知识、创新思维、奉献祖国的引路人。

（二）突出教育教学实绩

把认真履行教育教学职责作为评价教师的基本要求，引导教师上好每一节课、关爱每一个学生。应把认真履行教育教学职责作为评价教师的基本要求。加强教学质量评价，把课堂教学质量作为主要标准，强化教学考核要求，提高教学业绩和教学研究在评价中的比重。不简单用升学率、学生考试成绩等评价教师，突出教书育人实绩，注重对履责绩效、创新成果、人才培养实际贡献的评价。

（三）强化一线学生工作

各级各类学校要明确领导干部和教师参与学生工作的具体要求。把上思政课、联系学生情况作为评价重要内容。

（四）改进教师科研评价

突出质量导向，重点评价学术贡献、社会贡献以及支撑人才培养情况。坚持分类评价，推行代表性成果评价，探索长周期评价，完善同行专家评议机制，注重个人评价与团队评价相结合。探索国防科技等特殊领域教师科研专门评价办法。对取得重大理论创新成果、前沿技术突破、解决重大工程技术难题、在经济社会事业发展中做出重大贡献的，申报高级职称时论文可不做限制性要求。

（五）推进人才称号回归学术性、荣誉性

切实精简人才“帽子”，优化整合涉及教育领域各类人才计划。不得把人才称号作为承担科研项目、职称评聘、评优评奖、学位点申报的限制性条件，有关申报书不得设置填写人才称号栏目。依据实际贡献合理确定人才薪酬，不得将人才称号与物质利益简单挂钩。鼓励中西部、东北地区高校“长江学者”等人才称号入选者与学校签订长期服务合同，为实施国家和区域发展战略贡献力量。

第二节

教师评价的内容

教师评价要回答的问题即是“什么样的教师才是好教师”，“好教师”的标准是什么。斯克里文认为，教师评价标准应该基于教师的核心职责（core duties），即教师在法律上必须承担的职责或必须具备的“应知应会”。[①] 卡赛尔曼认为，教师应具有专业技能、教育能力这两种基本素养。根据《中华人民共和国教师法》第三条对教师角色的界定：“教师是履行教育教学职责的专业人员”，教育能力和教学水平就构成教师评价的两大主要内容。结合新课程改革的精神，教师评价的内容一般包括三方面：教师素质、教学工作、其他工作。

① 王斌华. 教师评价：绩效管理与专业发展［M］. 上海：上海教育出版社，2005：67.

一、教师素质

教师素质指影响并制约教师履行其职责的主观的、稳定的职业品质，是具有一定时代特征的思想、知识、能力等方面的身心特征和职业修养，是教师能否胜任教学工作的前提条件。

（一）遵守师德规范

学习贯彻习近平新时代中国特色社会主义思想，深入学习习近平总书记关于教育的重要论述，以及党史、新中国史、改革开放史和社会主义发展史内容，形成对中国特色社会主义的思想认同、政治认同、理论认同和情感认同，能够在教书育人实践中自觉践行社会主义核心价值观。树立职业理想，立志成为有理想信念、有道德情操、有扎实学识、有仁爱之心的好老师。

理解立德树人的内涵，形成立德树人的理念，掌握立德树人途径与方法，能够在教育实践中实施素质教育，依据德智体美劳全面发展的教育方针开展教育教学，培育发展学生的核心素养。

具有依法执教意识，遵守宪法、民法典、教育法、教师法、未成年人保护法等法律法规，在教育实践中能履行应尽义务，自觉维护学生与自身的合法权益。理解教师职业道德规范内涵与要求，在教育实践中遵守《新时代中小学教师职业行为十项准则》，能分析解决教育教学实践中的相关道德规范问题。

新时代中小学教师职业行为十项准则

一、坚定政治方向。坚持以习近平新时代中国特色社会主义思想为指导，拥护中国共产党的领导，贯彻党的教育方针；不得在教育教学活动中及其他场合有损害党中央权威、违背党的路线方针政策的言行。

二、自觉爱国守法。忠于祖国，忠于人民，恪守宪法原则，遵守法律法规，依法履行教师职责；不得损害国家利益、社会公共利益，或违背社会公序良俗。

三、传播优秀文化。带头践行社会主义核心价值观，弘扬真善美，传递正能量；不得通过课堂、论坛、讲座、信息网络及其他渠道发表、转发错误观点，或编造散布虚假信息、不良信息。

四、潜心教书育人。落实立德树人根本任务，遵循教育规律和学生成长规律，因材施教，教学相长；不得违反教学纪律，敷衍教学，或擅自从事影响教育教学本职工作的兼职兼薪行为。

五、关心爱护学生。严慈相济，诲人不倦，真心关爱学生，严格要求学生，做学生的良师益友；不得歧视、侮辱学生，严禁虐待、伤害学生。

六、加强安全防范。增强安全意识，加强安全教育，保护学生安全，防范事故风险；不得在教育教学活动中遇突发事件、面临危险时，不顾学生安危，擅离职守，自行逃离。

七、坚持言行雅正。为人师表，以身作则，举止文明，作风正派，自重自爱；不得与学生发生任何不正当关系，严禁任何形式的猥亵、性骚扰行为。

八、秉持公平诚信。坚持原则，处事公道，光明磊落，为人正直；不得在招生、考试、推优、保送及绩效考核、岗位聘用、职称评聘、评优评奖等工作中徇私舞弊、弄虚作假。

九、坚守廉洁自律。严于律己，清廉从教；不得索要、收受学生及家长财物或参加由学生及家长付费的宴请、旅游、娱乐休闲等活动，不得向学生推销图书报刊、教辅材料、社会保险或利用家长资源谋取私利。

十、规范从教行为。勤勉敬业，乐于奉献，自觉抵制不良风气；不得组织、参与有偿补课，或为校外培训机构和他人介绍生源、提供相关信息。

（二）涵养教育情怀

具有家国情怀，乐于从教，热爱教育事业。认同教师工作的价值在于传播知识、传播思想、传播真理，塑造灵魂、塑造生命、塑造新人；了解中学教师的职业特征，理解教师是学生学习的促进者与学生成长的引路人，创造条件帮助学生自主发展。领会中学教育对学生发展的价值和意义，认同促进学生全面而有个性地发展的理念。

关爱学生，做学生锤炼品格、学习知识、创新思维、奉献祖国的引路人，公正平等地对待每一名学生，关注学生成长，保护学生安全，促进学生身心健康发展。尊重学生的人格和学习发展的权利，保护学生的学习自主性、独立性和选择性，关注个体差异，相信每名学生都有发展的潜力，乐于为学生创造发展的条件和机会。

树立爱岗敬业精神，在教育实践中能够认真履行教育教学职责与班主任工作职责，积极钻研，富有爱心、责任心，工作细心、耐心。具有健全的人格和积极向上的精神，有较强的情绪调节与自控能力，能积极应变，比较合理地处理问题。掌握一定的自然和人文社会科学知识，传承中华优秀传统文化，具有人文底蕴、科学精神和审美能力。仪表整洁，语言规范健康，举止文明礼貌，符合教师礼仪要求和教育教学场景要求。

二、 教学工作

（一）专业知识

掌握教育理论的基本知识，能够遵循中学教育规律，结合中学生认知发展特点，运用教育原理和方法，分析和解决教育教学实践中的问题。了解拟任教学科发展的历史、现状和趋势，掌握学科的基础知识、基本理论、体系结构与思想方法，能分析其对学生素养发展的重要价值，理解拟任教学科的核心素养的内涵。

（二）信息素养

了解信息时代对人才培养的新要求。掌握信息化教学设备、软件、平台及其他新技术的常用操作，了解其对教育教学的支持作用。具有安全、合法与负责任地使用信息与技术，主动适应信息化、人工智能等新技术变革，积极有效开展教育教学的意识。了解拟任教学科与其他学科的联系，了解学习科学相关知识，掌握学科教学知识与策略，能够结合社会生活实践，有效开展学科教学活动。了解融合教育的意义和作用，掌握随班就读的基本知识及相关政策，基本具备指导随班就读的教育教学能力。

（三）教学设计

熟悉拟任教学科的课程标准和教材，理解教材的编写逻辑和体系结构，能够正确处理课标与教材的关系，具有依据课标进行教学的意识和习惯。具备钢笔字、毛笔字、粉笔字、普通话与相关学科实验操作等教学基本功，通过微格训练学习，系统掌握导入、讲解、提问、演示、板书、结束等课堂教学基本技能操作要领与应用策略。能依据单元内容进行整体设计，科学合理地依据教学目标及内容设计作业，并实施教学。

了解分析中学生学习需求的基本方法，能根据学生已有的知识水平、学习经验和兴趣特点，分析教学内容与学生已有知识经验的联系，预判学生学习的疑难处。准确把握教学内容，理解本课（单元）在教材中的地位以及与其他课（单元）的关系，能根据课程标准要求和学情分析确定恰当的学习目标和学习重点，设计学习活动，选择适当的学习资源和教学方法，合理安排教学过程和环节，科学设计评价内容与方式，形成教案与学案。

（四）课程教学

能够创设教学情境，建立学习内容与生活经验之间的联系，激发学习兴趣，引导学生积极参与学习活动。基本掌握教学组织与课堂管理的形式和策略，能够科学准确地呈现和表达教学内容，控制教学时间和教学节奏，合理设置提问与讨论，引导学生的主动学习和探究学习，达成学习目标。

能够依据学科特点、中学生认知特征和个体差异，指导学生开展自主、合作、探究性学习，注重差异化教学和个别化指导，帮助学生针对学习重点与难点进行有效学习。知道不同类型的信息技术资源在为学生提供学习机会和学习体验方面的作用，合理选择与整合信息技术资源，为学生提供丰富的学习机会和个性化学习体验。

能够运用课堂结束技能，引导学生对学习内容进行归纳、总结，合理布置作业。树立促进学生学习的评价理念，理解教育评价原理，掌握试题命制的方法与技术。能够在教学实践中结合作业反馈等实施过程评价，初步运用增值评价，合理选取和运用评价工具，评价学习活动和学习成果。能够利用技术工具收集学生学习反馈，跟踪、分析教学与学生学习过程中存在的问题与不足，形成基于学生学习情况诊断和改进教学的意识。

实施课程育人，具有教书育人意识。理解拟任教学科课程独特的育人功能，注重课程教学的思想性，有机融入社会主义核心价值观、中华优秀传统文化、革命文化和社会主义先进文化教育，培养学生适应终身发展和社会发展所需的正确价值观、必备品格和关键能力。理解学科核心素养，掌握课程育人方法和策略。能够在教育实践中，结合课程特点，挖掘课程思想政治教育资源，将知识学习、能力发展与品德养成相结合，合理设计育人目标、主题和内容，有机开展养成教育，进行综合素质评价，体现教书与育人的统一。

三、 其他工作

（一）开展班级指导

树立德育为先理念，了解中学德育原理与方法，以及中学生思想品德发展的规律和个性特征，能有意识、有针对性地开展德育工作。

基本掌握班集体建设、班级教育活动组织的方法。熟悉教育教学、中学生成长生活等相关法律制度规定，能够合理分析解决教学与管理实践相关问题。基本掌握学生发展指导、综合素质评价的方法。能够利用技术手段收集学生成长过程的关键信息，建立学生成长电子档案。能够初步运用信息技术辅助开展班级指导活动。

熟悉校园安全、应急管理相关规定，了解中学生日常卫生保健、传染病预防、意外伤害事故处理等相关知识，掌握面临特殊事件发生时保护学生的基本方法。关注学生心理健康，了解中学生身体、情感发展的特性和差异性，基本掌握心理辅导方法，能够参与心理健康教育等活动。掌握人际沟通的基本方法，能够运用信息技术拓宽师生、家校沟通交流的渠道和途径，积极主动与学生、家长、社区等进行有效交流。

（二）组织活动

了解课外活动的组织和管理知识，掌握相关技能与方法，能组织中学生开展丰富多彩的课外活动。了解学校文化和教育活动的育人内涵和方法，学会组织主题教育和社团活动，对中学生进行教育和引导。

（三）自主发展

1. 注重专业成长

了解教师专业发展的要求，具有终身学习与自主发展的意识。根据基础教育课程改革的动态和发展情况，制定教师职业生涯发展规划。具有反思意识和批判性思维素养，初步掌握教育教学反思的基本方法和策略，能够对教育教学实践活动进行有效的自我诊断，提出改进思路。初步掌握学科研究与教育科学研究的基本方法，能用以分析、研究教育教学实践问题，并尝试提出解决问题的思路与方法，具有撰写教育教学研究论文的基本能力。掌握专业发展所需的信息技术手段和方法，能在信息技术环境下开展自主学习。

2. 主动交流合作

具有阅读理解能力、语言与文字表达能力、交流沟通能力、信息获取和处理能力。掌握基本沟通合作技能与方法，能够在教育实践、社会实践中与同事、同行、专家等进行有效沟通交流。理解学习共同体的作用，掌握团队协作的基本策略，了解中学教育的团队协作类型和方法，具有小组互助、合作学习能力。

第三节 教师评价的实施

教师评价是一项差异性比较大的工程，不同类型的教师评价，其实施程序是有区别的。即使是同类型的教师评价，因组织者的不同，其评价的主体、评价的标准和评价的方法也是不同的。

一、教师评价主体

教师评价的主体是谁？传统的总结性教师评价，通常是由教育行政部门制定评价标准，校领导组织实施，先由被评价者进行自评，然后科组或级组同事之间进行互评，最后再交由学校行政人员进行讨论总评。这就是常见的“自评、他评、总评”。由于传统的评价通常在学期结束或学年结束时进行，与教师的奖金和以后的晋升有高利害关系，教师不敢也不愿意对自己的实际工作情况实行较差的评价，因此自评分数通常不具参考价值。同时学校行政人员对教师的评价，也因有利害关系，不能保证公平，因此难以得到被评价者的信任。

为了保证获得的评价资料可信及评价的公平，应事先确定评价指标体系（教师参与评价体系的制定），在评价前充分向教师解释指标体系，由方便获取信息、教师信服的主体去进行评价。例如，教师的教学能力的评价资料可来自课堂质量监控小组（由教师推举的骨干教师组成）随堂听课的评价，同时，课堂效果可由学生进行评价。评价的时间应该贯穿学期始终，具有一定的系统性和连续性，学期末、学年终的总结性评价应以学期中的形成性评价为基础，结合教师阶段性的教育教学成绩进行考核。也就是说，真正有效的评价是多主体的，应由教育行政部门、学生、家长和教师共同完成。

（一）教育行政部门

依法对本行政区域内教育人力资源进行管理，是教育行政部门最重要的工作之一，各级教育行政部门应依照法律、法规，制定教师评价标准，由学校和专门的教育机构对教师的政治思想、业务水平、工作态度和工作成绩进行定期考核。首先，组织教师的胜任力评价，也就是教师的入职评价。除了依照国家规定对教师进行资格认定外，还要考察教师掌握的专业知识、课堂教学能力、心理品质。其次，教育行政部门作为评价标准的制定者，对教师的职后考核工作进行指导和监督。教育行政部门不直接参与评价，但应发挥指导、监督作用保证教师评价公正、公平、公开进行，提高教师评价的信度与效度。提供有效途径，教师对评价有意见可以申诉。最后，对教师职业发展的不同阶段进行评定，开拓教师的事业发展进程，引导教师根据自身的专长和志愿，朝教育或管理两个领域发展。

（二）学校

学校对教师的评价主要体现在对教师绩效的评价上。对绩效的内涵，人事心理学进行了大量的探讨，目前主要有两种观点：一种是基于结果对绩效下的定义，即绩效是在特定范围内，在特定工作职能、活动或行为上产出的结果记录；另一种是更多的人赞同的以行为为基础的绩效定义，即绩效是“一套与个人所在组织或小组的目标相关的行为”。学校要引导教师将个人发展目标和学校发展目标相统一，实现专业发展考核。实现专业发展，就需对教师进行绩效考核。

学校对教师评价的资料来源于学校领导对教师的日常监督检查。评价时要注意以下问题：学校领导听课、评课的出发点应是帮助教师发现教学问题，一起寻找解决问题的办法，从而促进教师专业成长。这样，学校和教师之间才会达成一致意见，教师也会虚心接受学校的建议和安排，主动改进教学。领导评价教师的方式应该多样化。领导应该经常参加教师的教育教学活动，比如参加教师的备课活动、教研活动、班会队会活动等，通过观察、检查和指导等方式，获取第一手资料。领导还可以以听取汇报的方式考核教师，通过教师集体工作汇报展，或私下找教师单独汇报工作，以便了解和监督其工作进度、完成程度和质量。此外，抽样检查也是领导常用的评价方法之一，比如检查教学备课笔记、教师批改作业情况、教师继续教育学习情况等。抽样时要根据考核的目的决定采取有意抽样检查还是随机抽样检查，或者是分层抽样检查。领导评价结论应该建立在教师一贯表现基础上，领导考评教师，不能仅凭听一节观摩课，或一堂突击检查课而对教师做出好与不好的价值判断，评价教师要看其一贯表现。

（三）专家和同行

专家评价主要是以专家为主体，对一类教师（比如骨干教师），或者一个层次段的教师（比如高级教师），进行价值判断并以此赋于其一定的荣誉称号和给予一定的物质奖励，以达到示范导向的作用。因此，相对于其他评价主体而言，专家评价具有更高的权威性，专家评价要注意如下问题：①统一评价标准，培训评价人员的一个重要目标是培训统一标准和方法，这是保证评价科学、有效、公正的前提，培训评价人员的一项重要内容是解读指标，这是正确把握评价技术、统一评价方法的前提，也是收集有效评价信息、分析评价结论的条件。②通过质性方式呈现结果，专家评价一般以质性评价方式呈现结果，“合格”“优秀”“骨干”“名师”是专家评价中常用的呈现方式。教师评价最好不要把教师分为A类、B类或者C类，因为这样的呈现方式除了起到给教师排名的作用外，对教师的专业发展没有多大好处。为了表现教师队伍中关于教育教学的层次区别，可以按照其影响力大小赋予教师不同的荣誉称号，比如骨干教师评价，可以分为国家级、省（市）级、县级骨干教师等。③结果公示制度，专家评价的结果最好先反馈给教师本人及其相关人员，经无异议后再上报相关人事部门备案，其结果原则上不得更改，反馈的方式有两种：一种是不公开的反馈，比如教学效果评价等，其考评结果可以采取信件方式告知本人；一种是公开的反馈，比如骨干教师评选活动、特级教师评选活动等，其评价结果可以采取公示的方式，在辖区内规定的时间段告知相关人员知晓。教师评价结果是教师评职、晋级的主要依据之一，是教师教学水平的信息反馈材料之一，是学校评价教师的参考依据之一。

同行评议通常由职级水平相当或相同学科背景的人员对相互的教育实践进行充分的讨论、咨询和反思，进而对相互间的能力提高、工作改进提供有价值的建议和帮助，在同行评议的形式有三种：①相互观摩评议式。即相互间是专业支持关系，通过面对面的讨论与反思，获得解决问题的策略，解除挫败感。②新老搭配评议式。即二者之间是指导关系，由专家教师主动与新教师分享其教学专长与经验。③专题报告式。即聘请有经验的教师进行反思、研讨和报告，以获取新的教学技能技巧等。

（四）学生

现代教学论指出，教学过程是师生交往、积极互动、共同发展的过程。在新课程背景下，学生被看作是和教师平等的教学过程中的主体，师生关系是一种平等、理解、双向的人与人的关系。学生作为教师工作的对象，学生的全面发展是教师工作的终极目标。学生是教学过程中的主体，以学评教是课堂教学最直接、最有力、最重要和最客观的评价方式，教师在教学活动中能否实现知识的有效输出，实现知识价值的再创造和增值等，只有学生最有发言权。

目前，学生评教已经成为国内外大多数高校评价教师课堂教学质量的重要组成部分，伴随着教学改革的不断深入以及高等教育大众化的进程，学生评教甚至已经开始占据教师课堂教学评价的主导地位。国外几十年的研究表明，学生评价教师教学效果的实践已经有了很大的发展，尽管在实践中有人对学生评价教师教学仍有一些不满，但值得肯定的是学生的评价是有效和可信的。霍华德（Howard）在比较当前学生、以前学生、同事和八个训练过的观察者做出的评价结果后得出：当前学生和以前学生对教学效果的评价比教师自我评价、同事评价和训练过的观察者评价更具效度。[①] 但是由于学生自身的局限，学生评价要注意以下几个问题：①学生评价教师的目的是及时反馈教学信息，促使教师主动改进教学工作。学生是与教师相处时间最长，对教师最了解的群体，从学生那里收集反馈信息，有利于教师正视自己的教学问题，扬长避短。良好的学生反馈可以使教师倍加自信，备受鼓舞；反之，学生的不满意会促使教师认识到自己的不足并迅速改正、调整。②评价方式多样化，学生评价教师的形式一般有召开学生座谈会、问卷调查等，参加座谈的学生应该随机抽取，设计的问卷应该具有内容广、普遍性等特点。学生评价教师的侧重点应放在教学态度、教学水平和学生满意度等方面。③做好评价的组织发动工作。鉴于学生对教学品质的感受与认知的成熟度的差异，要做到评价的客观性和有效性，应该教育学生正确行使民主权利，不要以个人喜好、厌恶等来左右评价，力求做到客观和公正。

（五）教师自评

教师自评的价值在于通过评价促进教师自主成长，因此，要在评价过程中对教师的主体性给予充分的尊重，教师自我评价具有如下几个方面的作用：①有利于教师角色的内化。教师自我评价的过程是教师自我诊断的过程，是自我反思与整改的

---

① 陈剑启，江晓帆. 国内外关于学生评教的相关研究综述［J］. 中国集体经济，2008（3）：182－183.

过程，通过教师主体的参与，可以加深对教师职责、任务的认识和理解，并自觉规范和约束自己的教学行为。②有利于激励教师的内在动机，即通过教师的自我评价，可以找到差距并由此产生思变的力量，获得自我发展、自我完善的动力。③有利于教师元评价认知的形成。教师对自身教育活动进行自我评价，实际上是一个反思修正的过程，可以促进教师的专业成长。

教师自评时要注意：①自我评价必须实事求是，教师大多不喜欢自我表扬，在自评中多表现出患得患失，在各种防卫、顾虑、应付和对评价结果的敏感心理支配下，教师的自我评价往往出现宽严不当。或过高的自我评价，以抬高他人评价的基点；或过低的自我评价，以避免自吹自擂之嫌；或模糊的自我评价，以回避与他人评价结果的正面冲突，这种不切实际的评价不利于教师专业水平的提升。②提高自我评价技能。教师自我评价能力存在极大的个体差异，评价能力强的教师能正确评估自己，而评价能力弱的教师则不能如实反映情况。比如有的教师仅就仪表、声音、教态等外在的东西来对自己进行评价，不能对自己的教学行为做出深入的分析，而自我评价能力强的教师，能结合新课程改革的评价理念，做出恰如其分的评价，这种评价技能上的差异，势必影响教师自评的有效性。所以，要使教师的自我评价有效，就有必要提升教师的自我评价技能。③教师自我评价的结果不宜与奖惩或利益挂钩，否则容易使教师由于压力或追求功利而不能正确地对待自我评价。如在自我评价中不顾实际地抬高自己，有意隐瞒自己的不足和缺点，从而失去通过自我评价促进教师发展的目的。

二、 教师评价程序

教师评价的程序是：依据评价目的制订评价标准—组织实施—评价反馈，也就是明确评价目的、确定评价者、制订评价指标体系、确定评价方式，最后将评价结果反馈给教师本人。

（一）明确评价目的

实施一次评价，首先要明确评价目的是管理、选拔，还是对教师教育教学工作实行监控，促进教师专业发展。如前所述，前者是总结性评价目的，后者是形成性评价目的，两者不是非此即彼的关系，是可以共存的。“选拔、鉴定”的基础是教师的教育教学实践，其基础应该是教师的行为现实和未来发展的可能性。即使是竞争上岗，比拼的也绝不是“台上的十分钟”，而是“台下的十年功”。教师评价的目的，是全面展示教师的教育教学实践的现状及其发展提高的可能性，一方面发现问题，促进教师改进和提高，另一方面为鉴定和选拔提供翔实、有效的依据。

（二）确定评价者

如前所述，教育行政部门、学校、专家与同行、学生、教师本人均可成为教师评价的评价主体。为了评价信息的全面、真实，在评价中引入多个主体是可行和必要的，但是评价者必须能够胜任评价工作，有正确的评价理念，在评价工作中能够公正、坦率且始终如一。要达到这些要求，有赖于评价组织者对评价体系的精心设计以及对评价理念的宣扬。总之，各评价主体应该从不同维度对熟悉的领域进行评价，例如科组同事对教师的教学能力进行评价、学生对教学过程进行评价。

（三）制订评价指标体系

评价指标体系要根据评价目的进行设计，必须主次分明、合理有序。合理的评价指标体系应得到被评价者的理解和认同，有较高的效度和信度，全面、真实地反映教师的工作实践和价值。

（四）确定评价方式

怎样收集、处理信息，怎样选择评价时机，这些也是关系到评价的效度和信度的问题。目前，总结性评价之所以受到较多的非议，与其集中收集培训信息、短时间内做出评价的方式密切相关。形成性评价的观点认为，评价应该是贯穿始终的，评价体系应该在开始的时候确定，为被评价者所了解，在教师工作的全过程收集信息，在某一阶段结束时处理信息，得出全面、有效的评价结果。

（五）评价结果的反馈

评价的功能既然不仅限于鉴定和选拔，评价的结果就不应该以简单的“优秀”“称职”“不称职”来概括。作为专业人员，教师也渴望发现不足、改进工作。评价结束后，校长或评价人员应约谈教师，对其上一阶段的工作进行总结，诚恳地指出不足，指导教师制订改进计划。

三、 教师评价方法

教师评价的方法一般有听课评价法、听取汇报法、抽样检查法等。听课评价法是日常监督、检查、考核教师的主要方法。听取汇报法，即定期举办教师集体工作汇报展，或私下找教师单独汇报工作，以了解监督其工作进度、完成程度和质量。抽样检查法，是为了检查教师某方面情况而经常采取的评价方式之一，比如检查教学备课笔记、批改作业情况、教师继续教育学习情况等。抽样时要根据考核目的决定是采取有意抽样检查还是随机抽样检查，或者是分层抽样检查。另外，参加教师的教育教学活动，也是学校领导考核教师常用的方法。不同的教师评价方法适用于不同的教师评价主体和不同的评价内容，下面着重介绍行为观察法、成果分析法、问卷调查法等评价方法。

（一）行为观察法

行为观察法是通过观察教师外在的行为表现来考核教师内在的教学素养的方法，这是课堂教学评价常用的方法，也是评价新教师的主要方法之一。不同成长阶段的教师，其教学的外显行为不同，因而折射出的教育教学理念也不同。观念是行动的先导，通过观察教师行为，可以找到教师教学行为的缺陷，判定教师教育教学的理念，通过有效的反馈途径，促进教师自觉地改进教学，促进专业成长。其具体做法是：第一，组织现场观摩活动，或者视频观摩活动（比如一个课时）。第二，教师献课，评委观摩，着重观察教师的课堂行为表现，有条件的地方最好安装摄像设备，对教师的课堂行为全程摄像。第三，反馈信息。如果是课堂摄像，则可以回放给授课者，通过观看课堂录像，让授课者自己对照、反思，找到适合自己的课堂行为表现；如果没有摄像，则需要评价者采用书面报告的方式告知评价对象；行为观察结果可以采取定性和定量相结合的呈现方式，做到有理有据。

（二）成果分析法

成果分析法是通过查阅教师背景材料来评价教师教育教学水平的方法，这是基于结果的评价方法，是专家评价教师常用的方法之一，是评价优秀教师、骨干教师等以奖赏为主的评价方法。其具体做法是，根据评价标准准备评价材料，材料的准备一定要真实可信，最好是原件材料；评价者根据标准整理材料、分析材料，写成评价报告。成果分析法是在占有数据基础上做出的定性评价，因而具有很强的说服力。成果分析法一般与奖励挂钩，因而有一定的激励作用。

（三）问卷调查法

问卷调查法是通过设计问卷来收集教师评价所需要的信息并以此评价教师的方法。问卷调查法既适合评价所有教师，也适合评价某一类型教师；既适合教师评价所有内容，也适合教师评价部分内容。因此，问卷调查法是教师评价中常用的方法，其具体做法是，设立科学有效的问卷；选定问卷主体，进行问卷调查；回收问卷，筛选有效问卷；整理、分析问卷写成教师评价报告。

问题思考

1. 我国教师评价有哪些突破?
2. 你认为什么样的老师是好老师? 教师评价应包含哪些方面?
3. 为什么要注重教师自评?
4. 简述教师评价程序。

第八章
学生评价

学习目标

了解：学生评价的类型；我国学生评价改革趋势；学生评价探索案例。

理解：学生评价相关概念；学生评价的原则；评价结果运用。

掌握：学生评价的内容；评价方法。

学习概要

学生评价要求面向全体学生，全面提高学生的基本素质，促进学生德智体美劳诸方面整体全面发展。那么，面对教育改革的新形势、新发展和新要求，如何评价学生是教育管理和研究的重要任务之一。本章首先对学生评价的定义、类型和原则进行了阐述，为全面了解学生评价奠定基础。同时分析了我国学生评价的发展趋势和最新取向，以期形成正确的学生评价观。其次，对学生评价的标准和内容进行了概括，以形成全面的学生评价体系。最后，介绍了三种常见的学生评价方法，以帮助学习者理解和运用。

第一节 学生评价概述

一、学生评价的定义

学生评价是教育评价领域中最基本的一个领域，也是最为重要的组成部分。21世纪以来，特别是新一轮基础教育课程改革以来，如何评价学生，成为教育管理者和广大教师关注的热点问题。何为“学生评价”？学者们有不同见解。英文“student assessment”被译为“学生学业评价”便是典型一例。在我国原有的“大教学，小课程”框架中，课程是教学的材料，学生评价则游离于课程之外，被视为对教学结果的检查。与此形成对照的是，在西方“大课程，小教学”框架中，教学是课程的实施部分，学生评价隶属于课程评价。

随着时间的推移，接受并运用西方的“大课程，小教学”框架成为我国教育界的倾向。特别是新课程标准试行以来，教育者或课程工作者越发接受大课程的观念。在大课程理念的影响下，人们逐渐摒弃以往专注于终结性、片面性定位的做法，学生评价观发生了明显的改变。

《超越测验：走向教育性评价的原理》的作者吉普斯（C. V. Gipps）提到，学生评价是一系列评定学生表现及成绩的方式的综合，包括正规测试与测验、实践与口头评价、教师实施的基于课堂的评价、档案袋等。我国有学者认为，学生评价是对学生个体学习的进展和变化的评价，它包括对学生学业成绩、思想品德和个性等方面的评价。① 也有人认为，学生评价是指评价者依据一定的评价标准，对学生个体学习的进展和变化及其影响因素进行系统分析和价值判断，以期达到教育价值增值的过程。② 还有学者将学生评价定义为以学生为评价对象的教育评价，是评价者依据一定的价值标准对学生的学业成就、个性发展、品德状况、体质体能等方面进行价值判断，并把判断结果反馈于教学实践以改进教学的过程，是对学生学习进展与行为变化的评价。③

综上所述，学生评价是以一定评价价值观和目标为导向，采用一套适合的评价程序与标准，对学生各个方面进行调查、分析与判断，以期促进学生发展，改良教师教学的过程。

二、 学生评价的类型

根据不同的分类标推，可将学生评价分为不同的类型。按照评价在学校教育教学中的作用，学生评价可分为定位性评价、形成性评价、诊断性评价和终结性评价。

（一）定位性评价（placement evaluation）

建构主义学习观认为，学习是学习者利用已有知识经验了解建构新知识的过程。因此，规范教学设计要求教师在教学之前对学习者的已有知识经验进行分析。在分析学习者的知识经验时，教师往往需要考虑两个问题，其一是学生对开展新的教学所必需的知识、技能掌握到了何种程度；其二是学生对计划进行的教学的预期学习

① 陈玉琨. 教育评价学［M］. 北京：人民教育出版社，1999：56.

② 肖远军. 教育评价原理及应用［M］. 杭州：浙江大学出版社，2004：135.

③ 胡中锋. 教育评价学［M］. 北京：中国人民大学出版社，2013：208.

结果已经具备了哪些。教师可利用自己的教学经验对这两个问题做出回答，也可以通过各种形式的定位性评价来获取关于学习者已有知识基础的信息。

定位性评价主要是在特定的教学活动之前，判定学生的前期准备，又称为安置性评价。它要解决的问题是：学生是否已掌握了参加预定教学活动所需的知识与技能；在多大程度上学生已经达到了预期的教学目标；学生的兴趣、习惯以及其他个性特征显示何种教学模式最为合适。例如，开学之初，任课教师可以调查学生对该科目的知识准备情况，包括学生学习兴趣、爱好、个性情感、学习态度、学习习惯、达到预期的程度等。由此，教师可以根据调查情况，及时调整相关教学内容、教学进度，选择相应恰当的教学手段与模式。可以采用问卷调查、师生对话、小组座谈、学习交流等方法进行定位性评价。

（二）形成性评价（formative evaluation）

作为对被评价者改进工作的内在动力的评价，形成性评价是现代教育评价的重要理念之一。形成性评价是指评价的结果能够指导以后的教学与学习的评价，在学生评价中，形成性评价的主要任务在于不断地反馈学生学习成功或失败的信息。它特别注重强化学生的成功之处，显示学生学习过程中需要改进的具体的学习错误，旨在帮助学生为最终的分级评分做准备，或者可以说是为了给终结性评价做准备。形成性评价可以是通过多途径、多角度观察来确定一名学生应用知识和技能的能力的一种评价活动，也可以是紧跟在一节课后的一种评价活动。例如，教师用一两句话总结上一节课的要点，并联系学生已有的知识提出相关的问题，然后通过观察学生在课堂中的反应，对学生做出形成性评价。

形成性评价不仅可以帮助学生强化已学知识，也可以帮助学生发现不明白的知识点，还可以改善学生记笔记、提问题、解决实际问题的方法，评价中甚至可能包括小组活动。这种评价方法通常受到学生的欢迎，因为它更多的是帮助学生表现已知的而不是未知的知识；同时也受到了忙碌的教师的欢迎，因为这不需要很多的讲授或评分，甚至学生自己也可以创造一种特定的形成性评价活动。①

（三）诊断性评价（diagnostic evaluation）

诊断性评价是为了使教学适合于学习者的需要而在一门课程和一个学习单元开始之前对学习者所具有的认知、情感和技能方面的条件进行的评估，也就是使教育活动的形式、内容、过程等更适合活动对象的自身条件及需要而进行的评价。它是

---

① WEBER E. 有效的学生评价［M］. 国家基础教育课程改革“促进教师发展与学生成长的评价研究”项目组，译. 北京：中国轻工业出版社，2003：29－30.

在了解学生发展的原有知识水平的基础上，为制订有效促进学生发展水平的教学计划或活动方案提供有用信息，并做到有的放矢、因材施教的一种评价方式。

诊断性评价的重点在于对学生学习中屡犯错误深层原因的调查。它需要一些精心准备的诊断性测验以及高度专门化的访谈技术。如果某些学生一直存在学习问题，以至于形成性评价提供的矫正性诊断无法解决，就需要采用诊断性评价来鉴别学生的学习困难。诊断性评价的目标是分析学生学习表现的普遍原因，指出学生学习困难的症结并进行补救。

（四）终结性评价（summative evaluation）

终结性评价也被称为总结性评价、结果评价，是指对学生教育活动的效果进行评价，也就是以预先设定的教育目标为基准，对教育计划或方案达到目标的程度，即对学生现状与目标之间的距离进行评价。它既是对教学目标达到程度的判断，同时也可提供教学目标适当性与教学策略有效性的信息。终结性评价的目的是评定学生的学习成就，了解学生整体发展水平，为改进教学提供依据。

一般地，总结性评价与分等鉴定、做出关于受教育者和教育者个体的决策、做出教育资源分配的决策相联系。总结性评价考查最终效果，因此它是对教育活动全过程的检验，一般在教育过程结束后进行。总结性评价是综合性的，它希望最后获得的资料有较高的概括化程度。学生的毕业考试、教师的考核、学校的鉴定都是总结性评价的例子。

三、学生评价的原则

学生评价除了应遵循教育评价一般原理中所提到的方向性、公开性、客观性、科学性、可行性等基本原则外，更应该以促进学生发展为基本指向，遵循发展性、多元化、全面性、差异性原则。

（一）发展性原则

学生评价的发展性原则是指学生评价要以促进学生发展为目的，要为学生的发展服务，评价关注的不仅是学生的现实表现，而且应该重视全体学生的未来发展，重视每个学生在原来已有水平上的提高。要在评价主体、评价内容、评价方法、评价工具、评价反馈等方面突出教育评价的发展性功能，改变过去学生评价过分强调甄别与选拔的做法，充分发挥评价的激励、导向和促进发展的功能，使评价的过程成为促进学生发展与提高的过程。制定评价指标时，根据学生发展的阶段性确定不同发展水平的指标，循序渐进地提出合理要求。评价要坚持用发展的眼光看待学生，不仅要看到学生现有的水平，还要看到学生潜在的发展可能性，激发学生主体自我发展的意识，让基础不同的学生都发挥其潜能，取得最大的成功。发展性原则是学生评价的最重要、最基本的原则。

（二）多元化原则

学生评价的多元化原则是指学生评价要从学生发展的多样性、动态性、水平的差异性出发，要同教育、教学活动紧密结合，多视角、多维度、多层次、多侧面地认识问题，渠道收集信息，以达到促进评价对象发展的目的。多元化原则包括评价内容、标准、方法、主体等的多元化。在评价方法方面，要善于结合实际情况，根据不同的评价目标和评价内容选择恰当的评价方法，除考试和测验外，还要研究制定便于评价者普遍使用的科学、简便易行的评价方法，如课堂行为观察、谈话评价、作业分析、成长记录评价和表现性评价等。在评价主体方面，要倡导多主体参与评价，重视学生、教师、家长在评价过程中的作用，改变以往单独由教师评价学生的方式，探索有利于引导学生进行积极的自评与他评的评价方法，使学生评价成为教师、学生、家长共同参与的多元交互活动。总之，评价既要关心结果，更要关心过程；既要重视学生的学习成绩，也要重视学生的思想品德以及多方面潜能的发展，注重学生的创新能力和实践能力；评价标准既要注意对学生的统一要求，也要尊重、关注学生的个体差异以及对发展的不同需求，用“多把尺子”衡量学生，为学生有个性、有特色地发展提供一定的空间。

（三）全面性原则

学生评价应着眼于学生的全面和谐发展。对学生进行评价时，要体现教育目标的全面性，评价必须全面实施各项评价内容，综合运用各种手段和方法，促进学生各项素质的全面发展。学生评价还要求评价者广泛地、充分地对评价对象的基本素质、学习过程和成果进行全面评价，全面地占有评价信息。所谓全面地占有评价信息，即学生评价必须反映学生学习和发展的全部信息，必须贯穿于学生学习活动的全过程，全面、全员、全程采集和利用与学生发展有关的评价信息。应把诊断性评价、形成性评价和终结性评价有机结合为一个整体运动过程，在一定的时域内，不断地循环反复，动态地监控学生发展和培养的全过程。把握全体学生素质发展的整体状况，即强调评价的整体性情景，同时，把教学过程与评价过程融为一体，最大限度地发挥评价的导向、诊断、反馈、激励等功能。

（四）差异性原则

学生评价应注重学生的差异性和多样性，在评价中要根据学生的不同思想、文化、身心发展基础，制定不同的发展目标、内容和标准，因材施评。评价主要是看基础、看发展、看进步，而不是片面追求评价标准的统一性。学生评价强调学生发展的多样化和个性化。因为不同年龄阶段的学生在身心特点、生活阅历、知识结构、认知水平和理解能力等方面存在着极大的差异，有着不同的发展需要、意愿、倾向、优势和可能性。同时，即使是完成同一活动，不同的学习个体也会表现出不同的水平。因此，对学生进行评价应该充分考虑学生的特点，评价内容、方法、标准等要从学生的实际出发，因人而异，不能一刀切，评价的最终目的是使每一个学生通过评价都能得到发展和提高。

四、 我国学生评价改革趋势

树立科学成才观念。坚持以德为先、能力为重、全面发展，坚持面向人人、因材施教、知行合一，坚决改变用分数给学生贴标签的做法，创新德智体美劳过程性评价办法，完善综合素质评价体系，切实引导学生坚定理想信念、厚植爱国主义情怀、加强品德修养、增长知识见识、培养奋斗精神、增强综合素质。

完善德育评价。根据学生不同阶段身心特点，科学设计各级各类教育德育目标要求，引导学生养成良好思想道德、心理素质和行为习惯，传承红色基因，增强“四个自信”，立志听党话、跟党走，立志扎根人民、奉献国家。通过信息化等手段，探索学生、家长、教师以及社区等参与评价的有效方式，客观记录学生品行日常表现和突出表现，特别是践行社会主义核心价值观情况，将其作为学生综合素质评价的重要内容。

强化体育评价。建立日常参与、体质监测和专项运动技能测试相结合的考查机制，将达到国家学生体质健康标准要求作为教育教学考核的重要内容，引导学生养成良好锻炼习惯和健康生活方式，锤炼坚强意志，培养合作精神。中小学校要客观记录学生日常体育参与情况和体质健康监测结果，定期向家长反馈。改进中考体育测试内容、方式和计分办法，形成激励学生加强体育锻炼的有效机制。加强大学生体育评价，探索在高等教育所有阶段开设体育课程。

改进美育评价。把中小学生学习音乐、美术、书法等艺术类课程以及参与学校组织的艺术实践活动情况纳入学业要求，促进学生形成艺术爱好、增强艺术素养，全面提升学生感受美、表现美、鉴赏美、创造美的能力。探索将艺术类科目纳入中考改革试点。推动高校将公共艺术课程与艺术实践纳入人才培养方案，实行学分制管理，学生修满规定学分方能毕业。

加强劳动教育评价。实施大中小学劳动教育指导纲要，明确不同学段、不同年级劳动教育的目标要求，引导学生崇尚劳动、尊重劳动。探索建立劳动清单制度，明确学生参加劳动的具体内容和要求，让学生在实践中养成劳动习惯，学会劳动、学会勤俭。加强过程性评价，将参与劳动教育课程学习和实践情况纳入学生综合素质档案。

严格学业标准。完善各级各类学校学生学业要求，严把出口关。对初、高中毕业班学生，学校须合理安排中高考结束后至暑假前的教育活动。完善过程性考核与结果性考核有机结合的学业考评制度，加强课堂参与和课堂纪律考查，引导学生树立良好学风。探索学士学位论文（毕业设计）抽检试点工作，完善博士、硕士学位论文抽检工作，严肃处理各类学术不端行为。完善实习（实训）考核办法，确保学生足额、真实参加实习（实训）。

深化考试招生制度改革。稳步推进中高考改革，构建引导学生德智体美劳全面发展的考试内容体系，改变相对固化的试题形式，增强试题开放性，减少死记硬背和“机械刷题”现象。加快完善初、高中学生综合素质档案建设和使用办法，逐步转变简单以考试成绩为唯一标准的招生模式。完善高等职业教育“文化素质 + 职业技能”考试招生办法。深化研究生考试招生改革，加强科研创新能力和实践能力考查。各级各类学校不得通过设置奖金等方式违规争抢生源。探索建立学分银行制度，推动多种形式学习成果的认定、积累和转换，实现不同类型教育、学历与非学历教育、校内与校外教育之间互通衔接，畅通终身学习和人才成长渠道。

第二节

学生评价的内容

所谓学生评价内容，是指“根据学生培养目标和实际需求，对学生进行价值判断所依据的范围和内涵”[①]。学生评价内容应依据评价目标来确定，学生评价的目标源自社会的教育目标，尽管在不同的历史阶段，教育目标的表述不尽相同，但是，全面发展始终是教育目标追求的最终结果。

一、学前教育阶段

2012 年，教育部印发《3—6 岁儿童学习与发展指南》，从健康、语言、社会、科学、艺术五个领域描述幼儿的学习与发展。每个领域按照幼儿学习与发展最基本、最重要的内容划分为若干方面。

（一）健康

健康指人在身体、心理和社会适应方面的良好状态。包括身心状况、动作发展、

① 陶西平．教育评价辞典［M］．北京：北京师范大学出版社，1998：323．

生活习惯与生活能力四方面。幼儿阶段是儿童身体发育和机能发展极为迅速的时期，也是形成安全感和乐观态度的重要阶段。发育良好的身体、愉快的情绪、强健的体质、协调的动作、良好的生活习惯和基本生活能力是幼儿身心健康的重要标志，也是其他领域学习与发展的基础。

（二）语言

语言是交流和思维的工具。具体内容包括倾听与表达、阅读与书写准备。幼儿期是语言发展，特别是口语发展的重要时期。幼儿语言的发展贯穿于各个领域，对其他领域的学习与发展有着重要的影响：幼儿在运用语言进行交流的同时，也在发展着人际交往能力、理解他人和判断交往情境的能力、组织自己思想的能力。通过语言获取信息，幼儿的学习逐步超越个体的直接感知。

（三）社会

幼儿社会领域的学习与发展过程是其社会性不断完善并奠定健全人格基础的过程。人际交往和社会适应是幼儿社会学习的主要内容，也是其社会性发展的基本途径。幼儿在与成人和同伴交往的过程中，不仅在学习如何与人友好相处，也在学习如何看待自己、对待他人，不断发展适应社会生活的能力。良好的社会性发展对幼儿身心健康和其他各方面的发展都具有重要影响。

（四）科学

幼儿的科学学习是在探究具体事物和解决实际问题中，尝试发现事物间的异同和联系的过程。幼儿在对自然事物的探究和运用数学解决实际生活问题的过程中，不仅获得丰富的感性经验，充分发展形象思维，而且初步尝试归类、排序、判断、推理，逐步发展逻辑思维能力，为其他领域的深入学习奠定基础。

（五）艺术

艺术是人类感受美、表现美和创造美的重要形式，也是表达自己对周围世界的认识和情绪态度的独特方式。

二、 义务教育阶段

2021 年教育部等六部门印发《义务教育质量评价指南》，提出学生发展质量评价主要包括学生品德发展、学业发展、身心发展、审美素养、劳动与社会实践等五个方面重点内容，旨在促进学生德智体美劳全面发展，培养适应终身发展和社会发展需要的正确价值观、必备品格和关键能力。①

（一）品德发展

1. 理想信念

了解党史国情，珍视国家荣誉，铸牢中华民族共同体意识，爱党爱国爱人民爱社会主义，立志听党话、跟党走，从小树立为实现中华民族伟大复兴的中国梦而努力奋斗的志向。会唱国歌，积极参加升国旗仪式；积极参加重要节日、纪念日主题教育活动，积极参加少先队、共青团活动。热爱并努力学习中华优秀传统文化、革命文化和社会主义先进文化，传承红色基因，增强“四个自信”；积极向英雄模范和先进典型人物学习。

2. 社会责任

养成规则意识，遵守校规校纪，遵守法律法规、社会公德和公共秩序。爱护公共财物，保护公共环境，热爱大自然；节粮节水节电，低碳环保生活；积极参加集体活动，主动为班级、学校、同学及他人服务。

3. 行为习惯

注重仪表、举止文明，诚实守信、知错就改，朴素节俭、不相互攀比。孝敬父母，尊重师长、同学和他人，礼貌待人，与人和谐相处。自己事情自己做，他人事情帮着做。

中小学生守则

一、爱党爱国爱人民。了解党史国情，珍视国家荣誉，热爱祖国，热爱人民，热爱中国共产党。

二、好学多问肯钻研。上课专心听讲，积极发表见解，乐于科学探索，养成阅读习惯。

三、勤劳笃行乐奉献。自己事自己做，主动分担家务，参与劳动实践，热心志愿服务。

四、明礼守法讲美德。遵守国法校纪，自觉礼让排队，保持公共卫生，爱护公共财物。

五、孝亲尊师善待人。孝父母敬师长，爱集体助同学，虚心接受批评，学会合作共处。

六、诚实守信有担当。保持言行一致，不说谎不作弊，借东西及时还，做到知

---

① 中华人民共和国教育部. 教育部等六部门关于印发《义务教育质量评价指南》的通知［EB/OL］.（2021－03－04）［2022－09－03］. http://www.moe.gov.cn/srcsite/A06/s3321/202103/t20210317_520238.html.

错就改。

七、自强自律健身心。坚持锻炼身体，乐观开朗向上，不吸烟不喝酒，文明绿色上网。

八、珍爱生命保安全。红灯停绿灯行，防溺水不玩火，会自护懂求救，坚决远离毒品。

九、勤俭节约护家园。不比吃喝穿戴，爱惜花草树木，节粮节水节电，低碳环保生活。

（二）学业发展

1. 学习习惯

保持积极学习态度，具有学习自信心和自主学习意识，善于合作学习，努力完成学习任务。掌握有效学习方法，主动预习，认真听讲，积极思考，踊跃提问，及时复习，认真完成作业。

2. 创新精神

积极参加学校兴趣小组社团活动，有小制作、小发明、小创造等科学兴趣特长。有好奇心、想象力和求知欲，有信息收集整合、综合分析运用能力，有自主探究、独立思考、发现问题、解决问题的意识与能力。

3. 学业水平

理解学科基本思想和思维方法，掌握学科基本知识、基本技能，达到国家规定的义务教育课程学业质量标准要求；养成阅读习惯，具备一定阅读量和阅读理解能力；主动参与实验设计，能够完成实验操作。

2022 年版《义务教育数学课程标准》（节选）

（二）总目标

通过义务教育阶段的数学学习，学生逐步会用数学的眼光观察现实世界，会用数学的思维思考现实世界，会用数学的语言表达现实世界（简称“三会”）。学生能：

（1）获得适应未来生活和进一步发展所必需的数学基础知识、基本技能、基本思想、基本活动经验（简称“四基”）。

（2）体会数学知识之间、数学与其他学科之间、数学与生活之间的联系，在探索真实情境所蕴含的关系中，发现问题和提出问题，运用数学和其他学科的知识与方法分析问题和解决问题（简称“四能”）。

（3）对数学具有好奇心和求知欲，了解数学的价值，欣赏数学美，提高学习数学的兴趣，建立学好数学的信心，养成良好的学习习惯，形成质疑问难、自我反思和勇于探索的科学精神。

（三）身心发展

1. 健康生活

营养健康饮食，讲究卫生，按时作息，保证充足睡眠，养成坐、立、行、读、写正确姿势；积极参加体育活动，坚持每天锻炼身体至少 1 小时，坚持做广播体操、眼保健操。树立珍爱生命、安全第一意识，掌握安全、卫生防疫等基本常识，注重日常预防和自我保护，具备避险和紧急情况应对能力。不过度使用手机，不沉迷网络游戏，不吸烟、不喝酒、不赌博，远离毒品。

2. 身心素质

体质健康监测达标，掌握 1～2 项体育运动技能，有效控制近视、肥胖、脊柱姿态不良等。保持自尊自信、自立自强，乐观向上、阳光健康心态，合理表达、控制调节自我情绪；能够正确看待挫折，具备应对学习压力、生活困难和寻求帮助的积极心理素质和能力。

（四）审美素养

1. 美育实践

积极参加学校、社区（村）组织的文化艺术等各种美育活动。经常欣赏文学艺术作品、观看文艺演出、参观艺术展览等。

2. 感受表达

掌握 1～2 项艺术技能，会唱主旋律歌曲。具备健康向上的审美趣味、审美格调，能够在学习和生活中发现美、感受美、欣赏美、表达美。

（五）劳动与社会实践

1. 劳动习惯

具有尊重劳动、热爱劳动的观念，能够吃苦耐劳，尊重劳动者，珍惜劳动成果。积极参加家务劳动、校内劳动、校外劳动，具有一定的生活能力和劳动技能。

2. 社会体验

积极参与社会调查、研学实践、志愿服务和公益活动。在农业生产、工业体验、商业和服务业实践中，主动体验职业角色。

三、 高中教育阶段

2014 年《教育部关于加强和改进普通高中学生综合素质评价的意见》中，评价内容部分要求依据党的教育方针，反映学生全面发展情况和个性特长，注重考查学生社会责任感、创新精神和实践能力。主要内容包括思想品德、学业水平、身心健康、艺术素养、社会实践五个方面。

（一）思想品德

主要考查学生在爱党爱国、理想信念、诚实守信、仁爱友善、责任义务、遵纪守法等方面的表现。重点是学生参与党团活动、有关社团活动、公益劳动、志愿服务等的次数、持续时间，如为孤寡老人、留守儿童、残疾人等弱势群体提供无偿帮助，到福利院、医院、社会救助机构等公共场所、社会组织做无偿服务，为赛会保障、环境保护等活动做志愿者。

（二）学业水平

主要考查学生各门课程基础知识、基本技能掌握情况以及运用知识解决问题的能力等。重点是学业水平考试成绩、选修课程内容和学习成绩、研究性学习与创新成果等，特别是具有优势的学科学习情况。

（三）身心健康

主要考查学生的健康生活方式、体育锻炼习惯、身体机能、运动技能和心理素质等。重点是《国家学生体质健康标准》测试主要结果，体育运动特长项目，参加体育运动的效果，应对困难和挫折的表现等。

（四）艺术素养

主要考查学生对艺术的审美感受、理解、鉴赏和表现的能力。重点是在音乐、美术、舞蹈、戏剧、戏曲、影视、书法等方面表现出来的兴趣特长，参加艺术活动的成果等。

（五）社会实践

主要考查学生在社会生活中动手操作、体验经历等情况。重点是学生参加实践活动的次数、持续时间，形成的作品、调查报告等，如与技术课程等有关的实习，生产劳动、勤工俭学、军训、参观学习与社会调查等。高中学校要基于学生发展的年龄特征，结合当地教育教学实际，科学确定学生综合素质评价的具体内容和要求。

◇第三节◇

学生评价的主要方法

一、测验法

（一）测验法的含义

测验法是通过编制一套具备一定数量和质量的试题，对学生的学业发展水平做出判断的方法。一般而言，测验法长于对学生的知识掌握情况进行有效评价，而不利于评价学生的实际技能、学习过程和方法、情感态度与价值观等；它注重的是对学生学习结果的评价，而忽视过程评价。但是，测验法因其操作简单易于实施、比较经济、相对客观等独特的优势，曾经是、现在是、将来仍然是学生评价的一种不可缺少的方法。测验法运用范围较广，可用于学业领域，也可用于非学业领域（如能力倾向测验、人格测验等）。在这里，我们主要探讨测验法在学业领域的应用。

（二）测验的类型

1. 标准化测验与教师自编测验

按测验的标准，可将测验划分为标准化测验与教师自编测验。标准化测验是指由专家或专业的测验机构采用系统、科学的程序编制的，具有统一标准，并对误差做了严格控制的测验。这种测验有严格规范的标准，与之相配套的测试全过程的标准化，具体包括确定标准化的测验目的、试题编制的标准化考务管理的标准化、评分计分的标准化、分数解释的标准化等。标准化测验适用于大规模范围内评定个体心理特征或能力水平。标准化测验属于科学化、客观化测验，具有测验水平代表性强、测验对象受限较小、测验分数稳定可靠、测验题型全面有效、测验程序科学可控等特点，是学生学业成绩评价的主要方式之一。然而，标准化测验不易编制，有关的要求也比较高。

教师自编测验是教师根据教学的需要，自行设计和编制的测验。相对于标准化测验来说，教师自编测验由于在编制、实施、计分以及分数的解释等方面科学性、严密性不够高，因而确实存在一些缺点，如试题未经预测、试卷质量不易保证、测验过程可能会存在较大的误差等。但是，由于教师自编测验在编制试卷和组织实施上简单易行，适应性强，因此在现行中小学中应用仍较广泛。

2. 客观性测验与主观性测验

按测验试题的形式，可将测验划分为客观性测验与主观性测验。客观性测验是指测验的试题有固定、明确的答案，可以客观地计分，不受主观因素的影响，要求被试者准确无误地再现固定知识，评分者主要根据固定的标准答案进行判分的测验。客观性测验从答题到答案再到评分，都是客观的。客观性测验的试题（简称客观性试题）形式多样，比较典型的有选择题、是非题（也称判断题）、改错题、填空题、匹配题等。其主要优点是：①试卷题量大，覆盖面广，有利于提高考试的信度。②评卷客观、准确、迅速，可用计算机阅卷。③客观题具体形式灵活多样，适应性强，适用范围广泛。其明显缺点是：①编制比较复杂，需要较高的编制技巧和较长的编制时间。②难以考核学生对问题完整的推理的能力、对知识的综合运用能力、有效的总结能力、严密的表达及写作能力。

除此之外，按测验的目的，可将测验划分为诊断性测验、形成性测验与终结性测验。按测验的特征可划分为学科测验与综合测验。学科测验是测量学生在一定阶段（时间）内通过学习各门具体学科所获得的知识和技能的测验；综合测验是包括不同学科内容范围、相互配合进行的成套测验，用以测量各个教学阶段中学生在若干学科上所获得的知识与技能。按测验的形式可划分为操作测验与书写测验（纸笔测验）。操作测验主要考查学生实际的动手操作能力及知识的应用和迁移能力，比较突出地表现在物理、化学、生物等学科上，书写测验是指以书面形式的测验工具评价学生学业成绩发展状况的测验，可分为再认式测验（如判断题、选择题、匹配题等）和回忆式测验（如填空题和简答题等）。按测验的内容可划分为学业测验与非学业测验。学业测验主要是指对学生的知识、技能掌握程度的测验；非学业测验主要是指对学生的个性和能力（如动机、兴趣、气质、情感、价值观、一般能力、特殊能力等）所进行的测验。接测验的对象可划分为个别测验与团体测验。个别测验是指对被试进行单独测试的测验；团体测验是指在同一时间内对多人实施的测验。按评价的参照标准可划分为常模参照测验与标准参照测验。常模参照测验是指参照常模群体的水平来解释分数的测验；标准参照测验是指依据某种特定的操作标准来解释测量结果的测验。

（三）测试法的步骤

不同类型的测验尽管在测验目的和内容方面存在着差别，但是，其编制过程大致是相同的，一般包括制定命题计划、编制双向细目表选择试题、编制试卷、试测、编写试题的答案及评分标准、复查等几个环节。

1. 制定命题计划

测验的编制是一项严肃而又复杂细致的工作，要想提高学科测验的质量，应该在实施测验之前对其进行设计，它是测验的首要环节。许多测验质量不高的主要原因就是不经设计就直接组织实施测验。不进行设计，没有命题计划，就使得命题者凭感觉编制测验，当然很难提高测验质量。一般来说，测验的设计要考虑三个方面的工作：一是确定测验的目标、内容和标准，即“测什么”；二是决定测验的方法和类型，即“怎样测”；三是编制命题计划，将“测什么”和“怎样测”的规定变为具体的实际工作蓝图。在这三项工作中，最主要和最难以确定的是命题计划的编制。

所谓命题计划就是对测验题目如何编制、试卷如何组成进行设计，是命题者用来编制试题和试卷的依据。它一般包括两部分内容：一部分是试题和试卷编制的原则要求，具体说明测验的目标和内容范围、测验的方法和类型、编制试题和组配试卷的要求等；另一部分是试卷中试题的分布规定，具体规定出测验内容中各部分内容所占的试题数量和分数比例。

2. 编制双向细目表

双向细目表是一种考查目标（知识、能力）和考查内容之间的列连表，是按知识内容和认知目标层次这两个方向进行分层，进而编制成的试题权重表。双向细目表包括两个维度，一个是要考查的目标，另一个是要考查的内容要点。它的编制可分为以下两个步骤进行：第一步，开列课程标准中的教学内容。教学和测验都是针对具体的学科内容进行的。学生应该掌握哪些知识内容，不同知识内容在学科中的地位及所应达到的认知目标层次等，都是测验设计中必须解决的问题。因而，在编制双向细目表时，首先应列出课程标准中的教学内容。第二步，对开列的教学内容给定权重。编制出的试题，不仅要对学科内容具有足够的代表性和覆盖率，也要能涵盖所确定的教学目标。一般按照布卢姆的认知目标分类系统，根据学科特点，对各级认知目标给定合理的权重。在给定各层次认知目标的权重时，除考虑学科特点外，还应考虑适当增加较高层次目标的权重，以促进学生的心智的发展。当然，也还要根据测验的目的和需要而定。一般来说，双向细目表的纵向列出要测内容的要点，横向列出要考查的目标。双向细目表的各种权重也不一定非要用百分比表示，也可以用其他方法来表示，例如得分点、题量等。在实践中，要根据学科特点、年级特点及具体的测验目的作相应的调整。表 8－1 就是根据具体的学科（数学）、年级（五年级）和测验目的（基础检验）编制而成的双向细目表。①

---

① 田友谊．当代学生评价的理论与实践［M］．武汉：华中师范大学出版社，2012：196.

表 8－1　五年级数学基础测验命题双向细目表

年级：五年级

学科：数学　　　　单位：分

内容维度	识记	理解	简单应用	综合应用	创新	合计分数
整数、小数一步	7.5	7.5	0	0		15
分数、加减一步	2.5	2.5	0	0		5
整数、小数、分数方程	2	2	2	0		6
整数、小数、分数混合运算	5	5	5	0		
整数、小数、分数简算	0	2.5	2.5	5		10
长、正方形体积	2	5	2	0		
其他列式计算	1	3	1	0		
分数的意义和读写	2	0	0	1		
分数的类型和性质	2	0	0	2		
几何形体的认识	3	0	0	0		
简单的统计	2	1	0	0		
名数及换算	1	1	0	0		
形体常识	1	1	1	0	2	5
分数常识	1	1	0	1	2	5
数和式的意义图示	1	1	0	1	3	6
统计常识	1	1	0	2	0	4
合计分数	34	33.5	13.5	12	7	100

双向细目表有利于保证测验题目有较宽的覆盖面，使测验有较好的内容效度，双向细目表具有较大的实用性，无论是对教学还是测验都有重要的作用。它可以帮助我们明确以下问题：教学内容是什么？如何支配教学时间？教相应知识内容的目的是什么？如何利用测验来测量相应教学内容的目标实现程度？因此，它不但是命题的依据，而且是评价检测内容效度的依据，也是评价学生达标程度的依据。

3. 选择试题

命题不仅仅是编制试题，它还包括试卷的编辑，即根据测验的具体目标和要求，选择适量的试题，并按适当的次序编辑成一份试卷。在选择试题时，一般按照以下几个步骤来实现。

第一步，确定试题总量。各种难度试题的比例和试题数量的安排要根据考生的实际水平和测验的目的要求以及测验时间的长短来加以确定。这一步的工作不需要很具体、很精确，只要心中有数就行了。

第二步，根据命题计划的原则要求确定各种类型试题的数量及难度层次比例，这主要是根据测验的目的、规模和内容来决定。一般来说，规模较小的测验可多一些选择题以外的试题，规模较大的测验可多一些选择题。选拔性质的测验，其难度应大一些；过关性质的测验，其难度应小一些。但各种难度的试题都应涉及，只是比例应有所不同。

第三步，选择试题。就是在前两步工作的基础上，根据双向细目表的规定选出各类试题，这一步是整个试卷编辑工作的关键。选择试题的过程中，需要处理好的问题是，什么内容用什么样的试题类型进行测验、试题构成与双向细目表的一致性（内容及认知目标层次两方面的一致性），以及各种难度层次试题的比例。

4. 编制试卷

试题确定之后，接下来就是要对选好的试题，按照题目类型及难度层次的适当次序编成一份试卷，即编制试卷。一般而言，在题目类型安排的次序方面，试卷编制遵循的原则是，根据试题客观性程度的高低进行排列，即客观性程度高的试题排列在前面。对于同一类型的试题，则按难易程度排列次序，较容易的在前，较难的在后。就中小学测验中常用的题型来说选择题的客观性程度最高。接下来是判断题、填空题、计算题、应用题、而开放题、简答题和作文题是客观程度最低的试题类型。

5. 试测

试测是指对初步设计出来的试卷题目，在与将来被测对象情况相近的群体中进行试用，取得相关参数，以了解试题的性能。任何一份试卷的信度、效度、难度和区分度都不能仅凭主观推测来判断，只有经过实际检验才能进行确定，试测之后，要根据试测结果认真分析其是否符合原先的命题意图，对于区分度高、难度适合、信度较好的试题进行保留，而对质量不高的试题要进行修改或替换，从而保证试卷的整体质量。需要说明的是，并非所有的测验都要进行试测，如单元测验、课堂测验，就没必要进行试测，而比较正规的大型考试则要做好试测工作。

6. 编写试题的答案及评分标准

每一道试题都应有相应的参考答案和评分标准。对于客观性试题，要力求评分简便、准确，尽量排除主观因素的干扰，而且在各题的分值上，要力求科学合理。对主观性试题要采取分步评分，杜绝笼统给分的做法，以避免一点做错、全部扣分的现象。对于解法多样的试题，还必须给出可能出现的典型的参考答案及相应的评分标准。

7. 复查

复查试题，即全面审查整份试卷的质量，对发现的问题及时做出修订。这个环节包括对整份试卷的复查和试题答案及评分标准的复查。在复查环节，不仅要思考每一道试题的质量、评分方法的合理性、答案的科学性以及各种难度层次试题的比例等，更重要的是，要将试卷与双向细目表进行对照，研究试卷与命题计划、双向细目表的规定是否一致。最后，还要将试卷指导语、答题时限、试卷页数、试题数量、试卷满分等写在试卷合适的位置。

8. 测验结果的解释

测验结果的解释包括两个方面的问题：一是如何使测验分数具有意义，二是如何将测验分数报告给当事人。①

测验施测之后，将受测者的反应与答案做比较即可得到每个人在测验上的分数。这种直接从测验上得到的分数叫作原始分数。原始分数本身没有多大意义。由此既不能看出受测者水平的高低，也不能看出他哪一门课学得更好。为了使原始分数有意义，同时为了使不同的原始分数可经比较，必须把它们转换成具有一定的参照点和单位的测验量表上的数值，并对结果进行分析。

二、 表现性评价

表现性评价（performance assessment）最早是运用在心理学领域和企业管理领域。直到 20 世纪 40 年代教育测量学家才开始对表现性评价产生兴趣和加以研究，并在 60 年代以后获得迅速发展，成为今天国外在学校课程评价中得到广泛应用的一种独立的学生评价方式。在我国新一轮基础教育课程改革中，表现性评价也以其发展性特征而备受关注。

（一）表现性评价的含义

表现性评价是一种质性评价方法，是一种新型的更直接地考查学生综合运用知识、解决实际问题能力的方法，在促进学生发展和改进教学方面有显著作用。表现性评价是测量学习者运用先前所获得的知识解决新异问题或完成特定任务的能力的一种评价方法，具体来说就是运用真实的生活或模拟的评价练习来引发最初的反应，由高水平评价者按照一定标准进行直接的观察、评判，其形式主要包括建构式反应题、书面报告、作文、演说、操作、实验、资料收集、作品展示。

表现性评价具有以下特点：表现性评价的目的既可以是给学生评分，也可以是对学生的学习情况进行诊断，但其重点是后者；表现性评价比较擅长和关注的评价领域不是知识和技能的回忆与再认，而是知识和技能的应用和非智力因素的发展；表现性评价的问题情境是比较真实的，需要学生解决的问题是现实中的问题，而不是脱离现实情境的抽象问题；表现性评价中需要学生完成的任务一般是比较复杂的，需要学生综合运用多学科的知识和技能加以解决；表现性评价鼓励学生的发散性思维，允许甚至追求答案的多样性；表现性评价比较费时费力，需要付出的时间代价

---

① 涂艳国. 教育评价［M］. 北京：高等教育出版社，2007：158－160.

较高；表现性评价容易受评价主体主观因素的影响，导致评价结论的主观性较强，信度较低。

（二）表现性评价的实施

一般来说，表现性评价的实施包括目标的确立、任务的布置、评分标准的确定、实施评价、评价后的反思等几个环节。①

1. 确立评价目标

明确评价目标是实施表现性评价的前提。从一般意义上说，确定表现性评价目标，应根据课程标准、教学内容以及学生的实际情况，涵盖知识与能力、过程与方法、情感态度与价值观三个维度。在具体实施的过程中，应根据具体情况确定评价重点，如果是终结性评价（如期末考试或升学考试），最好进行全面的评价，这样可以全方位地了解学生的学习情况；如果只是过程性的课堂评价，则可以采用分项的方式有重点地进行评价，这样有助于发现问题和改进教学。而且学科不同，具体评价目标也是不一样的，如物理、化学、生物要求学生更多的是动手操作能力，而英语和语文更多的是运用语言的能力。在表现性评价中，评价目标既是教师评价的标准，也是学生进行自我评价的依据，因此对于确定了的评价目标，还要清晰明确地呈现出来，以确保评价的顺利有效进行。

2. 确定合适的表现性任务

在表现性评价中，教师主要通过观察学生在完成任务过程中的各种行为表现和完成的产品来对学生进行评价。可以说，表现性任务是表现性评价的基础。因此，评价目标确立之后，接下来需要做的是，根据表现性评价目标，确定合适的表现性评价任务。表现性任务的设计应注意以下一些问题：关注那些需要复杂认知技能和学生表现的学习结果；选择和开发在内容和技能上能代表重要学习结果的任务；确保评价任务与评价目的的高度相关；为学生提供必要的指导，让学生能够理解任务的要求；设计使学生能够更好地理解任务的指导语；运用评分规则使学生清楚地了解完成任务的预期目标。② 设计的任务在性质上必须是能让学生运用知识、解决问题、拓展能力的任务。表现性任务不仅仅局限于课堂和学校，根据需要，可以拓展到校外，以加强学生和社会实践的联系，使学生有更多机会展示自己的知识、技能，提高学生的实践能力和创造能力。

3. 确定表现性评价的评价指标

确定评价的具体指标是实施表现性评价的基础，评价指标的建立要始终围绕学

---

① 李玉芳．多彩的学生评价［M］．北京：教育科学出版社，2009：156－160.

② 田友谊．当代学生评价的理论与实践［M］．武汉：华中师范大学出版社，2012：226.

生的“表现”，着重从表现意愿和表现能力两个方面加以考虑，旨在保证评价的全面性和客观性。一般来说，评价指标的制订要做到以下几点：一是评价指标要能体现对学生表现的过程性评价；二是评价指标要体现激励性原则；三是评价指标的制订要从实际情况出发；四是开展表现活动，收集表现信息根据评价安排，被评学生参与表现性任务。科学、合理、全面地收集信息是表现性评价的一个关键环节。因此，在这一过程中，教师要根据评分规则，利用各种方法和手段，对学生的实际行为表现进行仔细观察和记录。教师对学生信息收集工作要贯穿于学生表现的任何一个环节，要涵盖学生的整个表现行为，包括学生的学习欲望、学习态度、发言的次数、质量、解决问题的方法等，为评价学生获得全面信息。

4. 对学生表现进行评定

学生的发展水平到底如何，需要根据编制的量表，对学生在完成表现性任务中的行为表现进行评定。通过评估，确定学生的行为表现程度到底如何，这是表现性评价的具体落实，也是表现性评价的核心部分。

表现性任务的评分方法分为整体评分法和分析评分法两种。所谓整体评分法就是以对学生表现的整体印象作为评分的基础，综合考虑所有的评分准则，然后对学生的学习过程和学业成果的质量水平进行全面的、一次性判断，而不考虑构成整体的个别细节部分；分析评分法则是指根据描述性的质量等级和每个评分准则，对学生表现的每个细节或对构成每件作品、成果的每个重要细节分别进行分析，然后综合逐项评价的结果。在具体的运用过程中，教师要根据具体的评价目标来灵活运用评分方法。

5. 对评价结果的反思

评价完毕并不意味着评价的结束。评价的最终目标是促使学生总结经验、吸取教训、扬长避短、不断进取。因此，教师还必须引导学生在评价中反思自己的得失，了解自己的不足，及时调整自己的学习行为。同时，教师也要从表现性评价中反思自己教学中存在的不足，以便改进自己的教学，从而实现评价促进发展的最终目的。

三、 档案袋评价

《教育部关于积极推进中小学评价与考试制度改革的通知》中明确要求学校和教师要“建立每个学生的成长记录（袋）”，并指出“高中录取标准除考试成绩以外，可试行参考学生成长记录（袋）等其他资料，综合评价进行录取”。在实践中，成长记录袋评价也受到了很大的关注。

（一）档案袋评价的含义

成长记录袋（portfolio），来源于意大利语 portafoglio，是“port”（携带）和

“folio”（纸张或资料）的组合，有文件夹、公事包或代表作选集等多重含义，也有人将其译为“档案袋”“学习档案”“档案录”或“成长记录”。成长记录袋在国外的应用已有十多年的历史，但到目前尚未有统一的定义。我们认为，成长记录袋就是根据教育教学目标，有意识地将学生的相关作品及其他有关证据收集起来，通过合理的分析与解释，反映学生在学习与发展过程中的优势与不足，反映学生在达到目标过程中付出的努力与进步，并通过学生的自我反思激励学生取得更高的成就。根据所收集的内容对学生的进步或进步过程等进行评价，就是成长记录袋评价（portfolio assessment）。

（二）成长记录袋评价的实施

如何实施成长记录袋评价呢？先看一个关于成长记录袋评价实施的例子（表 8－2）。①

表 8－2　学生的阅读和写作成长记录袋评价实施办法

学习目标	档案记录内容	进步档案记录的频率
（1）进行自己喜欢的、有意义的学习并确定、评价什么	①选几件作品 ②解释为何选这么几件每年至少 3 次	每年至少 3 次
（2）学生评价一段时间里的进步	①回顾自己的档案记录 ②回答：自己是否像一个读者或作者	每年至少 2 次
（3）阅读意义	复述阅读内容或解释它的意义	每年至少 2～3 次
（4）选择各种材料	两周内阅读书或文章的记录	每年至少 2～3 次
（5）用笔进行有效交流	较长的写作样本	每年至少 2～3 次
（6）朝读者和作者的方向发展	①学生的初稿、注释及其他由教师选择的作品 ②教师对学生进步的批注和评语	由教师决定

由上述示例可以看出，实施成长记录袋评价一般需经历以下几个环节或步骤。②

① 唐晓杰. 课堂教学与学习成效评价［M］. 南宁：广西教育出版社，2000：140.（有改动）
② 李玉芳. 多彩的学生评价［M］. 北京：教育科学出版社，2009：174－176.

1. 确定评价主体

成长记录袋评价是一种开放性的评价，在整个评价过程中，从材料的收集到标准的制定，需要调动和发挥学生、家长、学校管理者等多主体的作用。因此要根据评价目的和各主体在学生发展中的不同职责和作用，确定不同的评价主体，在条件允许的情况下，要让学生、家长和教师一起参与评价材料的收集、评价标准的制定和评价结果的鉴定。特别是要让学生参与到评价过程中来，鼓励学生对自己完成的成长记录袋进行自我审视、反思、检讨、评价，使学生认识到自己的进步和不足，并且明了将来应努力的方向。

2. 制定评价标准

为保证成长记录袋评价的信度和效度，教师要事先根据评价目的制定评价标准。评价目的不同，评价标准制定的要求也不一样，如果评价目的是了解学生的学习过程，确定学生的进步状况，那么，评价标准就不必要细化到诸多评价指标，主要对标准有一个质性的描述就行了。但是如果评价目的是给学生开学或评优提供依据，或者是要对学生发展状况做出终结性评价并记录入档的，评价标准则要进行指标细化，并用文字明确表述某个等级的具体要求，以保证评价结果的公正和全面。此外，评价标准应该由教师和学生共同制定，这样有助于学生对标准的了解和把握，让学生从一开始就知道他们在各方面的发展究竟要达到何种程度并以此来要求自己。

3. 分析有关材料

在成长记录袋评价中，收集材料仅仅是为了评价服务，也就是说，收集材料不是目的，而是手段。因此，在确定评价标准和评价主体之后，接下来的就是成长记录袋评价的中心工作，即对所收集的材料进行客观、全面的分析，对学生的发展状况做出判断。相反，如果把收集材料当作整个评价活动的中心，在耗费了大量的时间和精力收集材料之后，教师却把辛辛苦苦收集起来的材料放在一旁不做分析、评价，那么其潜在的教育价值就无法体现，成长记录袋评价的功能将无法发挥，收集的材料只能是废纸一堆，整个学生评价的意义也将无从谈起。

4. 反馈评价结果

评价不是目的，促进学生发展才是评价的出发点和目的。因此，在成长记录袋评价中，不能仅仅停留于对记录袋中材料的分析。在对收集的材料进行分析并对学生发展状况做出判断之后，要及时把评价结果反馈给学生及家长。只有让学生及时了解评价的结果，学生才能清楚自己的不足和存在的问题，并及时给予纠正和完善。由于成长记录袋评价是形成性评价，因此，在成长记录袋评价中，不能在学期结束时再进行结果反馈，而应将反馈穿插在整个评价过程中，把评价当成是教师、学生、家长等多主体之间双向信息交流的互动过程，积极发挥评价的反馈、激励、促进和发展功能。

5. 引导学生进行反思

分析材料、反馈结果，并不意味着评价的结束。对于评价结果，学生的反应是不一样的，或接收、认可，或怀疑、拒斥，或冷漠、不理，学生对评价结果的不同反应势必影响评价的实效及后续的学习、表现。因此，教师必须引导学生正确看待评价结果，认真反思自己的发展历程，总结取得的进步和存在的不足。反思既是评价的方式，也是学生评价的目的。学会反思，有助于学生形成自我评价的能力，有利于促进学生的自我成长。

以上是成长记录袋评价应遵循的一般步骤或成长记录袋评价要经历的基本环节，但并不是说每一次评价都必须包括和遵循所有的步骤。在实践中，教师可以根据实际情况，灵活选择或调整。

问题思考

1. 什么是学生评价？学生评价的类型有哪些？
2. 传统学生学业评价有哪些弊端？如何改善？
3. 新课程改革下如何评价学生的核心素养？
4. 介绍一种你熟悉的学生评价方法。

第九章
课程评价

学习目标

了解：课程评价的内容；在线课程评价方法。

理解：课程评价的含义、课程评价的对象、课程评价类型；课程方案评价的主要内容；课程标准评价的主要内容；教材评价的主要内容。

掌握：课程评价的意义；课程评价的发展趋势。

学习概要

课程评价是课程开发、课程决策、课程改革以及课程创新的重要依据，也是保证课程质量和实现教育目标尤为重要的一个环节。本章首先介绍课程评价概述，包括课程评价相关概念的含义、课程评价的类型以及课程评价的意义，对课程评价有个初步的理解。然后，梳理了课程评价的内容，包括课程方案评价、课程标准评价、教材评价。最后，分析课程评价未来发展趋势，并介绍了在线课程的评价方法。通过本章的学习，对课程评价的过程和发展有更深入的了解。

第一节
课程评价概述

一、 课程评价的概念

（一）课程评价的含义

1. 课程的定义

长期以来，人们对课程的定义可谓见仁见智。我国课程学者施良方先生在《课程理论：课程的基础、原理与问题》一书中，把各种课程定义归为以下六种：①课程即教学科目；②课程即有计划的教学活动；③课程即预期的学习结果；④课程即学习经验；⑤课程即社会文化的再生产；⑥课程即社会改造。

廖哲勋教授对国内外有关课程的定义归纳成七种：①课程即教育内容或教材；②课程是所涉及的一种活动计划；③课程是预期的学习结果；④课程是文化的再生产；⑤课程是经验；⑥课程是具体的课业；⑦课程是进行社会改造的议事日程。

美国学者古德莱德对课程存在五种不同的理解：①理想课程，即由一些研究机构、学术团体和课程专家提出应该开设的课程；②正式的课程，即由教育行政部门规定的课程规划、课程标准和教材；③领悟的课程，指任课教师所领会的课程；④运作的课程，指在课堂里实际开展的课程；⑤经验的课程，指学生实际体验到的课程。

我们认为，出现对课程概念的多种理解的现象是正常的，也是必然的。由于所处的特定的历史时期和社会条件不同，每个人从事课程理论与实践研究的经验、着眼点和层次的不同，因而，对课程的理解也不相同。各种概念和提法的出现，是研究者从不同层次、不同角度出发，对课程某个方面所表达的一个特定的观点。因而，给课程下一个统一的定义是很困难的，但是，概括国内外对课程概念的不同界说，我们大致可从广义和狭义两个方面来理解课程的概念：从广义上来说，课程是指学生在学校获得的全部经验。其中包括有目的、有计划的学科设置，教学活动，教学进程，课外活动以及学校环境和氛围的影响。从狭义来说，课程是指各级各类学校为了实现培养目标而开设的学科及其目的、内容、范围、活动、进程等的总和。

2. 课程评价的定义

关于“课程评价”的定义也存在诸多看法。《简明国际教育百科全书·课程》给课程评价所下的定义是：课程评价指的是研究一门课程某些方面或全部的价值的过程。根据课程这一术语的不同定义方法，课程评价的焦点或目标包括课程需要和（或）学生需要、课程设计、教学过程、在教学中使用的教材、学生成果目标、通过课程学生取得的进步、教师有效性、学习环境、课程政策、资料分配以及教学成果等内容。[①] 艾伦·C. 奥恩斯坦等人认为课程评价是指人们收集必要的资料以决定是否采纳、修改或删除总体课程或某一特定教科书的过程。课程评价旨在发现所设计、开发和实施的课程是否正在产生或能够产生预期的结果，确定课程在实施之前的优点与不足以及实施的效果。[②]

我国的相关研究者也对课程评价进行了解读。施良方认为，课程评价是指研究

① 江山野. 简明国际教育百科全书课程［M］. 北京：教育科学出版社，1991：168.

② 奥恩斯坦，汉金斯. 课程：基础、原理和问题［M］. 3版. 柯森，译. 南京：江苏教育出版社，2002：512.

课程价值的过程，由判断课程在改进学生学习方面的价值的活动构成。① 钟启泉认为，课程评价是以一定的方法、途径，对课程计划、活动及结果等有关问题的价值或特点做出判断的过程。要准备把握课程评价的含义，应当同时考虑评价对象、评价标准和评价的方法与途径三个方面的问题。② 陈玉琨等人认为，课程评价是教育评价的重要组成部分，是在系统调查与描述的基础上，对学校课程现实已经取得的潜在的价值做出判断，不断完善课程，增加教育价值的过程。③

综上所述，课程评价是对整个课程体系以及课程体系所处的具体情境进行信息的收集和解释，并进行价值判断的过程，旨在不断提升课程体系的质量，优化课程实践并为课程决策提供信息。

（二）课程评价的对象

长期以来，我国存在将课程评价对象窄化的现象，课程评价在绝大多数情况下只是针对学生的学习，特别是学生学习的结果进行的。实际上课程评价对象涉及的要素十分广泛。概而言之，课程评价的对象至少涉及以下五个层次的内容：课程设计、课程实施、学生的学业及其自身发展、课程系统、课程评价的评价。

1. 课程设计的评价

把课程设计作为评价的对象，是要考虑课程的目标、指导思想和实施路向等问题。对课程设计的评价，包括对课程标准、教材、教学安排、课程实施和课程成果总结等的评价。对课程标准的评价着重考察的是标准是否符合国家的教育方针和要求；对教材评价的侧重点是内容的正确性、可理解性和可教学性；对教学安排的评价的侧重点是教学效果与效益；对课程成果总结评价重点考察的就是结果与问题。其中，对课程标准的评价，包括普遍的目标和具体行为目标的评价，对达到这些目标所选的文化内容之间关系的评价以及学习者对课程心理适应性的评价等。

2. 课程实施的评价

课程实施的评价包括课程实施过程与课程实施结果的评价。课程实施过程的评价包括对课程表、教学任务、学习方法、学习风格、教学原则与方法、教学组织形式、人际关系、教师态度和作风、教学环境等评价。其目的在于对课程实施的相关要求及步骤做出判断与评价。同时，它也考察课程实施者是否真正遵循了课程设计的标准与要求，是否真正有利于学生的全面发展。

---

① 施良方. 课程理论：课程的基础、原理与问题［M］. 北京：教育科学出版社，1996：149.

② 钟启泉，李雁冰. 课程设计基础［M］. 济南：山东教育出版社，2000：485.

③ 陈玉琨，沈玉顺，代蕊华，等. 课程改革与课程评价［M］. 北京：教育科学出版社，2001：137.

3. 学生的学业成就及其自身发展的评价

学生学业成就评价是对学生学习进展和行为变化的过程及结果的评价。课程设计和教学活动的目标和效果是通过学生的学业成绩及其自身发展直接反映出来的。学生学业成就评价主要包括学生在知识与技能、过程与方法、情感态度价值观等方面发展状况的评价，即注重知、情、意整体发展，社会性与个性发展双方面兼顾。学生学业成绩及其自身发展的评价是课程评价中最核心、最基本的活动。

传统的学生学业成就评价过分强调评价的甄别和选拔功能，造成学生过于重视考试分数而忽视其他能力的发展。此外，学校和社会将学生学业成就评价局限于为学校教育管理服务，成为社会评价学校、学校控制教师、教师管理学生的主要手段，严重影响了学生学业成就评价积极功能的发挥，引发了一系列相关的负面问题。因此，其他方面的评价在当前教育改革的背景下也越来越受到关注和重视。

4. 对课程系统的评价

把课程系统作为评价对象，主要是对整个学校的课程系统进行全局、整体式的评价。课程系统是学校教育中的重要系统之一，课程系统是课程决策和课程实施的条统，它有三项基本职能：课程编订、课程实施、课程评价。课程系统的主要职能是编订课程规划，使它通过教学系统得到实施，并使它根据评价的反馈信息以修改。课程实施包括课程改革、课程教学策略和影响课程实施的因素等。课程评价包括评价教师使用课程、评价课程设计、评价学生课程成绩和评价课程体系。通过评价，可以找出课程系统中存在的不足、矛盾与问题。

5. 对课程评价的评价

课程评价本身也可以是评价的对象，也称元评价（meta-evaluation）。元评价是在评价工作完成之后，为了检讨评价方案的实施过程与结果，借以总结成功经验和纠正评价工作之不足，而对已完成的评价工作进行价值判断，即对刚完成的评价工作进行再评价。元评价的关键是如何确定元评价的标准，即用什么样的标准来评价的一项评价活动。元评价对象范围很广，包括对以下几个方面的评价：评价工作的目的，评价对象，评价程序和方法（包括评价技术），评价的结论，评价者的选择、组织与培训（评价制度），评价为谁服务（包括评价者与评价听取人的关系），评价对课程教材编制工作的影响，评价的理论基础，对评价工作所开展的研究，评价研究对评价工作的影响。

二、 课程评价的类型

依据一定的标准可以得出多种不同类型的课程评价。常见的分类方式有：根据评价的标准，可将课程性评价分为相对评价、绝对评价和个体内差异评价；根据评价方法倾向性的不同，可将课程评价分为定量评价和定性评价；根据评价主体的不同，可将课程评价分为自我评价和他人评价；根据评价功能的不同，可将课程评价分为诊断性评价、形成性评价、发展性评价和总结性评价；根据评价发挥的作用不同，可将课程评价分为决策性评价、研究性评价和工作性评价。

总之，课程评价的划分维度与标准不一而足，课程评价的种类也不同。在课程实践中常用的课程评价主要有以下几种类型。

（一）根据评价的参照标准为依据的分类

（1）相对评价（常模参照评价）。

（2）绝对评价（目标参照评价）。

（3）个体内差异评价。

上述三种评价类型，各有优点和缺点。（具体介绍参见第一章）在实际应用过程中，有的适于单独使用，有的则需要几种方式并用，以求实效。

（二）根据评价的时间和作用为依据的分类

1. 诊断性评价

诊断性评价（diagnostic evaluation）一般是在课程编制或课程实施之前，为了了解学习者已有的认知、情感和技能方面的准备程度而做的评价。其目的是考察课程开发和实施的基础和情况，从而使课程计划或实施具有针对性和可行性。诊断性评价的作用在于：①确定学生的学习准备情况，明确学生发展的起点水平。为课程设计提供依据；②明确学生的发展差异，便于因材施教；③诊断个别学生在发展上的特殊障碍，以便在课程中采取补救措施。

2. 形成性评价

形成性评价（formative evaluation）又称过程性评价，是在课程编制或课程实施尚处于发展或完善阶段时所进行的评价。其主要目的在于了解某项教学活动的效果，评价的结果在于及时发现问题，以便调整课程计划或教学活动。与诊断性评价不同，形成性评价一般是在课程实施过程中开展的，其主要作用是：①引导学习活动的方向。实施形成性评价必须明确规定每个学习阶段的学习目标及其评价项目，划分出学习单元和具体课时，因此能对课程活动起到导向的作用。②强化学生的学习。形成性评价能对学生是否已经达到阶段性目标、达到的程度如何做出判断，从而肯定学生已有的发展成就，增强学生的自信心，提高学生的学习兴趣，起到强化学生的学习行为的作用。③及时发现问题并提供矫正处方。通过形成性评价，教师和学生可以及时发现课程实施过程中存在的问题和困难，并通过对问题和困难的分析，寻找产生问题和困难的原因，制订解决问题、克服困难的措施。

3. 发展性评价

发展性评价（developmental evaluation）贯穿活动过程的始终，也是一种过程评价。发展性评价的目的是通过系统地收集评价信息和分析，对评价者和评价对象双方的教育活动进行价值判断，实现评价者和评价对象共同商定发展目标的过程。发展性评价从发展的角度去判断课程实施状况和教学的效果，主要是了解学生素质的全面发展情况并用发展的眼光去分析问题做出判断。发展性评价是形成性评价的延续和发展。我国当前推行素质教育和新课程的试验实施，都将发展性评价置于重要的地位。

4. 总结性评价

总结性评价（summative evaluation）又称为终结性评价，是在课程编制或课程实施完成之后进行的评价。其主要目的在于对教育效果做出判断，从而区分优劣，分出等级或鉴定合格与否，是与教学效能核定联系在一起，它为关于个体的决策、课程资源投资优先顺序的抉择等提供依据。总结性评价主要作用有两方面：①考查学生群体或每个学生整体的发展水平，为各种评优、选拔提供参考。②总体把握学生掌握知识、技能的程度和能力发展水平，为教师和学生确定课程起点提供依据。

（三）根据评价主体为依据的分类

1. 自我评价

自我评价也被称为“内部人员评价”，主要是指由课程设计和实施主体自己进行的评价，多是通过自觉的反思、检查或者常规的课程与教学检查对课程计划和课程实施的效果进行鉴定。内部评价主要应用于形成性评价。通过评价，课程开发者和实施者了解课程的开发意图和理念，能够有针对性地考察课程实施的效果，并提出有针对性的建议以便修改。缺点在于课程开发者囿于自己的设计思路，很难考虑到他人对于课程的需要，导致评价缺乏客观性。

2. 他人评价

他人评价也被称为“外部评价”，主要是指课程设计和课程实施主体之外的其他人员对评价对象的评价。它的评价主体不是课程开发者，而是课程开发过程之外的人员（像评价专家），通过对学校教育的成果和学生学业情况的测验来进行，着眼于课程实施结果对教育目标所达到的程度。外部评价从外部反映评价对象的客观情况，可以克服内部评价的缺点，对课程设计和实施有更宏观和理性的把握。

外部评价主要应用于总结性评价。由于外部评价是根据课程实施的结果对课程计划的成效做出的判断，因而得出的结论比较客观，利于课程计划的进一步修改和完善。缺点在于评价者对课程设计的初衷不了解，往往背离了课程开发的初衷，不能有针对性地提出改进的建议。因此，在评价过程中，二者要发挥互补作用，更多地融合不同评价者的意见。

（四）根据评价发挥的作用为依据的分类

1. 决策性评价

决策性评价一般是由教育行政管理部门召集专家或委托专门机构开展的评价。评价的目的是通过对正在使用中的课程的价值和合理性做出判断，为调整有关课程的重大决定提供信息。决策性评价所针对的主要内容包括课程与社会、课程与学生等宏观问题，如课程是否符合社会的需要，课程是否促进学生的发展，课程设计是否符合科学的发展趋势，等等。决策性评价一般由国家相关部门组织力量进行或者是委托相关机构来进行，规模比较大，范围比较广，评价时间相对集中。

2. 研究性评价

研究性评价一般是课程理论工作者为新课程的开发或者为获得和积累改进现行课程所需要的资料和信息而对现行课程所进行的评价。研究性评价更多侧重于关注课程的合理性和价值等课程本身的问题，如现行课程的优点和缺点有哪些、如何进行有针对性的改进等。研究性评价通常没有决策性评价的规模大，但其评价过程较为细致，持续时间比较长，而且评价的主体多为专业人员。与决策性评价相比，研究性评价更为深入。因为它不仅重视发现课程开发及实施中是否存在问题，而且还重视产生问题或取得成绩的原因，以积累资料和经验。

3. 工作性评价

工作性评价一般是作为课程实施主体之一的教师对课程对学生的影响是否达到了既定的目标进行的判断。工作性评价关注是否实现了课程目标以及如何更好地实现课程目标，如通过课程内容的获得，学生的知识、能力、态度、价值观发生了哪些变化，以及这些变化是如何发生的等。这种评价主要针对学生的学习效果和教师的教学效果而不是课程本身。工作性评价持续的时间一般都比较短，但它的频次可能比较多。

三、课程评价的意义

（一）课程评价是促进学生全面发展的有效手段

在学习过程中，教师对学生的成绩和进步给予肯定，能极大地鼓励学生进一步提高对该课程学习的兴趣；教师对学生的不足和错误给予指正，能理清其思路、端正其方向，使其健康发展；同学之间互评互议更是活跃课堂气氛、调动学生热情、激发学生思维的良好做法。任何一节成功的课堂都是与成功的评价相伴随的。对教师的评价从眼前看是重在帮助教师改进教学、提高水平；从长远看，仍是为学生多出成绩、快出成绩。评价无论是改进教还是改进学，最终都是促进学生的发展。促进学生发展是评价的根本目的。

（二）课程评价是促进教师专业发展的有力保障

教育的持续变革和发展，要求学校成为一个不断改革、促进其成员持续发展、充满生机和活力的组织。而学校的课程发展能力，对于形成这样的组织有至关重要的作用。学校课程设计与评价，要求教师成为课程与教学的领导者，要在一定的教育理论、课程与教学理论的指导下，在掌握国家课程政策和课程标准的前提下，在充分了解学生的发展特点和现实需要基础上参与课程研究及课程发展。在国家课程开发体制下，教师没有课程开发的机会，也就普遍缺乏课程开发的意识和能力，而推进学校层面的课程设计与评价，则意味着教育管理中一种权力的下放，要求教师能够根据自己对学校和学生的了解，开发出符合本校特色和适合学生个性发展的课程。教师在学校层面的课程设计及评价过程中，不仅使自己的能力和价值得到最大的发挥，而且还使自己的专业水平得到进一步提升。

学校课程设计与评价对教师专业素质的促进主要包括以下几个方面：①教育思想的改变，教育理念的更新；②专业知识结构的完善；③教育、教学与科研能力的提高；④教育、教学艺术风格的形成等。

（三）课程评价是促使课程日益完善的重要措施

课程评价可以在微观上加强对实际课程实践的监督，通过评价的反馈，获得课程设计和课程实施的信息，为优化课程设计提供有效的反馈信息，促进课程评价与课程设计过程的良性互动。课程是专业人员设计的，又经过了严格的审查，因此，依据课程评价发现新课程的问题所在和适当之处，可以为下一步修订和改进课程设计提供帮助，并在此基础上进行适当的调整，使课程评价发挥其应有的作用。

第二节 课程评价的内容

一、课程方案评价

（一）课程方案的概念

课程方案是国家或地区教育主管部门颁发的有关学校教育教学的指导性文件，它对学校教育的培养目标、课程结构、课程设置、课程实施与评价等方面做出规定。

课程方案的评价包括培养目标、课程设置、课程结构、课程实施与评价条件与保障等维度。

2022 年教育部颁布的《义务教育课程方案》在课程方案上几个方面出现了变化：第一，完善了培养目标。全面落实习近平总书记关于培养担当民族复兴大任时代新人的要求，结合义务教育性质及课程定位，从有理想、有本领、有担当三个方面，明确义务教育阶段时代新人培养的具体要求。第二，优化了课程设置。落实党中央、国务院"双减"政策要求，在保持义务教育阶段九年 9522 总课时数不变的基础上，调整优化课程设置。第三，细化了实施要求。增加课程标准编制与教材编写基本要求；明确省级教育行政部门和学校课程实施职责、制度规范，以及教学改革方向和评价改革重点，对培训、教科研提出具体要求；健全实施机制，强化监测与督导要求。

（二）课程方案评价的主要内容

1. 培养目标

课程方案是专门针对各级各类学校教育教学的总规划与设计，而培养目标是教育目的在各级各类学校的具体化，指引着学校的发展方向，因此，规定培养目标的主要内容是课程方案的首要任务。如《义务教育课程方案（2022 年版）》指出："义务教育要在坚定理想信念、厚植爱国主义情怀、加强品德修养、增长知识见识、培养奋斗精神、增强综合素质上下功夫，使学生有理想、有本领、有担当，培养德智体美劳全面发展的社会主义建设者和接班人。"[①] 如果把新课程的培养目标当作课程总目标，那么对于培养目标的评价就需要关注：培养目标与教育目的的一致性、培养目标与相应教育阶段学校性质与特点的统一性、培养目标结构的合理性、培养目标内容的全面性等。

2. 课程设置

课程设置是各级各类学校对选定的各类课程及学科的安排与开设，它是培养目标在课程方案中的集中表现。根据课程内容的组织形式和表现形式的不同，课程设置方式包括分科课程与综合课程，必修课程与选修课程，国家课程、地方课程与校本课程等。不同教育阶段的课程设置也具有不同的安排特点。例如，小学阶段的课程应以综合课程为主；初中阶段的课程需设置综合或分科课程，以供地方或学校自主选择；高中阶段以分科为主，并将综合实践活动课程作为全体学生的必修课来设置，其中包括研究性学习、社会实践、公益活动与志愿服务三个方面。

---

① 中华人民共和国教育部. 教育部关于印发义务教育课程方案和课程标准（2022 年版）的通知［EB/OL］.（2022－04－08）［2022－08－30］. http://www.moe.gov.cn/srcsite/A26/s8001/202204/t20220420_619921.html.

一般来说，评价课程设置可以从三个方面着手：第一，课程设置的均衡性。根据培养目标和学生发展的具体要求，各门课程设置的比例均应适当，能帮助学校根据实际情况及学生学情进行适当调整。第二，课程设置的综合性。课程设置应加强学科之间的渗透以及学科与学生生活经验的整合。第三，课程设置的选择性。课程设置应根据各学段的特点以及学生的学习需要来设计，开设相应的不同形式及类别的课程，并划定课时比例，供地方、学校及学生选择，以鼓励各级各类学校办出特色。

3. 课程结构

课程结构是课程各个部分的组织与调控，它主要规定组成课程体系的学科门类、各学科内容的比例及搭配关系等。普通高中课程结构主要由学习领域（八大学习领域）、科目（每一学习领域由课程价值相近的若干相关科目组成）、模块（每一科目由若干相互联系且独立的模块构成）三个层次构成。而对于课程结构的评价主要通过各类课程与学科之间比例安排的合理性和设置的科学性加以判断。课程比例的评价主要涉及以下几个方面。

第一，国家课程、地方课程、校本课程的比例。着力加强地方和校本课程的开发是促进学生全面而有个性发展的重要举措，然而一味片面强调地方和校本课程的作用，而忽视国家课程的地位，也会对人才培养带来不利影响。

第二，必修课与选修课的比例。必修课是为保证人才培养基本要求和质量，全体学生必须修习的课程；选修课是发展学生特长，拓展学生知识，满足其兴趣的课程。学校课程必须兼顾好两方面的要求，认真处理好这两类课程开设的比例。

第三，基础性课程与拓展性课程的比例。基础性课程是以促使学生掌握知识与技能为主要目的，拓展性课程是以促使学生学会学习为宗旨。在不同的学习阶段，应适当调整二者比例。如在低年级，基础性课程应该占较大比例，随着年级的提高，逐步加大拓展性课程的比例。

第四，再现型课程与研究型课程的比例。再现型课程是学校教育的主要部分，而研究型课程更多培养学生发现问题和解决问题的能力。合理安排二者的比例，需要进一步加以研究。

第五，学科课程与活动课程的比例。学科课程是学校课程的基本形式，强调学科的逻辑性。活动课程是以生活化的活动教学代替传统的课堂讲授，它既可以作为传统教学的一个部分，也可以作为传统教学形式的补充。如何在不同的学段将二者结合起来，需要我们做出认真的研究。

4. 课程实施与评价

课程方案对于课程实施与评价的描述，更多的是偏向从理论上对于学校层面课程实施与评价的阐释，从整体、顶层上来规范学校在具体教学情境中应该如何安排课程，如何建立课程机制、设立教学制度，以及应运用什么样的评价制度等。因此，在课程方案中规定课程实施与评价的内容时，应注意：其一，课程实施与评价的描述是否具有指导性。也就是说，通过对该部分的解读，学校是否能够按照其精义指导其教学实践。其二，课程实施与评价的内容是否具有可操作性。课程实施与评价中关于课程机制、完善考试评价制度等的建立，以及课程资源开发及利用等的描述，需在学校中现实可行，能够付诸实践，不能不符合教学实际的构建。

5. 条件与保障等维度

课程实施是一个系统性工程，地方各级部门和学校应根据各课程实施的需要，创造性地制定相应政策，提供有利的条件保障。课程实施的保障条件包括：教师培训、考试改革、课程资源开发、课程管理、经费保障、人员与机构的配备、课程权力分配。课程改革是一个系统工程，需要具备一些基本的条件，更需要制定一些保障性的制度作为其支撑。如果一个环节没有处理好，课程改革就会停滞不前。在课程改革过程中，如果硬件条件不具备，或软件条件不充分，就会产生诸多问题。比如：有的地方推行初中科学课的改革，会因为教师培训不到位，课程改革的经费不足，教材编写不细致或是教师教育体系等没有得到相应的保障，导致初中科学课改革中途夭折，并在社会上造成不良影响。因此，课程专家在制定课程方案时，除了要考虑国情，还要考虑师资水平、经费等各个方面的因素，充分认识并足够重视对课程实施中的各种保障条件的规定和组织。

二、课程标准评价

（一）课程标准的概念

课程标准是指在一定课程理论指导下，依据培养目标和课程计划的要求，以纲要形式编制的关于教学科目内容、教学实施建议和课程资源开发等方面的指导性文件。

课程标准反映了某一学科的性质、特点、任务、内容及其实施的要求，一般由前言、课程性质、课程理念、课程目标、课程内容、学业质量、实施建议等部分组成。《义务教育课程方案（2022 年版）》在课程标准上有几个方面变化：第一，强化了课程育人导向；第二，优化了课程内容结构；第三，研制了学业质量标准；第四，增强了指导性；第五，加强了学段衔接。

（二）课程标准评价的主要内容

课程标准的颁布是课程改革的标志性成果，它凝聚了这门学科一流的课程专家对该门学科的顶层设计，决定着教材的编制、教学、考试，代表该门学科的现实要求和未来发展的方向。义务教育课程标准应适应普及义务教育的要求，体现国家对公民素质的基本要求，着眼于培养学生终身学习的愿望和能力。普通高中课程标准应在坚持使学生普遍达到基本要求的前提下，有一定的层次性和选择性，并开设选修课程，以利于学生获得更多的选择和发展的机会，为培养学生的生存能力、实践能力和创造能力打下良好的基础。

一般来说，课程标准评价的内容包括：课程性质的评价、课程理念的评价、学科核心素养的评价、学科课程目标的评价、学科课程结构的评价、课程内容的评价、学业质量标准的评价以及实施建议的评价八个方面。

1. 课程性质的评价

所谓事物的性质，是一个事物区别于另一个事物的本质属性或特征。课程性质通常是说清楚这是一门什么样的课程，说明该课程应呈现什么样的特点、应发挥什么样的主要作用以及说明开展该门课程的重要意义。具体来说，课程性质就是对某一门课程或者学科进行整体性的概括和思考，旨在回答该门课程是什么、该门课程的特点有哪些、为什么开设、该门课程在特定阶段应教到什么程度等问题。对课程性质的评价应从以下几个方面着手。

第一，界定各门课程性质的科学准确性。在定义一门课程究竟是在什么时候，需要明确其描述是否科学、措辞是否准确、是否能涵盖该门课程的本质特征等。

第二，阐述课程性质的理论与现实依据的充分性。在讨论学习一门课程的主要作用和重要意义时，需要明确支撑其观点的理论依据与现实依据是否充分。

第三，对学科教材编制和教学实施的指导性。课程性质的描述应该对该学科教材编制的方向有提纲挈领的作用，给予教材开发和编制的方向性，并且对具体教学情境中的实施工作以及教师的教学应该具有指向和引导作用。

2. 课程理念的评价

课程理念阐明一门课程的基本思想和观念，并体现一门课程的价值取向及精神实质。在课程理念的描述中可解读到最新的课程价值观、学生学习观、课程观及教学观等的内涵，课程理念是教育领域内最新的研究动态和实践成果在各门学科或课程中的集中体现，也是课程开设的指导思想。课程理念的评价可以从以下几个方面着手。

第一，课程理念的方向性。课程理念是一种具有高度概括性的理论认识，当它具象于某一类课程或者某一门学科时，其基本思想能对教学实施过程起到引导和指导的作用，促进具体学科在教学情境中能遵循一定的规律并按照一定的方向发展。

第二，课程理念的先进性。课程理念的阐述应明确是否建立在现代最新的教育观念和科学的教育理论基础之上，是否满足社会发展对未来人才培养提出的最新要求，是否能充分体现新课程改革的价值取向。

第三，课程理念的适宜性。当课程理念具体体现在某一类课程或者某一门学科时，其描述应结合该门学科的独特原则和特点而提出有针对性的理念，而不应该完全是普适的。

3. 学科核心素养的评价

学科核心素养是学生在接受相应学段某一门课程教育过程中，逐步形成和提升的适应个人终身发展和社会发展需要的必备品格和关键能力。学科核心素养是一门学科课程目标的集中体现，是在学习该门学科中逐渐习得的，且每一门学科的核心素养之间虽相互独立，但又是彼此联系，形成有机的整体。学科核心素养的评价可以从以下两个方面着手。

第一，学科核心素养需与学生发展核心素养相统一。学科核心素养结合学科学习和实践活动的特点将学科必备品格和关键能力具体化，最终成为促进学生全面而有个性发展的依据。因此，从学生发展的角度来说，学科核心素养需与学生发展的核心素养相统一。学科核心素养的基本内容不能与学生发展核心素养的内容相悖离，二者需相辅相成、互为呼应。

第二，学科核心素养需与具体学科本身特性相契合。学科核心素养的根本宗旨是基于学科设定的素养，因此，学科自身的特性应该与学科核心素养中所提炼的核心要素和关键内容相契合，比如：学科核心素养是否与该学科本身的逻辑、结构、性质等特性相一致等。

4. 学科课程目标的评价

这里的课程目标是指某一具体学科或领域的课程目标，不同于上述的从总体上论及的课程目标。对具体学科或领域的课程目标进行评价的内容主要包括以下三点。

第一，看该课程目标是否与课程计划中确定的课程总体目标一致。该课程目标受课程计划目标的制约，是为课程计划目标服务的。因此，该课程目标必须与课程计划所确立的课程目标相一致。

第二，看该课程内容是否有助于课程目标的实现。课程目标需要通过具体的内容得到反映。在进行评价时不仅要看课程内容与课程目标两者间在形式上是否一致，而且还要看两者间在实质上是否一致。

第三，看该课程目标与学生身心发展是否相一致。课程目标必须建立在学生身心发展的基础上。在进行评价时要看课程目标是否与学生的身心发展水平相一致。任何脱离学生身心发展的形式都会影响该课程目标的实现。

5. 学科课程结构的评价

学科课程结构是一门学科体系的骨架，也是学科课程目标转化为教学成果的桥梁。它体现了一定的课程理念，规定了各类或各门课程的组织方式、内容比例以及课时安排等，其组成部分主要包括设计依据、学科结构、学分与选课等方面。对学科课程结构的评价，本章主要是通过对其设计依据、学科结构以及学分与选课等方面的科学性与合理性来加以判断。具体来说，评价学科课程结构可以从以下几个方面着手。

第一，设计依据。学科课程结构的统筹安排、整体设计不是凭空想象而来的，它需要将一定的课程理论与教学实践作为依托，然后经过设计者构建与反思课程思想，最后以完整的课程结构的形式得以呈现。评价课程结构设计的依据是否合理，需要检查其所依托的理论与实践是否有悖于课程价值与理念、课程方案、课程性质，以及学科特点等因素。

第二，学科课程结构。学科课程由必修课程与选修课程两部分组成。评价学科课程结构可以从必修课程与选修课程的开设比重、同一门学科选修课程之间的衔接与阶梯性，以及不同学科的选修课程之间的整合等方面展开评价。

第三，学分与选课。课程学分的评价主要考查其必修课程、选修课程学分设置是否合理，对选课制度的评价主要通过开设的选修课程的种类来判断其是否真的具有选择性、选修课程的开设是否充分尊重了学生的兴趣和爱好、选修课程的系列内容是否考虑到学生知识储备与身心发展、能否被学生吸收与习得等问题。

6. 课程内容的评价

课程内容是学习的对象，课程内容主要包括学习目标、学习内容、教学提示等。在评价课程内容时应注意其框架的逻辑性，以及是否适合该门课程的特点，还有难度的适切性是否适合该阶段学生的学习等。具体的评价指标，应从以下几个方面着手。

第一，课程内容的有效性。课程内容的有效性和有意义是选择内容的基本准则，基于该原则将那些无用的、陈旧的、冗长多余的内容剔除，并注意有无重要内容的遗漏与缺失。

第二，课程内容的适切性。内容选择的适切性包括三个方面：其一，课程内容难度的选择应当适合学生的最近发展区，不宜难度太大，也不宜过于简单；其二，课程内容需要适当的满足学生的兴趣与需要，可读性要强，不能完全脱离学生的生活与经验；其三，课程内容的容量大小是否适宜学生学习等。

第三，课程内容的时代性。课程内容应该能够反映时代特征，不应过于陈旧。课程内容可与学生生活以及现代社会、科技发展相结合，体现其时代性和效用性。

第四，课程内容的关联性。各门课程之间的内容需要有横向的平衡和关联，某一门课程中的内容在纵向上也应体现其衔接性和逻辑性。

7. 学业质量标准的评价

学业质量标准是某一门学科内容标准与该门学科核心素养水平的结合，是检验学生通过学习相关内容后，应达到学业要求质量的标准。它是教科书编写、教学与评价活动的指导性标准，也是在特定学习阶段考试命题的依据。对学业质量标准的评价，即是对学生在不同的学习阶段应该达到的核心素养水平的指标进行评价。通常情况下，人们会把具体在某学科的学业质量水平分为不同的等级程度，然后再对每一水平的评价指标进行详细的质量描述，而对其不同程度学业质量水平的质量描述进行评价是学业质量标准评价的重点。评价时需注意划分水平等级之间的描述是否符合学科逻辑性，描述是否呈现了各水平的递进关系，是否能代表本学科的总体要求，以及是否与课程总目标相符合等问题。

8. 实施建议的评价

课程标准中实施建议的评价，包括教学建议、评价建议、教材编写建议、地方和学校实施本课程的建议、学业水平考试和高考命题建议（高中阶段）。实施建议中所提倡的教学建议、评价建议等应具有针对性、可行性及有效性，要能够帮助学校，在实际教学中能够切实解决该门学科在教学、评价、教材、实施等方面存在的问题，即做到“管用”“好用”。

三、 教材评价

（一）教材的概念

教科书是以一定的育人目标、学习内容和学习活动方式为基本成分而分门别类组成的提供给学生认识世界的规范化、程序化、具体化的育人媒体。它主要表现为课程开发者开发出来的供各学校进行教学的材料，包括教科书、教辅资料、教具、教学录像片、幻灯片等。对教科书进行评价也是课程评价的重要组成部分之一。

（二）教材评价的主要内容

教材评价的对象是教材，随着社会的发展和教学手段的现代化，教材的形式开始多样化，教材内容的载体开始多元化，从原来单一的教科书到一系列的其他教材资源的开发。比如：与教材配套的各类指导书、补充读物、网上的在线教材资源以及教学程序软件等，多媒体、幻灯片、音像以及多媒体资料等，这些都是经过时代的变迁形成的新的教材内容，因此，教材评价的对象理应将上述材料囊括其中。但是由于配套材料数量庞大，将其一一进行评价是不太可能的。因此，我们一般所说的教材评价的内容主要是指对教科书的评价。本章也主要从教科书的角度来探讨教材评价内容。那么，教材评价究竟应该包括哪些内容呢？高凌飚认为教材评价的内容应该包括三个方面：教材设计和编制的分析与评价；教师使用教材的分析与评价；学生行为模式和学业成绩的分析与评价。

1. 教材设计和编制的评价

对教材设计和编制质量水平的评价，主要是对教材的预期目标达成度和技术指标进行评价，其实质就是对教材的文本进行评价。从形式上和内容上对教材文本进行静态的评价，是教材评价的一个非常重要的部分。其中包括以下几个方面的内容。

（1）教材观念的评价。

教材观念的评价主要包括教材思想观念评价和教材编制观念评价两种。在教材评价中，我们首先要关注教材所传递的思想观念，评价教材所体现的政治观、道德观、哲学观和人生观是否正确与合理。其次，教材编制者在编写教材时对教育和教材有一些基本的观念，这些教材编制观念指导着他们的具体编制行为。评价者要善于从隐含在教材中的各种复杂或对立的教材编制观念中去剖析编制背后的课程观和教育观。

（2）教材内容的评价。

教材内容的评价主要有教材内容选择的评价、教材内容组织的评价、内容呈现与表达的评价三方面。教材内容选择的评价标准为：内容是否有科学性，是否反映了科学研究的新进展；内容广度和深度是否符合学生年龄特征，能否被他们理解；内容选择是否与社会生活的实际联系，是否考虑到了学生的个体差异的发展空间等。教材内容组织的评价标准为：是否符合学生的心理发展规律；是否符合教育教学规律；组织体系是否违反知识的内在逻辑等。内容呈现与表达的评价标准为：表达方式是否易于被学生接受；文字与图表的使用是否科学、严谨、规范；是否有利于学生自主学习教材内容等。

（3）教材结构的评价。

在教材结构的编排上，采用科学合理的组织方法，把知识融入问题解决、实验操作、表达交流、游戏表演、创造发明等活动方法之中，教材不仅是向学生展示文本知识的内容，还应该逐步向学生展示如何获得知识的过程和学习的方法等。在教材中，设计多样化的结构方式，可以减轻教师的工作强度，也能促使教法的科学化和多样化。

2. 教师使用教材的评价

教师使用教材的分析和评价是一个动态的评价过程，其主要是实际测定教材在课程实施过程中达成目标的程度。对教师使用教材的分析和评价，最直接的方法就是考查在实际教学情境中，教师群体将教材作为主要教学依据的数量，然后检测教师对教材的实际的应用和认可程度。从而以此来评价和分析教师使用教材的现实情况。

3. 学生行为模式和学业成绩的评价

对教材的评价包括两方面，一方面是国家相关部门应组织专业机构对教材的合法性与合格性进行认定，以保证教材符合教育目的与课程目标的要求；二是各地方和各学校应组织相关人员对不同版本的教材进行评价，以选择适合本地与本校的教材。在实行教材的多元化以后，以上两方面的评价显得都比较重要。尤其是第二方面的评价，对各校来说非常重要。因为如果教材选择不当，将会给整个学校的发展带来不良影响。教材评价除了看教材是否准确反映了课程目标与教育目的以外，还应看教材的组织结构是否合理，编排是否符合学生心理发展顺序，装帧设计是否美观大方等，但最关键的还是教材内容的思想性、科学性与教育性。

（三）教材评价的维度

1. 知识维度

教材是学生的知识资源和学习工具，因此教材选取什么样的知识作为教学的内容，是否将学生学习的必要知识以恰当的方式汇集起来，是分析评价教材的第一个重要维度，也就是知识维度。教材内容应该具有鲜明的时代特征并能满足学生发展的要求，有利于启发学生的思维和创造力，同时教材要将所选的内容以恰当的或科学的方式组织起来。

2. 思想品德与文化内涵维度

教材不仅是学生在知识与智力方面进行学习的资源和工具，也是帮助学生提高思想品德修养、认同自己的文化归属的资源和工具。教材必须有丰富的思想文化内涵，必须展现高尚的道德情操，潜移默化地帮助学生提高思想觉悟和文化涵养，培养良好的道德风范，懂得尊重和善于吸收其他文化的营养，这是衡量教材质量水平的第二个重要维度，简称思想品德与文化内涵维度。

3. 学生维度

作为学生学习的工具，教材在内容的选取和组织表达的方式上必须遵从人类认识事物和学习发展的规律。在中小学阶段，学生还未成年，其心理特点和智能发展水平都与成年人有所不同，教材应该适应青少年的心理特点和发展水平。在教学过程中，学生是学习的主体，但是他们又是在教师的指导下进行学习，教材应充分调动学生学习的主动性，发挥学生的主体性，同时又要处理好主动学习与教师指导的关系，这是衡量教材质量水平的第三个重要维度，简称认知与心理规律维度。

4. 编制水平维度

我国基础教育教材评价体系的研究作为学生学习的工具，教材编写和出版制作水平也是衡量教材的很重要因素。一本内容再好的教材如果在编写和制作方面水平很低，其使用效果也不会好。这是衡量教材质量的第四个重要维度，简称编制水平维度。不同类型的教材以及用不同的媒体制作的教材，如传统的教科书和音像教辅材料，其制作技巧和工艺要求是不同的，需要考虑的问题也不相同。

5. 可行性维度

教材需要在实际使用过程中去实现教育的效果，教材的使用过程不仅与教材本身有关，还与教学环境、师资水平以及学生情况有关。教材的编写如果脱离了当前的教育环境、学生和教师的实际，使用起来就不会有好的效果，就不是好的教材。这是反映教材质量的第五个重要维度，简称可行性与效果维度。

第三节 课程评价的发展

一、课程评价的发展趋势

（一）在评价主体上，强调主体的多元化

目前，很多课程评价模式的评价主体主要是各类专家。虽然由各类专家组成的评价者有其自身的优势，但是专家的评价只能代表一方的意见，却不能代表直接或间接参与课程的人或受课程影响的人的意见。而这些课程参与者的意见对精确地进行课程评价而言也是不可缺少的。如果课程评价只是各类专家的专利，各种课程改革改来改去，却不问问参与课程的教师、学生的感受，那么这样的改革肯定不会合适。因此，其他各方面的人员也应参与到课程评价中来。

（二）在评价功能上，强调课程评价的发展功能

课程评价的功能可以概括为两个方面，即管理功能和教育功能。传统教学中，课程评价在选拔人才、优胜劣汰等管理工作中发挥了更重要的作用，人们却相对忽略了课程评价具有的教育功能。随着人们对课程评价理论和实践研究的广泛深入，越来越多的课程评价者重视发挥课程评价的教育功能。通过课程评价，发现课程理论与实践中存在的不足，提出改进的计划。

（三）在评价方法上，强调量化评价与质性评价相融合

倡导评价由量化向质性的转化和融合是当前课程评价的一大趋势。人们对质性评价的追求源于人们对量化评价的反思与批判。量化评价体现了科学主义的认识论，以客观、精确和量化为主要特点长期居于课程与教学评价的主要地位，这种特点注重研究者的客观中立，在很大程度上避免了人为的主观因素对评价的影响。但是由于人们过度追求客观、量化，使量化评价走向了另外一个极端，这种评价把学生活生生的发展过程简化成了一组组冰冷的数据，在这些数据面前，具有不同个性、不同学习风格和爱好特长的学生也就失去了个性。随着课程与教学评价理论与实践的

发展，越来越多的研究者已经意识到其局限性，进而提出了对学生进行“质”的鉴定而非“量”上描述的质性评价。尽管从量化评价到质性评价是课程评价的发展趋势，但并不是说质性评价就是对量化评价的否定。尽管当下新课程特别强调质性评价，但其在我国课程实践中还没有真正确立起来，而量化评价却已取得长足发展，因此二者要相互融合。

二、在线课程评价的方法

（一）德尔菲法

德尔菲法常采用背对背的通信方式来征询专家组成员的意见，经过反复征询、归纳、修改，最后使专家组成员的意见趋于一致。在在线课程质量评价指标体系制定的过程中，研究者常采用德尔菲法征询研究领域内的专家意见，完成评价指标体系的构建。此外，德尔菲法在指标体系的构建过程中应用也较为广泛。

（二）层次分析法

层次分析法将一个复杂决策问题表示为一个有序的阶梯层次结构，并通过人们的主观认知经验进行判断，以及通过科学计算给出备选方案的优劣顺序。与德尔菲法相比，层次分析法需要经过数学计算推理，对各指标权重的分析更具科学性。层次分析法在在线课程评价指标权重的确定中应用较为广泛。

（三）模糊综合评价法

模糊综合评价法是以模糊数学为基础，应用模糊关系合成的原理，将一些边界不清、不易定量的要素定量化，从多个因素对被评价事物隶属等级状况进行综合性评价的一种方法。

问题思考

1. 简述课程评价的类型。
2. 简述课程评价的意义。
3. 简述课程评价的内容。
4. 简述课程评价的发展趋势。

第十章
教育质量监测与评价

学习目标

了解：香港全港性系统评估；上海市中小学学业质量绿色指标评价；苏州市中小学生学业质量阳光指标评价。

理解：教育质量监测与评价的相关概念；国家义务教育质量监测的主要进展与成效、监测内容、组织与实施。

掌握：开展教育质量监测与评价意义；我国开展教育质量监测与评价现状；我国开展教育质量监测与评价趋势；国家义务教育质量监测的特点；我国教育质量监测与评价的地方探索特点。

学习概要

首先介绍教育质量监测与评价相关概念，我国开展教育质量监测与评价意义、现状及趋势，对教育质量监测与评价有初步的认识。然后介绍了国家义务教育质量监测的相关情况以及地方对教育质量监测与评价进行探索的案例，从而熟悉整个教育质量监测与评价的全貌。

通过本章的学习，从教育评价专业角度重新认识教育质量监测与评价的含义；了解我国开展教育质量监测与评价意义、现状和趋势；对中央和地方的教育质量监测与评价的具体实施过程有一个总体的认识。

第一节
概　述

一、相关概念

教育质量是指学校与教育机构在既定的社会条件下，培养出的学生素质、提供的相关服务满足社会现实和长远需要的充分程度。[①] 首先，教育质量是一个多维的概念，包括与教育相关的诸多方面，如课程与教学、教师与学生、建筑与设施、仪器与设备等教育所有的功能与活动。其次，教育质量是一个多层次的概念，涵盖学习者终其一生所接受的正规和非正规的不同层级、不同类型的教育和培训活动。最后，各教育利益相关者对教育目的有不同的期许，因此对教育质量的理解和侧重点存在明显差异。

教育质量监测与评价指向宏观的教育质量管理，是根据国家制定的有关方针、政策、法令和法规，定期对教育质量进行评估与判断，利用数据了解并改进基础教育的外部评估活动。教育质量监测与评价通常由各国政府建立，有国家强制力和相应的政策法规做保障，或由著名国际组织倡议组织，具有较强的专业实力和国际影响，其实施主体多为政府或其他评估机构，其目的是推动教育质量的提升而非学生个体的学习改进或升学。

教育质量监测与评价不同于传统意义上的学业水平测试、中考、高考等评价形式。就功能而言，教育质量监测与评价的不是为了选拔和甄别，而是侧重诊断、指导和改进，目的在于了解学生的全面发展情况，对全国中小学生教育质量整体状况进行宏观把控，引导基础教育真正实施素质教育，促进学生全面发展。就范围而言，教育质量监测与评价不是侧重于个人，即每个学生的学业表现，而是针对一个地区或一个团体而言，为了揭示本区域在教育的各个指标上的表现水平以帮助教师改进教学和促进学生学习。就内容而言，教育质量监测与评价不是为了测试学生在某个学科的学习状况，而是重在对于学生的综合表现进行评估，不只是包括学业成绩，还包括学生各方面的素养，并且评估结果对于学生个体无利害性。

按层级来看，教育质量监测分为国家、省、地市以及区县层面的监测，各层级教育质量监测的任务和分工均不同，具体见表 10 - 1。可以看出，地方教育质量监测并不等同于学业水平测试或者统考，而是通过监测了解本地区教育整体发展水平以及区域内部学校之间的差异性，最终指向教育质量的提升。较之国家层面的教育质量监测，地方质量监测更具备针对性和时效性，能够落实到学校层面的具体改进，推动地方义务教育质量监测发挥积极作用，有利于形成国家和地方义务教育质量监测与评价互为补充、共同促进的良好局面。

① 许世洪，黄小平，王家美. 基础教育质量监测研究［M］. 广州：广东高等教育出版社，2016：11.

表 10－1 我国各层级的教育质量监测与评价①

层级	教育质量监测与评价的任务和分工
国家层面	制定监测标准，研发监测指标和工具，建立监测工作规范，建立国家常模和国家监测数据库； 把握全国基础教育质量总体状况，了解不同区域及省份、不同类型学校、不同学生群体的状况； 了解国家各项教育政策的落实情况与落实效果；发布国家监测报告，引导全社会树立科学、全面的教育质量观
省级层面	配合做好国家质量监测； 有条件情况下，确定省域监测领域和主要内容，研发监测工具，建立省域常模和监测数据库； 了解不同地市及区县、不同类型学校、不同学生群体的发展状况； 了解省城各项教育政策的落实与效果情况； 面向社会，引导大众树立科学、全面的教育质量观
地市层面	在国测、省测工作基础上，量力而行地开展一些专题监测，研发监测指标和工具； 了解不同区县、不同类型学校、不同学生群体的发展状况； 基于国测、省测及市级专项监测结果，指导、督促区县进行整改和提升
区县层面	研读国测、省测、市测结果报告，列出问题，深入分析原因，形成整改方案；细化整改责任分工，落实到责任部门，采取有力措施，促进监测发现问题得到有效解决

二、意义

（一）开展教育质量监测与评价是维护教育质量的重要保障

发展更加公平更高质量的教育，构建德智体美劳全面培养的教育体系是党和人民对教育的新要求新期盼。中共中央、国务院印发《关于深化教育教学改革　全面提高义务教育质量的意见》提出要“健全质量评价监测体系，坚持和完善国家义务教育质量监测制度”。开展教育质量监测与评价，对于引领树立科学教育质量观、

① 李凌艳，陈慧娟．推进我国基础教育质量监测制度建设的基本战略与体系保障［J］．中国教育学刊，2020（3）：68－73．

落实立德树人根本任务有着重要的意义。国家和地方教育质量监测与评价都将党和国家有关义务教育高质量发展的方针政策融入监测内容和指标，检验各地的落实情况及成效，有助于引导各地准确把握高质量发展的方向和要求，及时转换工作重点。同时通过监测教育发展中出现的问题，深入分析制约教育高质量发展的关键性因素，有利于督促和指导各地集中精力解决存在的突出问题，找到着力点，精准服务教育高质量发展。

（二）开展教育质量监测与评价是推进素质教育的关键环节

早在1999年，中共中央、国务院就已经做出《关于深化教育改革全面推进素质教育的决定》，要求推进基础教育改革，全面实施素质教育。近年来，素质教育的内涵也不断地丰富，各地根据党中央、国务院的部署和要求，也积极推进素质教育发展。尽管我们已有正确的教育和评价理念，但缺乏在这种正确的教育和评价理念指导下关于所期望的教育质量的准确、清晰的描述，因此难以保证对教育教学的正确导向，无法激励正确的教育教学行为，也无法制约违背素质教育理念的教育行为，最终难以保证学生全面、协调、可持续的发展。素质教育的推进迫切需要权威、科学的学生学习质量监测体系为改革指引方向。再者，当前一些教育热点和难点问题仍然十分突出，如学生学业负担较重、学习压力大、教师教学能力和专业素养有待提高等问题仍然存在。因此，需要运用科学的方法开展科学监测，通过监测全面收集数据，进行深度分析，找准症结，做出判断，有针对性地解决问题，进一步推动素质教育的有效实施。

（三）开展教育质量监测与评价是实现教育公平的有效途径

公平是教育发展的基本价值取向。教育服务，尤其是义务教育服务，属于公共基本服务必须优先保障的范围，不仅关系每个学生一生的成长与发展，也是提高全民素质的战略基础，是国际人力资源竞争的核心。从学生层面来看，能否平等地接受教育将影响学生一生的学业成就发展。然而，不公平是当前我国教育事业的突出隐患，我国义务教育阶段教育公平问题突出表现为城乡之间、区域之间和学校之间在教育经费、办学条件、教师队伍等教育资源分配中的不公平，以及由此可能导致的教育质量差异。开展教育质量监测与评价，不仅可以客观反映我国教育事业的发展现状，还有助于“深入分析影响教育质量的主要因素”，为国家及时调整教育发展政策、合理配置教育资源提供决策参考，有利于提升教育质量，促进义务教育公平发展，使所有学生能够享受到同等优质的教育服务。

（四）开展教育质量监测与评价是顺应国际趋势的重要举措

自20世纪90年代以来，世界教育进入基于标准的提高质量时代。提高质量标准成为各国追求优质教育资源公平和提升教育效能的新目标。美国开展了“国家教育进展评估”的全国性评价体系，关注弱势群体，体现评价公正。芬兰创立了以教育质量的评价网络为中心且具有独特性、专门性、服务性和协作性等特点的教育质量监测体系。日本创立了国研调查，英国成立了科学成就调查来进行全国教育质量监测和评价。这些国家在基础教育质量监测方面的成功经验充分证明了监测的重要性和可行性，为我国建立有中国特色的义务教育质量监测制度提供了有益的参考和借鉴。纵观当前国际教育发展趋势，世界各国都从国家战略的高度，把建立基础教育质量监测制度、开展基础教育质量监测作为深化本国基础教育改革、提升教育质量的重要举措。

三、 现状

改革开放以来，我国教育质量监测与评价体系经历萌芽期、探索和试点期、建设和完善期三个阶段的发展，已经形成了包含监测与评价的设计、实施、报告发布等一整套较为完善的制度，也形成了较为完善的监测工具和监测方法。[①] 教育质量监测与评价已成为我国教育质量的“体检仪”和“指挥棒”，为教育决策和改进学校教育教学提供了重要的依据。

（一）国家义务教育质量监测工作持续开展

教育部基础教育质量监测中心受教育部委托，具体实施国家义务教育质量监测。教育部基础教育质量监测中心研制了义务教育质量监测指标体系，开发了义务教育学生学业质量监测工具，建设了规范的监测流程和标准。2007—2014 年，该中心开展了八轮义务教育质量试点监测。在经过 7 年试测和多年研究的基础上，2015 年，国务院教育督导委员会办公室印发《国家义务教育质量监测方案》，并于 2018 年 7 月发布了我国首个义务教育质量监测报告。这是我国教育质量监测与评价的里程碑，标志着我国义务教育质量监测制度的正式建立，也是我国教育事业紧跟时代和国际步伐的标志。2021 年，教育部关于印发《国家义务教育质量监测方案（2021 年修订版）》的通知，在 2015 年版监测方案的基础上进行了全面改进，体现了对党中央有关教育评价改革新精神和新要求的贯彻落实，进一步健全了我国教育质量监测体系，迈出了在探索实践中不断深化教育评价改革的重要一步。

（二）全国教育质量监测网络基本形成

教育部基础教育质量监测中心作为国家级监测机构成立后，全国各省相继成立

---

① 陈慧娟，辛涛．我国基础教育质量监测与评价体系的演进与未来走向［J］．华东师范大学学报（教育科学版），2021，39（4）：42 - 52.

基础教育质量监测的相关机构。同时，地级市也不断成立监测机构，如台州市、苏州市等。区县级监测机构也逐步开始建立，如上海市普陀区、杭州市上城区等。至此，全国已经初步成立四级监测机构，基本形成监测网络。从各级监测机构的关系来看，上级机构对下级机构并无实际行政隶属关系，只存在业务指导关系。机构之间的专业联系方式，避免了官僚化，有利于监测机构的专业化和技术更新，有助于监测工作的公平公正。但仍需要进一步加强研究，厘清国家、省、市、区县四级基础教育质量监测体系的功能和定位，持续支持和指导不同层级教育质量体系构建，促进各级教育质量监测体系的不断完善。

（三）地方积极探索教育质量评价模式

各地积极探索适合当地教育质量监测与评价的开展方式，初步形成了地方购买国家监测服务、地方自主实施监测、委托第三方实施监测这三种模式。地方购买国家监测服务模式是指除了样本区县以外，各省县区自愿通过购买服务有偿参加国家监测，集中力量将工作重点放在监测报告使用、促进教育质量提升上。地方自主实施监测模式是由地方监测机构开发自己的监测工具，针对地方实际开展监测，有针对性地展现和解决当地问题。委托第三方实施监测模式是指各省将监测工作委托给省级第三方教育评估专业机构，有利于推动监测实践的专业化和研究的深入开展，是“管、办、评”分离的教育管理方式的重要探索。

四、 趋势

构建新时期高质量的教育质量监测与评价体系，有助于更有力地推动教育高质量发展，今后的教育质量监测与评价工作应从以下几个方面发力。

（一）构建覆盖基础教育全学段的质量监测与评价体系

国家义务教育质量监测已经取得一定进展，需要构建覆盖基础教育全学段的质量监测与评价体系。进一步加强学前教育质量监测、普通高中教育质量监测的相关基础研究，组织开展相关监测标准、工具的研发及相关的试点监测，探索建立完善的学前教育、普通高中教育质量监测工作制度和机制。

（二）实现教育质量监测与评价的发展性价值

教育质量监测与评价不仅具有结果性的功能，也具有重要的形成性价值，其实施的目的并非只是提供一个关于教育质量权威的终结性报告，更为重要的是为教育提供改进的依据和对策，从而为教育提供质量保障。以发展为本，既需要明确学生当下的发展现实和影响学生发展的因素，更需要着眼未来，通过可持续发展的监测引领学生的未来发展，实现当下发展和未来发展的统一。

（三）进一步推动监测与评价的新理念与技术方法传播

进一步推动监测与评价的新理念与技术方法传播，就要持续加强监测基本理论、技术和应用研究。围绕涉及国家监测相关重大理论问题和技术问题开展攻关，在命题理论与技术、等值技术、测量模型、应用系统等领域及其他相关前沿性研究方面实现进一步创新和突破，为持续推进教育质量监测体系建设提供强大支撑。此外，以监测与评价实施的全过程为契机，通过监测培训、专家宣讲、媒体宣传等多种形式进一步加强监测新理念、技术、方法的传播推广，推动各级政府和部门、学校和广大教师树立正确的评价导向，自觉落实教育评价新理念和新要求。

（四）继续推动监测与评价结果的深度应用

进一步推动国家与地方建立完善的监测与评价结果应用制度，为开展基于监测与评价结果的教育质量提升提供强力支持和专业指导，促进监测与评价结果运用在实践操作层面真正走深走实。学校层面对监测结果的使用不容忽视，这不仅是促进学校课程教学变革的有效契机，也是转换教学评价模式的重要指导，更是学校办学特色形成的关键步骤。学校层面监测报告的后续工作，可以通过多部门联动、完善监测解读专业培训、家校共同体等方式，促进学校利用监测结果达到教育质量的整体提升。

第二节

国家义务教育质量监测

国家义务教育质量监测以习近平新时代中国特色社会主义思想为指导，全面贯彻党的教育方针，紧密围绕落实立德树人根本任务，有助于扭转唯分数、唯升学等不科学的教育评价导向，引导聚焦教育教学质量、遵循教育规律，以全面客观的监测数据支撑教育决策、服务改进教育教学管理，促进培养德智体美劳全面发展的社会主义建设者和接班人。它是引导教育价值取向的“指挥棒”，诊断教育质量状况的“体检仪”，监测结果应用是教育质量提升的“解码器”。

一、监测进展与成效

（一）进展

国家义务教育质量监测是教育督导的一项制度安排。2015 年，为贯彻落实《教育规划纲要》要求，建立义务教育质量监测制度，促进义务教育质量提升和素质教育实施，国务院教育督导委员会办公室出台了《国家义务教育质量监测方案》。

“十四五”时期，我国教育进入高质量发展阶段，为了对标义务教育改革发展的新形势、新要求，系统改进监测工作，教育部又在2021年印发《国家义务教育质量监测方案（2021年修订版）》（以下简称《方案》），在2015年版监测方案的基础上进行了全面改进，体现了对中央有关教育评价改革新精神和新要求的贯彻落实，进一步健全了我国教育质量监测体系，迈出了在探索实践中不断深化教育评价改革的重要一步。同年3月，教育部、中央组织部、中央编办、国家发展改革委、财政部、人力资源和社会保障部等六部门制定了《义务教育质量评价指南》，明确县域、学校、学生三个层面义务教育质量评价内容及其指标体系，三者紧紧围绕贯彻党的教育方针，以促进学生全面发展为目标，各有侧重、相互衔接、内在统一，构成了完整的义务教育质量评价体系。

《方案》总体沿用2015年版监测方案的内容及架构，主要有四个方面突破：

一是拓展学科领域。为落实中共中央、国务院《关于全面加强新时代大中小学劳动教育的意见》等要求，增加劳动教育领域；为落实《中小学心理健康教育指导纲要》，促进学生心理健康发展，增加心理健康领域；为监测义务教育课程设置中英语学科学习质量，推动英语教学改革、提高英语学习效率，依据《义务教育英语课程标准》，增加英语学科，实现了“五育并举”全覆盖。

二是服务质量提升。对标《义务教育质量评价指南》设计指标，紧扣课程标准（或指导纲要）开发工具，突出能力素养导向，新增区县教育管理者问卷，系统挖掘影响因素。

三是创新方式方法。充分运用人工智能与大数据、脑科学等领域前沿技术方法，试点开展人机交互测试，探索多领域综合评价和跨年度增值评价。

四是强化结果运用。增加区县监测诊断报告和政策咨询报告，建立监测问题反馈和预警机制，将监测结果与优质均衡督导评估等挂钩，推广典型地区经验案例，推动各地建立监测结果运用机制，加强地方监测机构建设。

（二）成效

从2015年《国家义务教育质量监测方案》发布至今，教育部基础教育质量监测中心在国务院教育督导委员会办公室的统筹指导下，面向全国31个省（区、市）及新疆生产建设兵团组织完成了两个周期的监测工作，累计抽取了1 900多个区县近4万所中小学校，对约120万名四年级和八年级学生进行了监测，相应的学科教师、班主任、校长也参与了调查。经过多年努力，国家监测在许多方面取得了积极的成效。

一是摸清底数，全方位展现了义务教育质量状况。通过6年来对全国1 900多个区县的教育质量监测，系统分析了我国中小学学生在德育、语文、数学、科学、体育与健康、艺术等多领域全面发展的结果，获取了学生发展质量的一手数据信息；全面诊断了教育质量存在的问题、短板及弱项，着力找出制约教育质量提升的关键性因素；系统追踪了历年教育质量发展变化，清晰呈现了不同区域、不同群体的发展趋势。从横向、纵向多方位摸清了义务教育质量状况，为质量提升奠定了坚实基础。

二是诊断问题，有力推动了国家和地方改进教育教学。研制出的各级各类监测结果报告，客观呈现学生全面发展状况及影响因素，成为掌握我国义务教育质量的可靠来源。自2019年起建立了省域监测结果通报与整改机制，每年以国务院教育督导委员会办公室名义向各省级人民政府印发监测发现的主要问题清单，要求各省切实落实整改，推动解决长期在教育系统内部循环的老大难问题。在实践中总结出一批较为成熟的监测结果应用模式，如“解读报告—归纳问题—分析原因—制定措施—检验成效”五步法，为地方有效应用监测结果提供了参考和借鉴。宣传推广了典型地区在推动教育发展、提升教学质量等方面的经验案例，引领、推动各地探索适合自身的监测结果运用模式，促进了区域义务教育质量提升。

三是扭转风气，倡导了科学全面的教育质量观。自2018年起，每年通过教育部门户网站、“微言教育”公众号、中国教育报等向社会发布国家义务教育质量监测结果报告，人民日报、光明日报、新华网等多家主流媒体高度关注、广泛报道，产生了较大的社会影响。监测报告系统呈现了我国学生全面发展质量状况，对影响学生发展的关键因素进行了分析，体现了“五育并举”、素质教育的要求，在义务教育应当“培养什么人”和“如何培养人”方面持续进行了正面宣传，对引导社会树立正确的教育质量观和育人观、扭转“唯分数”“唯升学”等不科学的教育评价倾向起到了重要作用。①

四是建成品牌，形成具有中国特色的监测指标工具。监测指标体系的研制过程全面梳理了党和国家有关教育方针政策，确保导向正确、针对性强，能够实现对落实情况的有效监测。通过开展6大学科监测，全面掌握了学生全面发展状况以及素质教育推进情况；通过分析区域教育质量差异状况和特殊群体学生发展状况，准确把握了义务教育均衡发展和教育公平进展状况；通过对课程开设、资源配备利用、师资队伍建设等进行监测，检验了课程与教学、教师队伍建设等有关教育教学改革政策的落实情况。形成了具有中国特色的监测指标工具，建成了世界最大的国家教育质量监测体系，有助于成为具有国际影响力的教育评价品牌。

---

① 董奇．开拓创新，以高质量监测推动义务教育高质量发展［EB/OL］．（2021－09－27）［2022－06－15］．http://www.moe.gov.cn/jyb_xwfb/moe_2082/2021/2021_zl62/202109/t20210926_567089.html.

二、监测内容

对照《义务教育质量评价指南》和义务教育课程标准（或指导纲要），国家义务教育质量监测的内容为学生发展质量和相关影响因素监测两大部分。其中，关键能力培养是当前基础教育教学改革的重要目标和要求，也是中小学教育教学亟待加强的环节。

（一）学生发展质量监测

学生发展质量监测是指围绕学生全面发展要求，学生德智体美劳教育质量状况。根据学生德智体美劳全面发展的培养目标和义务教育课程方案实施情况，对标《义务教育质量评价指南》，确定德育、语文、数学、英语、科学、体育与健康、艺术、劳动、心理健康为监测的九个学科领域。

德育主要监测学生的理想信念、道德行为规范以及基本国情常识掌握情况等。语文主要监测学生掌握语文基础知识情况、阅读能力和书面表达能力等。数学主要监测学生掌握数学基础知识和思维方法情况、运算能力、问题解决能力等。英语主要监测学生掌握英语基础知识情况，阅读、写作等综合语言运用能力等。科学主要监测学生掌握科学基础知识和思维方法情况、科学探究能力等。体育与健康主要监测学生身体形态、机能、体能状况以及健康生活习惯等。艺术主要监测学生掌握艺术基础知识情况，通过艺术作品和活动感受美、表达美的能力，审美趣味和审美格调。劳动主要监测学生劳动观念、劳动知识和能力、劳动习惯和品质等。心理健康主要监测学生情绪、人际交往等发展状况以及常见的心理行为问题等。

其中，劳动、英语、心理健康为新增监测的三个学科领域。劳动教育是“五育并举”的重要组成部分，补齐劳动教育监测有助于推动中小学劳动教育深入开展；英语是义务教育课程体系中的重要组成部分，将其纳入监测范畴有助于促进学生语言运用能力的培养；心理健康监测是准确把握学生心理健康状况、问题、成因及变化趋势的重要手段，有助于更好地服务儿童青少年心理健康教育工作，呵护儿童青少年身心健康。

（二）相关影响因素监测

相关影响因素监测调查是指影响学生发展质量的相关因素，如各学科领域的课程或教育活动开设、学生学业负担、教学条件保障、教师配备、教育教学、学校管理以及区域教育管理情况等。

影响因素分析是监测的重要环节，对找准教育质量提升的发力点有着重要作用。新方案在原有的学生问卷、教师问卷、校长问卷基础上新增了区县教育管理者问卷，重点对影响学生发展的区县层面因素进行深入调查分析，如区县教育经费投入、资源统筹、政策制定与实施、区域评价制度等，由此实现了从个体、家庭、学校、区域等各个层面立体化解读与分析影响学生发展结果的相关因素，为教育政策制定和调整、教育教学改进提供了精准的决策依据和证据支持。

三、组织与实施

国家义务教育质量监测工作由各级政府教育督导部门组织实施。国务院教育督导委员会办公室负责统筹规划、政策指导和过程监督，委托教育部基础教育质量监测中心承担业务培训、工具研发、数据采集、报告研制等工作。省级教育督导部门负责本地区的测试组织和过程监督。市级教育督导部门负责本地区的测试协调和指导。县级教育督导部门负责组织现场测试。

（一）监测原则

第一，坚持立德树人。落实立德树人根本任务，突出“五育并举”，拓展监测学科领域，构建全面覆盖德智体美劳教育质量的监测指标体系。

第二，服务质量提升。紧扣课程标准（或指导纲要），监测学生各学科领域的发展水平及核心素养，系统挖掘影响学生发展质量的关键因素，精准服务教育质量提升。

第三，注重方法创新。充分运用人工智能与大数据、脑科学等领域前沿技术方法，开展计算机网络测试、人机交互测试等，探索多领域综合评价和跨年度增值评价，推动监测工作更加科学高效。

第四，强化结果运用。坚持问题诊断和示范引领并重，建立监测问题反馈和预警机制，督促问题改进；推广典型地区经验案例，推动各地建立结果运用机制，有效发挥监测诊断、改进、引导功能。

（二）监测周期

每个监测周期为三年，每年监测三个学科领域。第一年度监测数学、体育与健康、心理健康，第二年度监测语文、艺术、英语，第三年度监测德育、科学、劳动。

这样安排主要有三个原因。首先是工作的延续性。为确保不同周期的跨年度分析和增值评价，原有 6 个学科的年度安排不变，新增的心理健康、英语、劳动 3 个学科分摊至每年。其次是实施的经济性。艺术演唱和英语听力测试均需要使用耳机等视听设备，考虑便于组织实施和降低成本，安排艺术和英语同年监测。最后是结果的有效性。劳动教育目前处于起步阶段，为给各地开展劳动教育留有时间，确保监测结果科学有效，故将劳动监测安排在周期内最后一年。

（三）监测对象

依据义务教育课程标准（或指导纲要）中的学段划分情况，考虑学生认知和学习能力发展的阶段性特征，借鉴国际大型教育评估监测项目经验做法，我国义务教育质量监测的对象确定为义务教育阶段四年级和八年级学生。

（四）监测环节

国家义务教育质量监测实施的环节非常明晰，涵盖了测前（工具研制、样本抽取）、测中（现场测试）、测后（水平划定、数据分析、报告研制、结果运用）的三阶段七环节。

1. 工具研制

组织专家研制测试卷、相关因素调查问卷以及表现性测试工具。测试卷监测学生在有关学科领域的发展水平，重点关注学生探究和解决问题的能力。相关因素调查问卷调查影响学生发展水平的相关因素，分为学生问卷、教师问卷、校长问卷、区县教育管理者问卷等。表现性测试工具用于体育与健康、科学、艺术等学科领域，通过学生现场项目参与和演示，监测运动、操作、演唱能力等。

2. 样本抽取

根据我国义务教育阶段学校和学生量大、面广的特点，采取分层不等概率抽样方法，分三个阶段进行抽样。其中，根据人口总量、经济发展水平和教育发展状况，在31个省（区、市）和新疆生产建设兵团抽取样本县（市、区），占全国总县数十分之一左右（每年约340个）。根据地理位置、城乡分布、学校类型等因素，采用按规模成比例概率抽样方法，在样本县（市、区）抽取样本学校，原则上每个样本县（市、区）抽取12所小学、8所初中。在样本学校随机抽取学生，原则上每所样本小学抽取30名四年级学生、样本初中抽取30名八年级学生，样本个人信息严格保密。

3. 现场测试

为了保证测试操作规范，所有样本县（市、区）、样本校按照要求，在规定时间开展统一测试，测试总时长为一天半。测试安排在本校，严格按照规定程序进行。综合考虑学习内容的完整性和便于组织测试等因素，原则上每年测试时间安排在5月下旬。

4. 水平划定

根据课程标准和学生答题的实际表现，对学生学业水平进行等级划分和具体描述。参照国际监测通行方式，结合我国教育教学实际，将学生学业表现划分为水平Ⅳ（优秀）、水平Ⅲ（良好）、水平Ⅱ（中等）、水平Ⅰ（待提高）四个水平段。

5. 数据分析

在监测数据扫描录入基础上，经过数据清理、跨年对比、数据链接等环节生成监测数据库，运用多种统计分析方法深入挖掘数据，形成监测结果。

6. 报告研制

根据报告目的、内容和阅读对象的不同，主要研制形成国家监测报告、分省监测报告、区县监测诊断报告、政策咨询报告四类报告。

国家监测报告主要是呈现全国学生在各监测学科领域发展水平的总体状况、影响学生发展水平的主要因素以及相关分析，以适当方式向社会发布。

分省监测报告主要是分省（区、市）呈现学生在各监测学科领域的发展水平、影响该省（区、市）学生发展水平的主要因素以及相关分析。该报告主要供省级人民政府和有关教育部门使用。

区县监测诊断报告主要是分县（市、区）呈现学生在各监测学科领域的发展水平、影响该县（市、区）学生发展水平的主要因素以及相关分析，诊断教育质量问题。该报告主要供县级人民政府和有关教育部门使用，供学校改进教育教学参考。

政策咨询报告主要是针对教育热点难点问题进行专题研究，结合一线教育实际深入分析并提出改进建议。该报告主要供有关领导和部门参阅，供地方调整教育政策参考。

7. 监测结果运用

国家义务教育质量监测结果主要运用于服务决策咨询、督促问题改进、支撑督导评估和引领质量提升这四个方面。

服务决策咨询是指向国务院领导和有关部门呈送国家监测报告和政策咨询报告，为教育政策的制定和调整提供支撑。

督促问题改进是指向各省级人民政府反馈监测发现的主要问题清单和分省监测报告，督促问题整改。建立监测预警机制，对全面发展质量不佳、质量下滑趋势明显的地区进行预警，对有关责任人员约谈问责。

支撑督导评估是指监测结果直接应用于督导评估工作，作为县域义务教育优质均衡发展督导评估、义务教育质量评价等工作的重要参考。

引领质量提升是指宣传推广监测发现的典型地区经验案例，搭建监测学习交流平台。加强监测数据挖掘运用，鼓励开展监测相关学术研究，引领推动教学改革、改进教育管理。

此外，强化结果运用是新方案的一大亮点，也是新一轮监测的主要改进方向，主要有以下几个特点。

第一，丰富了报告类型在原有国家监测报告、分省监测报告的基础上，新增政策咨询报告和区县监测诊断报告，发挥监测服务政策调整和改进一线教育教学的作用，更好地服务国家和地方教育决策。

第二，明确了使用方式。新方案专门增加了“结果运用”部分，指出要从服务决策咨询、督促问题改进、支撑督导评估、引领质量提升四个方面运用监测结果，明确了向省政府反馈监测发现的主要问题清单，建立监测预警机制，将监测结果作为县域义务教育优质均衡发展督导评估、义务教育质量评价等工作的参考，宣传推广典型地区经验案例等具体举措。

第三，强化了地方责任。明确将有关监测结果作为县域义务教育优质均衡发展督导评估、义务教育质量评价等工作的重要参考，能有效提升督导评估的科学性和专业性。提出各地要探索监测结果与政策调整的联动机制，建立省级统筹、区县为主的监测结果运用制度，注重有关部门间的协同联动，加强地方监测机构建设等要求，强调监测结果要下沉到区县和学校，切实发挥监测服务教育教学改进的作用，有助于形成运用监测结果的合力，更好助力地方教育质量提升。

第三节
地方探索

一、香港全港性系统评估[①]

（一）背景

全港性系统评估（territory-wide system assessment，简称 TSA）由政府统筹，是全港统一执行的评估，该评估的性质为低风险的评估。整个评估包括学生评估和系统评估两部分，目的是评估学生在第一至第三学习阶段（即小学三年级、小学六年级和初中三年级）完结时在中、英、数三科的基本能力水平，让学校及教师具体地了解学生在基本能力方面的强项与弱项，从而优化学与教的计划，也让政府为有需要的学校提供适切的支援。

香港教育统筹委员会在 2000 年《终身学习 · 全人发展》报告中建议在中、英、数三科设立基本能力评估，以评估回馈学与教，发挥促进学习的评估（assessment for learning）的理念，提升教学效能。促进学习的评估即评估的目的在于收集学生学习的证据。它是学习与教学循环的一部分，而不是附着于教学阶段之后，独立于

① 这部分主要参考全港性系统评估官网上的内容，网址为 https://www.bca.hkeaa.edu.hk/web/TSA/zh/Introduction.html.

二者之外的。评估的结果，可提供资料让学生改进学习，也让教师检讨和改善教学。

因此，香港考试及评核局受教育局委托，负责策划、执行全港性系统评估。2004 年，先在小学三年级施行。2005 年，小学三年级和小学六年级学生均须参与评估。至 2006 年，系统评估已推展至中学三年级阶段。为了减轻小学六年级学生学业压力，从 2012 年起，小学六年级的评估只在奇数年进行，但是学校可以在偶数年根据需要，自愿参与或索要评估题目自行测试。

（二）评估内容

全港性系统评估是根据中国语文、英国语文及数学科课程文件及基本能力文件设计，并由审题委员会负责制定评估蓝图，以确保题目能涵盖基本能力。基本能力指学生有能力继续下一个学习阶段，而不需要额外的学习支援的最低而又可接受的水平。

评估内容根据各科在各学习阶段终结时的基本能力描述而拟订。以中国语文课程为例，在第一学习阶段（小学三年级）对学生在阅读、写作、聆听、说话方面应具备的基本能力进行了规定。比如在阅读方面，小学三年级学生应具备的基本能力有：能认识一般阅读材料中的常用字、能理解所学词语、能理解简单叙述性文字的段意及段落关系等。三个阶段基本能力详细情况见官网。

审题委员会由多位专业人士组成，包括大专讲师、教育局课程主任、考评局科目经理及现职教师等。审题委员会定期举行会议，除了订定每张评估分卷的题量和时限外，亦会审阅和批核题目，以确保题目的质量。

（三）评估实施

全港性系统评估为水平参照评估，主要侧重基本能力水平，通常在第一、第二及第三个学习阶段完结时施行。除了中英文科的说话评估外，主要以纸笔形式进行。

此外，为了向政府及学校提供回馈资料，全港性系统评估涵盖各科学习范畴的基本能力，故每科的试题数目相应较多。若学生作答某一学习范畴的全部试题，需用时长达 3 ~ 4 小时，对学生绝不适宜。因此，考评局把全卷分为若干分卷，每位学生只需作答其中一份分卷。由于系统评估旨在反映全港学生及各学校学生的整体表现水平，而非评估个别学生的能力，所以每一名学生无须作答相同的试卷。评估时，学生会被安排作答不同的分卷。每一分卷之间，各设有若干相同的题目，考评局根据学生回答这些题目的表现，并结合各分卷的成绩，用统计的方法，计算各学校学生的整体表现。

（四）评估结果

学校评估报告呈现该校学生及全港学生在中、英、数三科的基本能力水平的表现，报告不会显示个别学生的成绩。参与评估的学校可于基本能力评估网站下载学校报告及各类型的题目分析报告（包括以基本能力及卷别为序的分项分析）。学校可按校本情况，参考数据，配合校内其他评估资料，以了解学生的强弱项，调整教学策略及订定跟进措施。学校除了可下载题目分析报告的 PDF 版和 EXCEL 版本外，由 2014 年起，香港考试及评核局也提供网上互动题目分析报告（以基本能力为序），以供学校做进一步分析数据之用。2014 年起，只会向个别中学发放其学生在 3 科达到基本能力水平的学生人数及达标率。此外，公众及政府也可参考报告中全港层面的评估数据。

全港性系统评估结果对于学校、教师、政府和公众都有诸多益处。对于学校来说，评估报告提供学校及全港学生的学习表现，学校可参考报告的数据以改善学与教。对于教师来说，教师在全港性系统评估的施行过程中，可透彻了解现行课程的要求，并增进有关水平参照的评估专业知识。对于政府来说，评估能提供客观的数据以衡量教育政策的成效。对于公众来说，公众可获得宏观的评估数据，以了解全港学生在中、英、数三个主要科目的整体学习表现。

二、 上海市中小学学业质量绿色指标评价

（一）背景

2009 年，上海学生第一次参加国际学生评估项目（PISA）测试，测试结果虽然证明了上海基础教育的学业水平已达到一个高峰，但也显示了上海学生的学业压力和课业负担仍然偏重。从破解学生全面成长、学校内涵建设的难题切入，从扭转社会舆论最关注的问题入手，教育评价改革成为上海基础教育必须攻克的堡垒。在前期积淀 6 年的基础上，2011 年 11 月，上海市教育委员会与教育部原基础教育课程教材发展中心合作推出了《上海市中小学生学业质量绿色指标（试行）》（以下简称《绿色指标》），从 2016 年起覆盖上海所有小学和初中。《绿色指标》旨在制定教育质量标准，建立义务教育质量评价和监测体系，实施教学质量综合评价改革试验，形成实施素质教育的导向机制。① 2018 年，顺应国家和上海教育改革的新形势，借鉴国际教育质量评价改革经验，上海开始了《绿色指标 1.0》的修订。

《绿色指标》的实施十分有必要性。首先是深化教育内涵发展的客观要求。试行《绿色指标》有利于发挥科学教育评价的正确导向作用，引导区县、学校、家长和社会树立全面的教育质量观，丰富学业质量评价的内涵，引导区县、学校开展全

① 上海教育. 上海市中长期教育改革和发展规划纲要（2010—2020 年）[EB/OL]. (2010-12-02) [2022-06-15]. https://edu.sh.gov.cn/jydd_zcwj_ddwj/20101202/0015-jydd_178.html.

面质量观指导下的教学与评价活动，减轻学生课业负担，促进学生全面发展。其次是优化教育管理的应有之义。试行《绿色指标》有利于市、区（县）两级政府全面把握教育质量的真实状况，完善教育教学决策，提升教育管理科学化水平，引领上海基础教育创新发展。最后是建立良好教育生态的有效保障。试行《绿色指标》有利于构建教育内部"标准—教学—评价"的良性循环系统，指导学校建立以校为本、基于过程的教育质量综合评价体系，引导全社会树立正确的教育质量观，营造有利于学生健康成长的良好氛围，促进教育质量持续提高。

将近十年的发展历程，《绿色指标》为上海基础教育打造了全新的"绿色标尺"，也带来了均衡和谐、优质持续的教育"绿色生态"之变。

（二）评价内容及指标体系

《绿色指标》建立了一套以关注学生健康成长为核心价值追求的学业质量评价体系，包括学生学业水平、学生身心健康、学生品德和社会化行为、学生学习动力、学生对学校认同度、学业负担与压力、教师课程领导力、校长课程领导力、教育公平、跨时间发展变化等内容。①

这些指标大致分为表现性现象指标、过程性归因指标和时间性变化指标三个方面。表现性现象指标包括学业水平指数，学习负担指数，学习动力指数，身心健康指数，品德行为指数。过程性归因指标包括校长课程领导力指数，教师教学方式指数，师生关系指数，学生社会经济背景与学业成绩的关系指数。时间性变化指标即上述各项指标的跨年度进步指数。②

10 个维度的综合评价，既关注学生的学业，又考察影响学生学业质量的各种因素；既衡量学生一般认知能力水平，又衡量学生体质、品德、创新等高层次能力的水平；既以学生发展为中心，又兼顾教师、校长、学校乃至家庭对学生发展的影响，具体见表 10－2。

---

① 徐淀芳，纪明泽，汪茂华．学业质量绿色指标：促进学生全面发展的利器：上海市中小学生学业质量绿色指标评价改革概况［J］．人民教育，2013（18）：13－16.

② 陈效民．改革义务教育质量综合评价的理性抉择：关于上海市试行学生学业质量绿色指标体系的思考［J］．上海教育科研，2012（8）：5－8.

表 10-2 上海市中小学学业质量绿色指标评价体系

一级指标	二级指标	内容
学生学业水平指数	学生学业成绩的标准达成度	学生学业水平标准是依据课程标准，确定学生在某一学科、某一阶段应该掌握的基本内容与核心能力的标准等级。学业成绩的标准达成度指的是学生在各学科达到合格水平以上的人数比例
	学生高层次思维能力	主要包括知识迁移的能力，预测、观察和解释能力，推理能力，问题解决能力，批判性思维和创造性思维能力等
	学生学业成绩均衡度	学生学业成绩总体均衡度。指的是测试地区学生学业成绩总体差异的大小
		学生学业成绩区县间均衡度。指的是测试地区中各区县之间学生学业成绩差异的大小
		学生学业成绩学校间均衡度。指的是各学校之间学生学业成绩差异的大小
		不同群体学生学业成绩均衡度。指的是不同群体（如城市与农村等）学生学业成绩差异的大小
	学生艺术素养	
学生学习动力指数	学习自信心	主要指学生对自我学习能力的评价、尝试解决困难问题的意愿、对取得优异学习成绩和完成学习目标的预期等
	内部学习动机	主要指学生对学习本身的兴趣、对于学习目的和意义的认识等
	学习压力	主要指学生在学习过程中产生的心理负担和焦虑
	学生对学校的认同度	主要指学生的同学关系、是否愿意参加学校集体活动、是否喜欢学校以及在学校是否会感到孤独等
学生负担与压力指数	学业负担综合指数	学业负担指数是对通过问卷调查所获得的学生睡眠时间、作业时间和补课时间等数据进行分析合成得到的结果
	学业负担分项指数	睡眠时间
		作业时间
		补课时间
学生对学校认同度指数	主要包含教师是否尊重学生，是否公正、平等地对待学生，是否信任学生等。师生关系指数是通过采集学生问卷数据分析得到的结果，其中包括总体状况及分学科的状况	

续上表

一级指标	二级指标	内　　容
教师课程领导力指数	教师对教学方式的自评	教师对教学方式的自评主要有三个指标，分别为因材施教、互动教学和探究与发展能力
	学生对教师教学方式的评价	主要包括教师是否进行情境教学、是否鼓励学生动手实践等问题
校长课程领导力指数	校长教学管理能力指数是通过采集教师问卷数据，进行数据分析得到的结果，包含三个方面，分别为课程决策与计划、课程组织与实施、课程管理与评价	
教育公平指数	该指数是通过问卷采集学生父母受教育程度、职业、家庭文化资源等数据进行统计分析合成的	
学生品德和社会化行为指数	良好的品德包括热爱祖国、自尊自爱、尊重他人、有诚信和责任心、遵守公德以及拥有关怀之心和公正之心	
学生身心健康指数	学生的身心健康主要通过调查学生近视率、肥胖率、身体素质及幸福感等指标来反映。身心健康指数是通过采集学生问卷数据和相关部门的调查，进行数据分析得到的结果	
跨时间发展变化指数	进步指数包括学习动力进步指数、师生关系进步指数、学业负担进步指数等	

（三）评价实施

时间：2015 年起“三年一轮、两年改进”，为区校留足了改进自身教育教学实践的时间。

对象：上海市义务教育阶段中小学生（含非本市户籍学生）以抽样的方式确定参测学生名单。

测评手段：学业测试（小学生测试语文、数学，初中生测试语文、数学、外语、科学）、问卷调查（学生、教师、校长）、学生体质健康监测等。

（四）评价结果

只有把评价用于学校的发展，才能体现出“绿色指标”评价的实践价值。“体检”后每个区校都会拿到“绿色指标”指数报告、基础数据报告、学科报告等多种类型的报告，上海还会进行市区校三级的报告解读和教研活动。

三、 苏州市中小学生学业质量阳光指标评价

（一）背景

为贯彻落实教育部《关于推进中小学教育质量综合评价改革的意见》《关于全面深化课程改革，落实立德树人根本任务的意见》等有关文件精神，苏州市教育局于2015年下发《关于开展中小学生学业质量阳光指标评价工作的实施意见》（以下简称“阳光评价”），2016年9月起，苏州市教育局直属初中学校率先开展评价改革试点，通过学业水平全样本调研、网上问卷调查、学业质量阳光指标分析、评价改革专题培训、教学专项视导、实施教学改进等活动，在改变原有学业质量评价的简单化弊病、建构全面科学有特色的学业质量评价体系方面做了有益探索和尝试。

“阳光评价”的实施具有重要的作用。首先是深化教育内涵发展。“阳光评价”有助于引导教育行政部门、学校全面实施素质教育，深化基础教育课程改革、课堂教学改革和考试评价改革，丰富学业质量评价的内涵，构建基于“标准、评价、改进、提高”的教育教学质量诊断、改进系统，引导学校以校为本，基于过程的教育质量综合评价体系，开展全面质量观指导下的教学与评价活动，减轻学生课业负担，促进学生全面发展。其次是提升教育管理水平。“阳光评价”的结果客观反映区域、学校和学科教育质量状况，为教育行政部门和教学业务部门决策提供依据，提升教育管理科学化水平，引领苏州基础教育创新发展。最后是营造良好教育环境。“阳光评价”的开展有助于引导政府、社会、学校和家长树立全面的教育质量观，营造良好的育人氛围，为每个学生的健康成长提供适切的教育。

“阳光评价”实施以来取得了较好的成效。通过对全样本调研学业数据和学业质量影响因素的挖掘分析，构建了基于“标准、评价、改进、提高”的教育教学质量诊断、改进系统，丰富了学业质量评价的内涵，引导学校全面实施素质教育，开展全面质量观指导下的教学与评价活动，实现了对学生发展的个性化干预与指导，为减轻学生课业负担、促进学生全面发展和教师专业成长提供了更精准的支撑，同时对于薄弱学校在办学环境、基础保障、自主办学、特色创建方面的指导更精准、更有效，促进了区域内学校的整体转型升级。

（二）评价内容及指标体系①

“阳光评价”是基于区域中小学生学业质量影响要素的科学诊断、以改进和提

① 苏州教育．苏州教育评价改革持续推进，“阳光指标体系”到底是什么？［EB/OL］．(2017－01－23)［2022－06－15］．https://mp.weixin.qq.com/s/ckZC9iH8Bz5ODffnJcE_hA.

高中小学教育教学水平为目的、促进中小学教育事业科学持续发展的有效机制。其核心特征是通过分析学业成绩与影响因素之间的变量关系，以学业质量的分析评价为突破口，对数据缘由进行归因，并据此建立教育质量保障体系，以全面关注学生的健康成长，提升教育品质。

该评价体系主要通过考查学生群体的发展情况评价市（区）、学校、学科的教育质量，分学业质量评价和影响因素评价两个模块，分学生、教师、学校、家庭四个维度，共包含 13 个一级指标、50 个二级指标以及众多监测点。

在学生学业质量评价方面，分品德发展水平、学业发展水平、身心发展水平、兴趣特长养成等四项评价指标。

在学业质量影响因素方面，分为学习动力、学习负担、学习方式、师生关系、教学方式、教师专业素养、校长课程领导力、校园学习文化、家庭背景等 9 项评价指标。

在对学生学业水平进行全样本调研的基础上，再对各类影响因素进行网上问卷调查，运用信息化管理系统对学生学业成绩与影响因素进行综合性分析，为每位学生形成个性化的评价报告，不仅对学习的结果进行测量，还对影响学业发展的原因进行诊断，综合评价学业质量，从而发现问题改进问题，进一步促进教师专业化发展和学校的发展，并最终指向学生的全面发展。

（三）评价实施

“阳光评价”面向所有中小学校，以抽样的方式确定参测学校和学生样本。每年可结合实际，就某一年级、某一项或几项内容进行评价，学业质量可评价某一个或几个学科。一般五年为一个评价周期，完成全部项目和学科的评价工作。

“阳光评价”在实施中分为学业质量调研和学业质量影响因素调研两个部分。学业质量调研采取纸笔测验方式进行，调研内容、范围、难度、分值等相关事项，由苏州市教育科学研究院在学期开始前统一发布。学业质量影响因素调研采取网上问卷方式进行，由市教育局聘请专业团队进行设计，随学业质量调研同步进行，由学校通过“中小学生学业质量阳光指标评价管理平台”分校实施。

（四）评价结果

1. 数据反馈

调研结束后，由市教科院对调研情况进行数据统计梳理，及时将学业质量情况及学业质量影响因素等各类数据向学校进行反馈。各校也可登录“中小学生学业质量阳光指标评价管理平台”对本校学科质量及学生发展情况进行自我查询、自我分析、自我诊断。

2. 报告反馈

由市教科院组织专业团队，形成区域学业质量评估报告以及综合评估报告，同时对指标体系进行培训，对各区域总体发展情况进行解读与指导。

3. 教学改进

各校在调研及反馈活动结束后，进行基于证据的课堂教学改进。市、区两级教研部门根据学业质量阳光指标体系及结果，对部分学校开展教育质量综合调研，帮助学校找到问题、提供建议、找到发展方向。任何单位和部门不得将学业质量综合评价结果作为评价或奖惩市（区）、学校和学科教育质量的依据。

四、地方探索特点

（一）聚焦过程，促进学生全面发展

地方教育质量监测与评价不是评比，更不是选拔，它是一次“体检”。“低功利”是地方教育质量监测与评价的一个鲜明标识，它不止体现在对非学科因素的关注上，也体现在指标实施上的重过程、看增值。香港全港性系统评估不与毕业升学、绩效考核和问责直接挂钩，不需要学校、师生展开针对性训练，更不增加学生学业负担。苏州市“阳光评价”也打破了过去简单的通过考试成绩区分学生优劣的“统考”弊端，通过对初中学生的学业水平进行全样本调研，突出进行学业水平影响要素的调查分析，深度挖掘学生成绩背后的深层次原因，重点形成学生个性化的发展性成长档案，并不断有针对性地改进和完善教师的教学行为。

（二）打破单一，采取综合评价办法

地方教育质量监测与评价在评价方式上开展了比较前沿的探索，除运用学科测试、问卷调查、现场观察等多种方式采集学业质量的信息外，还突破纸笔测试的限制，采用了诸如操作性任务、计算机交互式任务等来评价学生。上海“绿色指标”基于课程标准，设计学科评价基本框架，研制学业质量检测命题技术，突破单一纸笔测验的评价模式，基本构建以学业水平为基础、结合学习经历与学习过程评价的综合评价办法。① 香港全港性系统评估对学生进行评估时。除了传统的纸笔测验以外，还增加了对话考试，便于监测学生全方面的基本能力。

① 中华人民共和国教育部. 上海构建“绿色指标”评价体系引导学生全面发展［EB/OL］.（2012 - 06 - 05）［2022 - 06 - 15］. http://www.moe.gov.cn/jyb_xwfb/s5989/s6635/201206/t20120605_139325.html.

（三）精准服务，注重数据信息解读

地方教育质量监测与评价的报告不是简单地公布数据，而是基于深厚的经验和专业的眼光，揭示数据背后的信息，描述数据背后的专业故事，为学校、教师的改进提供更为精准的信息和精到的指导服务。香港、上海、苏州的教育质量监测与评价都注重提升数据的解释功能，其报告针对教育行政部门、教育业务机构、学校以及教师等不同的主体都有针对性作用。上海将“绿色指标”评价作为全面了解教育教学状况的手段，作为发现和诊断教学问题的方法，作为改进教学行为的依据，形成“检测依靠技术、结论源自证据、分析产生行动”的行动步骤，建立起基于数据驱动的“检测—分析—改进”循环。①

问题思考

1. 简述教育监测与评价与中考、高考等考试的区别。
2. 简述开展教育质量监测与评价的意义。
3. 简述国家义务教育质量监测的监测内容。
4. 简述国家义务教育质量监测的成效。
5. 简述教育质量监测与评价地方探索特点。

① 上海市静安区教育局. 从“绿色评价”到“绿色教育” [J]. 人民教育，2016（8）：67－68.

第十一章
教育评价的国际经验及启示

学习目标

了解：各国在学生评价、教师评价、学校评价、课程评价以及学生学业成绩评价方面的发展历程、特色与创新。

理解：各国在学生评价、教师评价、学校评价、课程评价以及学生学业成绩评价方面的国际经验对我国的启示。

掌握：各国的教育评价特色。

学习概要

本章依次选取部分国家介绍其在学生评价、教师评价、学校评价、课程评价、学生学业评价的国际经验。通过系统梳理，总结美国、英国、日本、法国等国家教育评价的特点，在此基础上提出一些对我国教育评价改革的政策建议。

美国作为一个教育分权制国家，在教育评价的实施主体上以第三方专业机构为主，政府专设机构较少，评价内容涵盖不同层级、不同对象的不同方面。这些第三方机构各有专攻，开发了丰富的教育评价产品，同时它们会根据教育政策、课程标准的变化适时调整，不断发展、完善和替换原有产品和服务，在教育市场中提升竞争力。政府和评价对象主要是通过购买服务的形式来实施评价。为确保教育评价的公平、公正，第三方机构和政府均构建了相对完善的保障机制，包括多元化的经费来源渠道、加强教育评价专业队伍建设、制定行业规范标准、制定国家学业标准等。

英国教育评价以督导评估为特色。在内容上，近年来更加关注学生的利益和发展，体现学生成长的价值取向。在评价方法上，注重实证性；在督导环节中，强化课堂观察环节，更关注学生学习过程，且鼓励与学校校长和其他管理者共同观察课堂。在评价结果的运用上，重视对学校的问责与改进，特别注重增值性评价，即在学校教育和学生学习成长的过程中，关注学校效能的改进与提高幅度、发展和变化倾向，以及学校所规定的奋斗目标的实现情况，学生成绩的提高情况，重视和强调学校质量的持续提高。

法国的教育评价有一定的“唯分数、唯升学”色彩，但在“唯分数”中，贯穿着对“人文文化素养”即学生的判断力、品位、感性等方面的要求；在“唯升学”中，能够因材施教、适时分流，用生涯指导教育有效缓解升学压力。进一步，法国注重以学术研究成果引领工具设计，评价工具相对客观科学，提升了教育评价的信效度，以及与国家育人目标的匹配性。

日本教育评价的基本特征是体系完整，目标明确。其中，中央政府对国家教育体系的总体评价即文部科学省的政策评价的目的是把握教育政策效果，从重要性、效率性、实效性等方面进行自我评价，为政策制定和准确实施提供重要的信息。在学生评价方面，其特点是突出情感、态度、价值观等非认知要素，重视学生的个性发展。学校评价则以“改善”为宗旨，突出“诊断”功能。在教师评价方面，日本中小学教师按照“年功序列”的等级晋升，不分级别。日本大学教师在资格、能力、水平达到要求标准的前提下，一般遵守“贡献优先”“年功序列”的原则，高度评价教师“累计教育成就”和社会贡献。

从这几个国家的教育评价特点来看，它们有一些相似之处，但更多体现的是自身的特色，本章的目的主要是为我们国家教育评价改革与实践提供一些参考，助力实现《深化新时代教育评价改革总体方案》所提到的“到2035年，基本形成富有时代特征、彰显中国特色、体现世界水平的教育评价体系”改革目标。

第一节

学生评价国际经验及启示

一、英国的学生评价

（一）概述

英国有相对完善的教育评价指标。对基础教育阶段的学生而言，评价包括三级体系：国家考试、对教师实施的形成性评价和终结性评价、学生的自我反思性评价。所有的评价都以促进学生发展为根本，强调以人为中心。

英国基础教育阶段的学生评价注重增值评价，通过计算学业结束后与入学前学习成绩的增值量考查学生的进步程度，关注学生的发展和成长，并对学校效能与国家课程的实施进行督导，践行“评价为了学习”的理念。

（二）追求公平的高考

2004 年，英国《高等教育公平入学：良好实践的建议》（也称《施瓦兹报告》）提出公平录取的五大原则，具体改革措施主要包括以下几点。

1. 起点公平

起点公平首先表现在考试形式多种多样。学生在 16 岁结束中等教育时参加中等教育普通教育证书考试，在 18 岁时参加普通中等教育证书高级水平考试，考试成绩作为能否升入高等学校的重要指标。除此之外，有些专业实行自主招生，可以是论文写作、问题解决测试、能力倾向测试、认知能力与非认知能力测试等。

其次，起点公平还表现在全国统一考试。英国政府于 2005 年开始试点推行大学统一入学考试（又称“学术推理思维能力测试”），同时不削弱原有考试体系的功能，侧重考查学生的潜质而非书本知识。

最后，起点公平表现在灵活安排考试时间。英国共有 8 个考试机构，各个考试机构有决定考试科目的自主权。考生可不受居住地限制，根据兴趣爱好、自身条件等自愿选择科目和时间，到任一考试机构申请考试。

2. 过程公平

过程公平主要体现在以下三个方面：

改变估分方式。英国的招生呼吁采用 PQA（Post-qualification Applications）录取程序，在 A-level 成绩公布后进行录取，大学也预留部分招生名额，确保真实成绩比预估成绩好的学生有机会选择更适合的高中。

培训高校人员。通过高校招生服务中心等相关组织参与培训，坚持公平原则，掌握相关访谈技巧、评价方法等，通过培训了解招生政策。

为学生提供高校相关信息。通过网站和开放日等活动提供各种信息，如奖助学金、课程内容、师资水平、教学设备、国际学生情况等便于学生了解情况，做出符合自身条件的选择。

3. 结果公平

关注弱势群体学生。提出要对来自社会弱势群体家庭学生的资助措施，对弱势地区或群体的招生进行倾斜。

采取全面评价，录取中需要提供推荐信、A-level 成绩、中等教育普通证书考试成绩、自述材料；还需要结合学生背景信息，掌握学生相关学术背景和技能、个人家庭背景、所在学校学术成绩等信息。多元化的学生群体有利于建立和培养学生批判思维的能力、团队合作能力和沟通交流的能力。

综上，“以人为本”是英国高考公平的落脚点，以高校教学质量倒逼高考改革，致力于将最适合高等院校学业的申请者选拔出来。

二、 法国的学生评价

（一）概述

法国的人文主义价值传统有着与之相匹配的教育评价领域的特色。进入 21 世纪，法国提出“为了全体学生的成功”，不但讲求教育公平与均衡，同时也竭力发掘每个学生个性化的优势。

法国的学生评价与质量监测由法国教育部评估预测司与教育督导部门共同组织实施。评估预测司分别针对整个教育系统、学生个体和学校进行偏量化的测验；而督导部门在各种评价中承担的作用更为宽泛，如作为教育部长的评价技术顾问，作为评估预测司等部门的专家支持共同开发评价体系，以及学校的校长顾问进行教育质量监控和教师培训等。此外，法国社会上还有“学校评估高级委员会”等各类官方或民间机构，也有机会参与到教育评价和教育质量监测工作中。

（二）基于“共同基础”的核心素养评价体系

21 世纪以来，法国于 2005 年和 2015 年两次颁发了指向学生核心素养培养的《知识和能力的共同基础》，作为法定的义务教育目标以培养高素质的新世纪人才。为了实现已有法条中关于“共同基础”这一目标，法国构建了基于“共同基础”的中小学生核心素养评价体系。这一体系设计了基于校本的三阶段学生核心素养评价，分阶段、有系统地诊断、反馈和提升义务教育阶段学生核心素养培养质量。

“共同基础”提出的核心素养与欧盟“终身学习”理念提出的八类核心素养是一脉相承的。主要包括五个维度：思考与交流的语言、学习方法与工具、个人价值与公民教育、自然与科技领域、世界呈现与人类活动。“共同基础”提出的核心素养是中小学生在义务教育阶段结束时应具备的素养，有利于学生未来的学业、职业的发展以及对不断变化的社会生活的适应。

法国学生评价的原则是因材施教，适时分流，缓解升学压力。法国从初中教育开始，就设有专门的职业生涯指导体系，不断引导学生根据自身实力和特长进行分流，职业路径、普通升学路径乃至于精英教育路径分化了统一升学的压力。

在评价方式上，除了传统方式外，法国有两种新颖的测评方式值得关注。一是元认知测评。比如在阅读中，元认知就是指在阅读中有意识地运用策略，有效应对困难的能力。2015 年，法国评估预测司首次在全国“共同基础”评价中采用问卷调查来测评学生在阅读过程中的元认知，测评的方式是要求学生反思自己完成的阅读任务，并回想当时所用的阅读策略。这说明法国的评价研究正在进一步对更为核心的素养进行测评和报告，从而更好地提升学生核心素养，促进义务教育的开展。二是注重推进基于计算机的测评方式来深化基础教育评价改革。计算机与互联网的数字化、智能化、虚拟化等特点，可以创设接近真实的交互式问题情境，可以更好地测评学生的素养，更能迅速有力地推进信息技术与学校教育、课堂教学的整合。目前法国的“共同基础”评价虽然还没有大规模地运用眼动仪或脑电图等设备进行评价信息的收集与分析，但是在计算机交互式任务的开发、基于大数据的过程性和结果性分析方面，已经颇有成效了。

三、 日本的学生评价

（一）概述

日本教育评价从 20 世纪 50 年代起先后经历了绝对评价、相对评价、基于目标的评价等发展阶段。经过多年改革迎来重大转折，由原来的对学生进行评估、让学生对学习和发展产生厌恶的工具，变成保障学生高水平学历、促进学生参加教育实践的有效措施。① 目前，日本对基础教育阶段学生的学习评价采取“基于目标的评价”原则与“PDCA（Plan-Do-Check-Action）”的循环改进模式。

日本的学生评价由学习状况综合评价和考试评价组成，最主要的考试评价是由作为高中入学选拔依据的中考和作为大学入学选拔依据的高考组成。日本基础教育阶段的学生评价由学生学习状况综合评价即综合素质评价和考试评价两部分组成，其中学生学习状况综合评价主要以每个学生各学期、各学科学习情况的累加记录为主，根据多维度的形成性评价原则综合评价学生的核心素养。

（二）综合素质评价

日本新修订的《学习指导要领》继续倡导培养学生的生存能力，同时强调掌握基础、基本的知识技能，并培养学力三要素：①灵活运用知识技能的基础知识基本技能；②思考力、判断力、表现力；③学习态度。知识技能与基本能力作为一部车子的两个轮子，相互联系、共同推进，最大限度地提高学生自主学习的积极性，同步推进学习指导和教育评价。根据学力三要素，日本重新整理和设定了学生学习评

---

① 田中耕治. 教育评价［M］. 高峡，田辉，译. 北京：北京师范大学出版社，2011：194.

价视角，将现行的学习评价视角的四个维度，即贯通各学科的“关心、兴趣、态度”“思考、判断”“技能、表现”“知识、理解”，和《学习指导要领》中规定的学力三要素统合为以“知识、理解”以及“技能、表现”为基础的基本知识技能，以“思考、判断”掌握的利用知识技能解决问题的思考力、判断力、表现力，以及与学生自主学习密切相关的“关心、兴趣、态度”等学习品质和素养。

综合素质成绩计入高中升学选拔的中考总分数。在日本高中的入学选拔中，学生在初中三年的综合素质评价——学习状况综合评价将累计各学科学习和活动表现的综合绩点，计入录取总分。日本的高中入学选拔机制趋于多元化，最基本的中考形式：总分500分，按照初中三年综合评价累计（250分）、中考五门学科成绩500分的一半（总分250分）计算中考总分。全面启用“基于目标的评价”，在入学考试的资格选拔中纳入学生学习状况的各维度评价，以内部报告书的形式提交给学生报考的高中，以这种形式替代“一考定胜负”的应试教育，避免过度的应试学习。

四、国际学生评价启示

（一）学生评价应该注重学生的全面发展

学生的全面发展是教育的目标，也是教育评价中需要贯彻的理念和原则。如英国的教育评价坚持以学生发展为中心的理念，强调公平，尊重每个孩子，关注学生的个体差异并提供适合的教育。考察评价处在学生不断发展的连续体中，成为学生发展进步的助推力，法国的“共同基础”分阶段、有系统地诊断、反馈和提升义务教育阶段学生核心素养培养质量。长期以来，对学生的评价普遍存在“重智、轻德、弱体、抑美、缺劳”的现象。好的教育应该是培养终身运动者、责任担当者、问题解决者和优雅生活者，给孩子们健全而优秀的人格，赢得未来的幸福，造福国家社会。因此，在学生评价方面应该注重学生的全面发展。

（二）学生评价应注重多渠道收集信息

近年来，随着《深化新时代教育评价改革总体方案》的印发以及一系列教育评价改革展开，我国教育逐渐改变“一考定终身”的现象，虽也有发展性评价，但对学生进行综合评价的方法、工具仍匮乏、单一。可以学习英国教育评价，通过多渠道收集评价信息，根据学校提交的相关信息、督学进入学校和课堂的观课情况以及与学生和教师交谈的信息综合得出结论。因此，学生评价应该善用发展性评价的眼光，综合利用考试、作业、观课、访谈等多种方式收集信息，进行科学评价。

（三）学生评价应注重增值评价

增值评价强调动态地了解学生的发展进步过程，更为关注学生学习成长过程中的进步程度和提高幅度。例如英国教育评价的基本特征之一就是注重增值评价。学生评价是学校质量评价的重要部分。积极探索学生全面发展的增值评价，既符合“以人为本”的教育理念，也有利于促进评价公平，更有利于促进学生全面发展和提升学校人才培养质量。应更加关注增值评价，发现学生的变化以及变化的原因，做出相应调整，从而促进学生更好地发展。

（四）学生评价要突出非认知要素和个性发展

学生评价应突出非认知要素，强调个性发展。如日本的学生评价以“四个维度、三个等级”进行差异性评价，以客观全面地评价学生学习和发展进步状况。其突出特点是加大了非认知要素的指标权重，要求不能偏重于认知要素，要重视学生的兴趣、愿望、态度等非认知因素，各种教育活动、社会实践、职场体验、创业体验等生涯教育内容以学分制的形式纳入学生综合评价，以改善“唯分数”“唯认知”的片面追求，提高学习的品质，全面培养学生应对智能时代的思考力、判断力、表现力，强化学生的逻辑思维能力，提高解决问题的能力和创新思维能力。

第二节

教师评价国际经验及启示

一、美国的教师评价

（一）概述

美国开展教师评价已有百年历史。教师被视为保障教育质量的关键，通过教师评价了解教育的有效性已经成为共识，但对于评价目的、评价主体、评价内容和评价方式的争论一直比较激烈，不同阶段、不同州的教师评价政策侧重点不尽相同。正是在不断的争议和实践中，美国教师评价越来越规范、科学和开放，建立了较为完善的教师评价体系。

（二）国家年度教师评选

国家年度教师评选是美国历史最悠久、声望最高的公立教师评选项目，涵盖从幼儿园至高中整个基础教育阶段。国家年度教师是基础教育阶段美国教师国家级的最高荣誉称号，授予美国国家年度教师项目的当选者。该项目是由全美首席教育官理事会、凤凰城大学与民间大使计划共同举办，并由荷兰国际集团基金会与 Target

公司赞助的美国最高荣誉的教师奖励项目。自 1952 年启动以来，这一活动至今已举办 67 届，有 68 名教师（1957 年有 2 人共同获奖）获此殊荣，他们被誉为“美国教育形象大使”“美国教育英雄”，享受白宫颁奖礼遇，受到总统接见。

国家年度教师对候选人有明确的资格要求。候选人必须是 K12 阶段的州立学校教师，对教育工作特别投入、拥有丰富的专业知识和技能，并保证在获得此奖项之后，仍然坚守在教学一线，不能脱离课堂。此外，候选人还应满足以下四个条件：第一，能够鼓舞任何背景与能力的学生学习；第二，赢得学生、家长、同事的尊敬与仰慕；第三，在学校、社区都能发挥积极有效的作用；第四，泰然自若、口齿清晰且具有处理繁重事务的能力。国家年度教师经过州和国家两轮选拔，过程非常严格。州年度教师评选方式不统一，但选拔过程必须科学公正。

需要特别指出的是，美国国家年度教师是一种精神层面的最高荣誉，并没有物质或金钱奖励，而且必须承担相应的责任。美国国家年度教师在获奖当年 6 月之后的一年之中，将受邀访问美国各州及世界各国，到各种教育单位、政府部门、商业机构做教育演讲，给出政策建议；结束一年的教育演讲工作之后，还须继续从事教育工作，不得转行。

二、 英国的教师评价

（一）概述

英国在政策方面将教师质量放在了重要位置，一直在进行相关政策的探索。1983 年《教学质量》白皮书发布；1985 年《更好的学校》白皮书发布；1989 年，《教师评价的发展》报告发布；1991 年，《学校教师评价规程》发布；1998 年《英国教师职业现代化》绿皮书发布；2001 年，《英格兰学校教师评价规程》和《教育条例：英格兰学校教师考核》等，这一系列文本勾画了英国教师评价的政策路线。

除此之外，还制定了相关的教师标准，注重提高教师能力，同时运用多种方式对教师进行评价。

（二）教师专业标准

英国一直以来都注重教育标准的制定，运用标准确保教育质量。随着教育标准局的成立，英国教师的专业标准也不断更新。表 11 - 1 为 2012 年 9 月在英国实行的教师专业标准，从教师的职业道德、教学目标、教学设计、知识内容、策略方法、教学评价、学习环境、学生成果等方面做出规定。

表 11－1　英国教师专业标准①

设定激发学生发展的高目标	在互相尊重的基础上为学生创设良好环境 为所有学生设定具有挑战性的目标 保持积极态度和行为
激发学生的进步	基于学生的能力和已有经验设计教学 引导学生反思进步 了解学生如何学习以及对教学的影响 鼓励学生对自己的学习负责
具备良好的学科知识	具备全面的学科内容知识 激发并保持学生对学科的兴趣 批判性的理解相关学科内容的发展 具备相应学科教学策略
合理设计教学	使学生乐于学习，激发好奇 对教学的有效性进行系统反思 布置作业、设计课外活动以加深并拓展学生所学
调整教学以适应学生需求	了解学生不同阶段的发展并进行相应调整 了解那些因素阻碍学生学习并克服这些障碍 了解学生的特殊需求并予以回应
进行恰当的有建设性的评价	运用形成性评价和终结性评价 根据数据了解学生进步情况，并设定目标，设计下一步的教学 给予学生口头或书面评分反馈，鼓励学生对此做出回应
有效管理行为 确保良好学习环境	制定清晰的课堂规则 明确班级纪律，公平运用表扬、禁止、奖励等策略 有效管理课堂，运用恰当的方式吸引学生的注意力 跟学生保持良好关系
承担更广的专业责任	为学校的发展做出积极贡献 与同事建立有效的专业联系 听取同事的意见建议，进行有效的专业发展 就学生问题与家长进行有效沟通

① 英国教育部. 教师专业标准［EB/OL］.（2012－05－10）［2022－06－15］. https://assets.publishing.service.gov.uk/government/uploads/system/uploads/attachment_data/file/665520/Teachers_Standards.pdf.

从以上表格可以看出，以往教师标准中关注的备课、课堂组织以及有效利用时间和资源等已不再是关注的重点，承担更广的专业责任、了解学生并回应学生的特殊需求、为学生设计具有挑战性的目标以及通过引导学生反思来激发学生的进步逐步成为教师的标准和责任，这也体现了教育目标和教育理念的变化。随着“教师为中心”向“学生为中心”的转变，教学以学生的学习为主体，赋予学生更多的责任。教师需要激发学生的学习兴趣，使其承担自己的学习责任。因此，教师应更多关注学习目标的设计以激发学生的内驱力，引导学生反思以激发学生的责任和学习能力。

三、日本的教师评价

（一）概述

日本的教师评价主要由基础教育阶段各级各类学校教师评价和高等教育阶段各级各类学校教师评价组成。基础教育阶段所有教师的统一职称为“教谕”，凡获得教师资格证书、通过国家或者地方教员录用考试正式入职的正规教育学校的教师，都可根据本人持有的教师资格证书，在工作一至三年内获得“教谕”职称，没有级别之分。因此，日本中小学教师评价相对简单，以改善教学和提高教师专业水平为主要目的。日本大学教师评价由教师的教育业绩与贡献组成，包括教育业绩、研究业绩、管理业绩、社会贡献。大学教师的评价结果用于考核奖励以及职称评定。

（二）多维视角的大学教师评价

“业绩、水平、贡献”多维并举的基于目标的评价导向是日本大学教师评价的基本遵循。“多维并举、贡献优先”的大学教师评价，不仅构成了日本每五年一次的大学评价最重要的组成部分，也是大学教师职称晋升的基本评价原则。

2018 年开始，日本各大学全面开展新一轮教师评价，评价项目和评价标准一般由各大学根据自身发展和管理情况自行制定。日本国立大学教师评价的基本内容包括教师活动状况与表现、教师贡献度，评价领域包括教学、研究、社会贡献、管理运营以及医学院教师的临床医疗五个领域。以日本国立弘前大学为例，大学教师评价的基本内容为：①教师本人对照各个评价领域，对个人的业绩、贡献进行客观、综合的评价，对自身参加活动和日常表现进行自我评价；②由各系部基层评价人（系部指定人选）根据教师的自我评价，对各评价领域的活动绩效、特殊贡献、个人发展目标完成度进行初步评价赋分；③贡献度评价绩点（1 型），由基层评价人将特殊贡献分值和自我评价打分换算成贡献度绩点 1；④贡献度评价绩点（2 型），由系部负责人对本部门教师的自我表现分值和基层评价分值进行调整，并转换成贡献度绩点2；⑤基层评价结果汇总到大学教师评价工作室，根据整体情况调节赋分后将评价结果上报给大学校长，校长统筹并签署评价结果，最后反馈给本人。

日本《学校教育法》和《大学设置基准》规定了大学教授、副教授等各级教师的任职资格，并赋予日本高等教育机构在自主性、自律性前提下，对各级教师岗位的设定、评聘的自主审批权。日本大学教师职称评定的基本评价原则是基于多维评价方法，综合计算教师的贡献绩点，按照“贡献优先”原则稳步晋升。日本国立大学尤其是东京大学、京都大学等七所“旧帝国大学”一直延续“讲座制”“教席制”的学术责任制体系，每个研究领域（研究室）只设一名教授作为学术责任人和带头人，因此，日本国立大学的教授必须具备学术研究、研究管理和行政运营的综合能力，在某种程度上限制了只凭借论文发表数量（唯论文）、科研能力（唯科研）等单项指标晋升教授的情况。与此同时，这种体系导致日本一些大学中青年教师职称晋升的难度加大。

日本国立大学普遍开展教师评价，主要评价内容包括教育贡献、研究贡献、管理运营、社会贡献。其中，教育贡献以教学和育人成就为主要参照指标，包括担任现职年限、授课时数（授予学分总数）、学生成就等；研究贡献以提交规定数量的代表作（标志性成果）为主，通常包括公开出版的学术著作和公开发表的研究论文，以同行打分为评价依据，判断是否达到所申报职称的学术水平，以及过去三年获得的研究经费、专利申请、基金资助等；管理运营对申请人担任的各种管理工作、国际交流业绩进行综合评分；社会贡献包括校外兼职、校外讲座、成果转化、志愿服务等。职称评定程序一般是：由个人根据所在院系编制情况提交晋升申请，由所在院系组建4人遴选小组（教授2名、副教授2名）确定本部门推荐人选并提交教授会审议，由教授会组织同行打分与资格评审，并根据各大学内部评审标准，选出符合资格标准的人选报送大学理事会，最后由大学理事会根据“贡献优先”的原则全面平衡，确定晋升名单。

四、国际教师评价启示

（一）“贡献优先”鼓励教师爱岗敬业、教书育人

日本中小学教师根据毕业学历，在入职转正后的一定年限便可晋升为统一的“教谕”职称。这种不分级别的职称制度，使日本中小学教师按照“年功序列”的等级晋升机制得以贯彻执行。日本根据《学校教育法》规定的大学教师岗位职责，制定了大学教师职称评定按照“教育贡献、研究贡献、管理运营、社会贡献”四个基本维度，综合计算申请人的贡献绩点，在资格、能力、水平达到要求的前提下，遵守“贡献优先”的原则，高度评价教师的累计教育成就和社会贡献，限制了以

"唯论文""唯帽子"情况的产生。研究中未发现日本的大学教师仅凭论文数量和各种荣誉头衔"破格"晋升职称的现象。这与我国《深化新时代教育改革评价方案》中提出要改进高校教师科研评价的要求不谋而合。未来高校教师评价要突出质量导向，重点评价学术贡献、社会贡献以及支撑人才培养情况，不得将论文数、项目数、课题经费等科研量化指标与绩效工资分配、奖励挂钩。

（二）通过政策法规不断完善教师专业标准

英国通过制定相关的政策法规明确教师评价的一系列标准，为保障教师评价的顺利开展和规范提供了政策依据。教师专业标准基于对教育目标的理解和教师角色的要求，提出了教师应具备的专业知识、专业素质、专业能力和应承担的专业责任。英国的教师的绩效评价制度采用量化和执行相结合的评价方式，通过课堂、观察、访谈、调查等方式进行，注重进行增值评价。对教师的评价由校长和一线教师共同完成。评价者需要经过培训，明确观察的标准。此外，还需要对学生的意见进行调查，了解学生对教师、教学环境等的认识。英国是较早进行增值评价的国家，在教师评价也注重增值评价，通过考查学生在学业方面的进步情况，确定教师对学生进步的贡献值，以此作为教师评价的一个指标。

第三节

学校评价国际经验及启示

一、美国的学校评价

美国中小学评价项目众多，各级州政府、联邦政府和社会第三方机构都以不同的方式对学校进行评价，其中最有影响力的学校为加利福尼亚州（以下简称"加州"）的公立学校评价体系、联邦政府的"蓝带学校"评选、《美国新闻与世界报道》的"最佳美国高中"等。

（一）加州公立学校评价体系

加州公立中学的学校评价使用的是学术表现指数（Academic Performance Index，简称 API)，是针对学生学术成就和总体发展的综合评价体系，由加州教育厅负责实施。API 指标分为基础指标和增长指标两项。基础指标的测算依据是学生的各项标准化考试成绩，包括加州达标测试、学业进步考核、可选择参加的学术表现考核和高中结业考试等，考核重点放在学生在课堂上真正学到了什么，并将其转化为

200～1 000之间的分数。加州所有学校的目标线是800分，更高的分数意味着该学校的学术表现更好。增长指标是基础指标与往年同期相比的变化趋势，能够反映学校一段时期内学术表现的发展状况。每个学年初，政府会根据学校API基础指数设定该学年学校表现的达标线和年度增长目标，学年结束时政府和媒体公布所有学校的API指标，促使学校不断进步。政府会通过拨款或调度资源予以支持指数较低或者未实现预期目标的学校。若这些学校情况仍然很糟糕，该校将受到严厉处罚，面临更换校长、机构重组甚至强制关闭等制裁。

（二）蓝带学校

“蓝带学校”评选出自联邦政府发起的美国“蓝带学校”项目，始于1982年。该项目的主要目的是在全国公立和私立的小学、初中和高中学校中，基于学生总体学术成就或缩小学生亚群体差距方面的进步状况，找出表现优异的学校。其遴选标准，每年基于特殊需求可能略加调整，但通常包括以下几个方面：①学生核心和支持；②学校组织和文化；③挑战性的标准和课程；④主动的教学和学习；⑤专业社群；⑥领导和教育活力；⑦学校、家庭与小区伙伴关系；⑧成功指标。美国国内只要具备五年以上历史的学校（包括新并学校）都可以申请。申请学校所提交的资料以第六年整个学年的经营绩效为主，若过去曾被选为“蓝带学校”，必须在五年以后才有资格再提出申请。

（三）最佳高中

“最佳美国高中”是《美国新闻与世界报道》发起的公立高中排行榜，调查范围较广，涵盖全美50个州和哥伦比亚特区的20 500多所公立高中。[①] 学校排名评判分为几个步骤：①学生在本州的表现超过预期，主要是看每所学校在本州阅读和数学测试中超出预期的相对表现；②弱势群体学生的表现优于本州平均水平；③学生毕业率达到或超过国家标准，排除毕业率低于8%的学校；④学生选择大学预备课程的情况。通过前面三轮筛选的学校，再根据每所学校学生选修通过了AP课程和IB课程开始的百分比，计算大学准备指数，并根据指数进行排名。

二、日本的学校评价

日本所有正规学校都要依法开展学校评价。2016年，日本修订了《学校评价指南》，将学校评价作为促进学校自身的教育活动和其他经营管理活动进行自律性、

① BEST U S. High School [EB/OL]. (2019－01－20) [2022－06－15]. https://www.usnews/com/education/best-high-schools/national-rankings.

持续性改善的必要项目。同时，日本文部科学省认为开展学校评价是学校履行对家长和社会的义务，与社区居民、家长、教师分享信息和课题，共同参与学习管理的重要条件。

日本《学校评价指南》兼顾量化与非量化评价指标，其指标主要包括：①教育课程与学习指导；②学生指导与管理；③职业规划与指导；④有特殊需求的教育；⑤保健教育与管理；⑥学校安全管理；⑦学校组织管理；⑧教师研修；⑨家、校、社区三位一体；⑩设备设施。

日本文部科学省在《学校评价指南》中要求各级各类学校根据评价结果主动查找不足，积极采取措施改善教学管理。同时，上级主管部门根据评价结果，在人力、物力、财力上给予学校相应的支持，以改善办学条件，提高教学质量。家长和社区居民以及相关社会组织通过参与学校评价，加强联系和沟通，改善学校、教师和家长、社区居民的关系，了解和满足区域社会的教育需求，组成更加紧密的家、校、社区共同体。通过第三方评价，学校能够客观地把握自身发展现状，通过专家的分析与指导，明确未来发展方向，制订改善措施，使学校管理和教学科研活动更加具有活力，提高社会对学校的信任。

三、 法国的学校评价

法国面向学校的评价有两个特点：一是以学校为主体，注重以学校自评的结果来促进学校主动寻求发展；二是通过衡量“增加值”，即在原有发展水平之上的成长部分，来判断和比较学校的发展情况。法国的学校评价是对学校整体办学力量和水平的综合评价，以帮助学校获得自我发展的信息，科学合理地分析自己的优势和不足，促进其在现在基础上制订适当的策略。

（一）自评系统

每学年末，学校委员会要召集校长、教师和家长代表会议，共同对机构运行状况进行评级，在考虑社会经济条件和当地环境的前提下，确定学校实现国家教学目标的具体方法、实施环节中的一些具体措施，以及根据学生需求确定具体的教学项目和课程活动等。

教育部为每所学校提供自我评价系统，学校通过计算机测评系统得到统计分析结果，并且利用计算机辅助评价系统评价学校目前的发展状况，设计学校未来的发展规划。对于法国这个集权管理的国家，从学校一贯只接受外部评价的做法来看，引入学校自我评价这种全新的评价文化，有利于促进学校间的竞争，从而确保整个国家基础教育质量提高。

（二）“附加价值”

在法国，评价学校时不仅考虑学生的学业成绩等指标，还会综合考虑与学生相关的影响因素，如学生原有的成绩基础、家庭社会背景等，利用“附加价值”来体现学校付出努力的程度。法国已初步建立了统一的学校评价框架和指标体系，主要包括学生特征指标、学生成绩和升学率指标、教育人财物投入指标，学校管理和环境指标等几大类型。根据学校提供的数据，这些指标可以进行不同地区层面、部门层面和国家层面的学校间的对比。

（三）社会专业机构组织外部评价

法国各学区的中小学不仅要接受本学区的权威督导机构的监督和指导，而且还要接受专业评价机构的外部评价。1985 年，法国设立了全国评价委员会，评价内容既包含定性层面，也包含定量层面的数字统计。主要包括学校的设施设备、组织机构、教师结构、财政经费情况、学生的学习成就等。

四、 国际学校评价启示

（一）构建多元评价体系

美国教育评价的实施主体以第三方专业机构为主，政府专设机构较少，评价内容涵盖不同层级、不同对象的不同方面，共同构成一个庞大、全面、精细的教育评价体系，使对每个评价对象进行多维精准评价成为可能。日本的《学校评价指南》兼顾量化与非量化指标，同时涵盖第三方评价。法国的学校评价中除了学校自评外，同时也有第三方机构组织的外部评价。第三方专业机构各有专攻，开发了丰富的教育评价产品，涵盖 K12、高等教育、职业教育、成人教育等各级各类教育，指向学生、教师、校长、学校、专业、区域等不同评价对象，囊括学生（学业水平、体能、认知能力和非认知能力等）、教师资格、学校效能、区域教育质量等诸多方面，并根据教育政策、课程标准的变化适时调整，不断发展、完善和替换原有产品和服务，在教育市场中提升竞争力。

（二）政府主动下的利益相关者共同参与

教育评价是一项综合性极强的系统工程，需要政府主导、专业引领、多方参与、民主公开。例如美国，教育行政部门不直接参与其中，而是委托隶属的研究部门、专业学会或者其他研究机构来共同完成。在众多参与的机构中，政府部门更多地发挥着牵头人、协调者的作用。多方参与要求涉及教育评价的各利益相关者（政府部门、学生、教师、家长、社会中介机构、高校、用人单位等）全程参与相关工作，在评价指标的制定过程中表达自身及其所代表群体的利益诉求，监督、指导评价的实施过程，反馈、评估教育评价的实施成效等。这有利于教育评价工作获得公众的认同和支持，从而提高教育政策的执行效率和民众的满意度

（三）以“改善”为宗旨，突出“诊断”功能

日本遵循“基于目标的评价”原则，其学校评价的结果不仅作为学校层面改善教育活动的依据，还作为办学机构（地方政府和教育行政机构）统筹教育资源，调整教育政策，确定优先顺序，将人力、物力和财力集中用于最急需、最关键的教育环节，确保教育公平的重要手段。将评价作为改善教育活动“PDCA”循环程序的中间环节，其诊断、检验、调整功能越来越受到重视。

第四节

课程评价国际经验及启示

一、TIMSS（国际数学与科学趋势研究项目）

TIMSS 的简写最初是指“Trends in International Mathematics and Science Study”，其由国际教育成就评价协会（International Association for the Evaluation of Educational Achievement，简称 IEA）策划组织，自 1995 年开始测评。TIMSS 每隔四年对参评国家 4 年级和 8 年级学生的数学和科学水平进行测量，因此，恰好可以看到同一个国家学生自 4 年级到 8 年级的数学和科学素养的变化情况，故其现为“Trends in International Mathematics and Science Study”的缩写。

TIMSS 将学生的认知水平分为理解、应用和推理三个等级，由学生的测试结果和解答问题过程判断学生所处学习水平的位置。相比较 PISA 对于知识内容的理解和应用的关注，TIMSS 更加侧重于评价学生课程知识内容的掌握程度，因此，教师往往会根据学生的测评结果，制定出相对应的课程和教学措施去进行干预，从而提高学生的能力。TIMSS 构造了其独特的课程框架，把课程划分为预期课程、实施课程及实现课程，将这三者分别对应社会文化背景、学校及社区背景和个人背景。在构建测评框架时，将实现课程划分为“内容”“表现”和“观感”三个维度；比较成绩时则会在测评框架下分析不同国家或地区实现课程的差异，以求更准确地反映不同国家或地区教育系统中各个因素与成绩的关系。

TIMSS 测评框架的变化则主要表现在能够以参与评价的国家或地区的课标修订

为依据来更新自身测评广度，并不断综合内容和认知维度。TIMSS 重视测评学生未来所需的关键素养，在 2003—2011 年 TIMSS 中表现为单独设立维度考查学生的探究能力，而自 2015 年 TIMSS 起则突出表现在对学生实践能力的强调上。TIMSS 对信息时代所带来的教育变化和冲击同样有敏锐的反应，除了引入计算机测评手段之外，还允许在数学测试中使用计算器等电子设备。自第二次测评起，IEA 明确发布了基于参评国家的课程标准制定的 TIMSS 评估框架，随后的命题与测评均按照评估框架进行。高度的规范性和指向性使该测评对于各国数学和科学教育实施与改革具有重要意义。TIMSS 的第七次全球范围调查评估于 2019 年进行，有超 70 个国家或地区参与。

TIMSS 的重要影响还体现在其结果的运用上。首先，TIMSS 从国际视野为各个参与国和地区提供了一个了解本国或本地区情况、了解自身在国际上所处位置的机会，让参与国和地区对本国或本地区在国际上的实际情况有了更客观、准确的认知。其次，TIMSS 发现了一些与诸多教育理论不相符的结论，例如，教育投入与产出的关系，小班化教学的效果等，促使研究者、教育者及政策制定者更深入思考各类问题。再次，TIMSS 还帮助参与国和地区发现本国或本地区课程体系中存在的问题，加速了其进行课程与教育改革的步伐与进程，为其各类改革政策的制定提供了科学依据，促进其课程质量的提升。最后，TIMSS 的数据完全开放，大量研究者利用 TIMSS 的数据进行了二次分析和深度挖掘，从中获得了更多有意义的结果，进一步扩大了 TIMSS 在全球的影响力。

二、 美国的课程评价

（一）美国课程改革的发展

美国课程改革经历了一个漫长的发展历程。

首先，从国家层面开始统一部署课程改革事业，各州在国家标准的指导下进一步落实与完善。1989 年，美国州长协会（National Governors Association，NGA）倡议建立全美统一的国家课程，得到了政府的响应。1994 年通过的《2000 年目标：美国教育立法》推出了一系列改革措施。制定全美统一的课程标准成为一项重要任务，其明确要求进行“基于标准的改革”，开启了美国 20 世纪 90 年代的改革。同时，美国专门成立了国家教育目标小组（NEGP）、国家教育标准与改进委员会（NESIC）和全国教育标准与考试委员会（NCEST），以确保全国和州层面课程标准的制定、实施和评价。[1] 国家数学教师委员会（NCTM）首先研发了全国课程标准。随后，联邦教育部资助研发了科学、历史、地理、英语、艺术、公民和外语等国家课程标准。在全国性课程标准研制的引领下，各州基于全国课程标准开始研发各自的课程框架，并带动了教材、师资培训、教学和评价等方面的改革工作。[2]

其次，美国以立法和加大教育投入的方式，继续提升学业标准，并建立配套的课程评价体制，以保证高水平学业标准的实现。这一轮课程改革前期在国家层面推进得比较顺利，而后期，在落实各州层面的具体工作时，因为所持态度不同，各州进度不一。2001 年《不让一个孩子掉队》（No Child Left Behind，NCLB）法案颁布，美国教育向公平和卓越的方向进一步发展。该法案要求全面提高学生的学业标准，缩小不同学生群体之间的差距，并设置了严格的奖惩措施。2002 年颁布的《美国教育部 2002—2007 年战略规划》则将卓越提升至更重要的目标。2009 年，美国为教育提供了 1 400 多亿美元的资金，发布了《机会平等：为美国公平和全球经济改革数学和科学教育》的报告，提出数学和科学应有更严格的内容、提高教学标准和评估水平的要求[3]，并于同年启动了“力争上游”（Race to the Top）计划，通过各州申请来帮助其进行两门学科的改革[4]。

紧接着，美国将 21 世纪核心素养融入课程之中，继续加强国家对课程的控制与监督，并对教材编写进行指导，保证高水平标准的落实。2010 年，《州共同核心课程标准》（CCSS），要求全美学生在进入大学之前，各年级都按照统一的标准进行学习。与此同时，于 2002 年启动的美国 21 世纪核心素养研究日臻完善，其重点开始转向如何落实，其中，学校教育是落实的重要途径。2011 年，21 世纪核心素养联盟发布了《P 21 共同核心工具包》，所提出的核心素养通过评价、课程、教学、专业发展和学习环节等多路径整合到标准中，旨在指导《州共同核心课程标准》与 21 世纪核心素养框架匹配起来。

（二）美国课程评价的特色

美国的课程评价凸显出了以下几点特色：

（1）从国家和州层面加强对课程改革与评价的控制，努力在集权和分权之间找

---

① 吴颖民．二战后美国基础教育课程改革的特点及其启示［J］．课程·教材·教法，2008（8）：76－80.

② 钟启泉，张华．世界课程改革趋势研究（中卷）·课程改革国别研究［M］．北京：北京师范大学出版社，2001.

③ 杨光富．美国首部全国《州共同核心课程标准》解读［J］．课程·教材·教法，2011（3）：5.

④ 杨光富．“竞争卓越”计划：推动美国新一轮中小学课程改革［J］．外国教育研究，2010（6）：70－74.

到平衡点。美国在各个州建立与课程标准相一致的高水平评价体系，旨在保证其所制定的课程标准能实施，并对课程标准的实施效果进行有效监控。美国的课程评价经历了从分散到集中的演变过程，并且在分权与集权之间不断寻找平衡点，以最大化实现课程质量的提升。

（2）课程评价在配套法律法规的保障下得以顺利推进。从美国的每一轮课程改革可以看到，改革虽然不一定是由国家层面发起的，但是都会有相应的法律法规出台，以保证本轮课程改革与评价的顺利实施。例如，2001 年《不让一个孩子掉队》法案要求所有接受《中小学教育法》“第一条”资助的州必须承诺参加两年一次的，针对四年级、八年级学生数学和阅读科目的 NAEP 州测验。可见，有力的政策保障是推进课程改革、建立课程评价制度、提升教育质量的重要保障。

（3）各类课程评价研究结果得到充分重视，并被用于课程改革与评价，在提升课程质量中发挥了重要作用。美国通过与 TIMSS 高成就国家和地区课程模式的比较研究发现，这些国家和地区在课程设置上呈现出非常鲜明的特点：严密性、一定的年级跨度和连续性。而美国各州的数学课程呈现出来的是一个散乱的模式——每个年级涉及大量的知识，年级间知识点的重复性高，知识的安排缺乏逻辑性和严密性。美国的数学课程被形象地比喻为“一英里宽一英寸深”。

与此同时，美国也开展了专项的课程评价研究。PROM/SE 是由美国国家科学基金资助的项目，目的是找到一个有效的新方法来提升所有学生的数学与科学成绩，帮助教师和学生适应各个州和联邦政府新的课程标准要求。该项目收集了学生、教师方面具有课程敏感性的大量信息，使其比其他评价项目能够提供更多有关课程、教学等方面的重要信息，研究更为深入与细致，为教师和教育管理者呈现出一幅更加完整、详细的教育内容图景。同时，PROM/SE（2009）的研究发现再次印证了 TIMSS 中国际比较研究的结果。[①] 该项目对密歇根州、俄亥俄州和加利福尼亚州的数学目标课程的比较分析发现，即便在同一个州，具有相同的课程标准的前提下，不同学校的学生所能获得的课程知识的内容和机会也不均等，而在不同州之间，这种差异更加明显。

大量的实证研究和各类课程评价项目的结果为美国的课程改革指明了方向，为其具体的改进与提升提供了科学的意见和建议，保证了美国的课程质量能够持续提升，培养出更多高水平的人才，进一步促进国家的发展与进步。

---

① Variation Across Districts in Intended Topic Coverage：Mathematics［EB/OL］.（2018-06-02）［2022-06-15］. www. promse. musu. edu_ documents/PROSE-Intended%20Topics. pdf.

三、英国的课程评价

（一）改革背景

20 世纪 70 年代，英国的教育只是致力于维持一个静止的标准，而不是努力提升标准。一直到 1988 年颁布《教育改革法案》，通过立法的形式设立国家统一课程。《国家课程》分学科对各个科目进行说明。每一个学科由概述、学习计划和成就目标 3 个部分构成。概述主要说明该学科的价值与地位。学习计划是指为达到规定的成就目标所应教授的课程内容范围，包括知识、技能和过程等。英国将其义务教育划分为 5～7 岁、7～11 岁、11～14 岁和 14～16 岁 4 个关键阶段。学习计划也按照上述标准分为 4 个关键阶段，分别论述。成就目标则分为 10 个水平，这 10 个水平横跨整个义务教育阶段，对不同关键阶段末的学生所能达到的水平做出具体的要求。[①]

2000 年，英国开始实施新的《国家课程》（1999 年版），必修课程从 10 门增加到 12 门，确立了 4 个跨学科学习的领域。2008 年推出 2007 年版《国家课程》，主要对第三关键阶段和第四关键阶段的各学科框架进行修订，根据当时的社会发展对原有的课程进行拆分。[②] 虽然《国家课程》方案不断修订，但进入 21 世纪以来，英国在各项国际测评项目中的排名不断下降，再加上国内教育的不均衡发展及现行课程中的不足等诸多问题，2011 年，英国开始了新一轮课程修订，由国家教育部领导，组织意见委员会和由高级教师、学者和商业界代表组成的专家组对《国家课程》进行审议和修订。2013 年 2 月颁布《英国国家课程：咨询框架》（The National Curriculum in England：Framework Document for Consultation），向社会各界征求意见，9 月正式颁布了课程框架文件，于 2014—2015 年分阶段实施。最新的课程框架文件更新了课程目标，对学生提出了更高的要求。2014 年版的《国家课程》共设计 3 门核心基础课程（英语、数学和科学）、9 门其他基础学科和 2 门专题课程，旨在提高必备的基础知识，培养有教养的公民。[③]

（二）英国国家课程评估

1988 年颁布的《国家课程》有一个重要的部分，即与各个学科相对应的课程评

---

① 陈霞．英国现行国家课程标准的特征及启示［J］．课程·教材·教法，2003（6）：71－75.

② 赵耸婷，许明．英国中小学国家课程改革的新动向［J］．外国中小学教育，2014（6）：11－17.

③ The National Curriculum in England，Framework Document［M］．London：Department for Education，2014：6.

价方案要求在每一个关键阶段末对学生进行测评。前三个关键阶段末的学生要参加国家课程评估（National Curriculum Assessment），以判断是否达到了预设的阶段目标；第四关键阶段末，即义务教育结束之时，学生要参加普通初中毕业考试（General Certificate of Secondary Education，GCSE）。课程评估成为英国国家课程的一个重要组成部分，加强了国家对教育的控制，旨在有效提升教育质量。[①] 1994 年，迪林爵士接受工作，对国家课程评估体系进行了改革：通过对已有课程评估体系的回顾、分析，之前的 10 级评价标准体系调整为 9 个，由 8 个等级水平和 1 个优秀水平构成；对第四关键阶段末的评估进行改进。同时，迪林爵士对《国家课程》进行了修订，对成就目标部分从结构上进行了调整，使成就目标的表述更具有嵌套的层级关系，以便能够和等级评价系统更好地对应与关联，帮助教师从整体出发，更好地评价学生，而不是分别评价，最后累加而成。迪林爵士的这次改革使英国国家课程评估体系比较平稳地运行了 12 年。

从 2007 年起，对国家课程评估体系进行改革的呼声又日益高涨。2008 年，英国开始实行 2007 年版的《国家课程》，课程评估同时也做了调整。第一关键阶段末不再测试科学学科，第二关键阶段末的科学学科采用抽样测试的方式进行，并且完全取消了第三关键阶段末的国家课程评估测试。虽然做了上述改进，但英国仍面临着学生成绩下滑、教育机会不均等诸多问题，社会持续对学校提出了更高期望与要求。经过最新一轮的课程修订，从 2014 年起，英国开始分阶段实施最新的《国家课程》。历时两年修订而成的新《国家课程》对现有的等级评价制度进行了改革，删除了用于报告个体成绩和进步的等级水平评价体系，采用"无水平"的方式对评估结果进行报告，只进行初级评估和问责。评价的权力更多地交由学校，国家协助学校开发更合理的评价体系。此项工作仍在进行之中。而第四关键阶段末的普通初中毕业考试将被英国学士资格证书考试（English Baccalaureate Certificate，EBacc）代替，从 2017 届毕业生开始启用。[②] 2015 年 9 月，英国政府发布《2016 年早期基础阶段评价和报告的指导意见》（2016 Early Years Foundation Stage Assessment and Reporting Arrangements）。该文件是在 2014 年英国推行新的《国家课程》一年后颁布的，一方面，它是继 2014 年英国新的《国家课程》发布后，从国家层面推动早期教育与初等教育的举措；另一方面也体现了《国家课程》与课程标准之间的一致性不断增强。

---

① 邱美琴. 转型期英国教育改革的集权化趋向及其启示［J］. 当代教育科学，2007（5）：70－73.

② 赵鸰婷，许明. 英国中小学国家课程改革的新动向［J］. 外国中小学教育，2014（6）：11－17.

（三）英国国家课程评估的创新与困境

英国的课程评价具有以下几点特色与创新：①以立法的形式将课程评估纳入课程体系，以促进学生的发展为主旨，基于实证研究的结果，以国家为主导，致力于课程体系的不断改进与完善；②在课程评估中采用多种评价方式，充分发挥教师的作用，强调评价的形成性评价，同时兼顾问责的功能；③在课程评估中建立起跨年级的等级评价制度，鼓励个体进步。

但与此同时，英国的课程评价也具有一些不足与问题：①国家课程评估体系承载的目标过多，服务对象繁多，导致课程评估体系作业分散，每一个目标都无法有效实现；②国家课程评估过度关注核心课程，等级评价标准有待明确，课程设计与课程评估之间结合有待加强；③课程评估中相关技术方面的问题引发了公众对评估结果客观性、科学性的怀疑；④政策驱动的课程评估忽视了评估流程的科学性和标准化。

英国国家课程评估体系从无到有，涉及 3 个年龄段，共计 180 万名学生，25 000 所学校和多门测试学科，在设计与建立国家课程评估体系的过程中面临着大量问题。从评估体系的设计初衷来看，其建立是比较成功的，因为它既实现了问责的要求又满足了教师专业发展和系统诊断的需求，但同时也受到了大量批评与指责。随着时间的推移、经验的不断总结以及各方面的不断改善，英国的国家课程评估体系向着不断完善的方向前进。对英国国家课程评估体系的出现与发展的回顾，可为我国开展相关工作提供经验与借鉴。

四、国际课程评价启示

（一）从国家层面进行统一设计，采用自上而下为主的改革方式，是建立高质量课程体系的重要方式

在高度分权的美国，即便各州有意识地不断提升本州的课程质量，但从国家层面来看，各个州的推进速度不同，所取得的成效迥异。为了全面推进和落实高质量的课程体系，在最新一轮的课程改革中，美国通过国家层面统一制定相应的纲领性指导文件，指导各个州推进各自的课程改革，对其设置了最低要求，从而达到了较好的效果。

通过回顾以往的课程改革历程可以发现，课程改革有多种模式：自上而下的，自下而上的，以及两者结合的。每种模式都有各自的优缺点，但是相比较而言，采用自上而下或者以自上而下为主的课程改革模式有助于课程体系的统一设计与规划，有助于课程改革的全面落实，是当前世界各国进行课程改革的主要方式。

（二）要实现高水平的课程标准，必须有相应的课程评价体制，以便对课程标准的实施进行有效监督

评价是课程四大基本要素之一，虽然不同的课程模型关注的课程要素不同，但评价是任何一个课程模型都无法回避的问题。随着课程越来越强调问责的作用，课程评价的重要性日益凸显：及时对课程改革的成效进行检验，发现课程中存在的各种问题，并进行相应的原因分析等。各国在进行课程改革的同时，对本国的课程评价也展开了相应的改革或调整。美国的每一轮课程改革都有相应的法律法规作为其政策保障。随着课程改革的不断推进，特别是进入“基于标准”的课程改革时期，课程评价得到了充分的重视，美国从国家层面要求各个州不仅制订出高质量的课程标准，对学生提出更高的要求，还要建立配套的课程评价体制，以保证这些标准能够落实。

（三）重视实证研究结果和国际成熟经验在课程改革中的应用与转换

美国充分利用国际、国家和州层面各类测评项目积累的数据，重视课程评价的研究结果与应用，将数据反映出来的问题作为改革的重要依据与方向。其课程改革是实证研究导向的，注重科学的研究结果，充分考虑各种课程评价结果所提供的信息。

第五节

教育质量监测与评价国际经验及启示

一、 PISA （国际学生评价项目）

（一）概述

PISA（The Program for International Student Assessment）是经济合作与发展组织（OECD）于 1997 年推出的国际学生评估项目。2008 年，经济合作与发展组织成员国开始研制这项新的国际性评价计划，评价的对象是即将完成义务教育、年龄在 15 岁左右的在校学生，以纸笔测验衡量这群初中学生的阅读能力、数学能力和科学能力，希望了解即将完成义务教育的各国初中学生是否具备了未来生活所需的知识与技能，并为终身学习奠定良好的基础。2000 年 OECD 举行了 PISA 项目的第一次正式评估，自此，每三年进行一次测评，到 2015 年已有 72 个国家和经济体参与测

试,[①] 2018 年增至 80 个[②]。

PISA 测试对象为即将完成义务教育阶段的 15 岁学生，核心测试领域为阅读、数学和科学三大素养，三者组成一个评估循环核心。在 PISA 的每一个评估周期里，三分之一的时间会用于对其中一个领域进行深入评估，例如，PISA 2000 以阅读能力为主要评估领域；PISA 2003 则是数学能力；而 PISA 2006 是科学能力。[③] 该项目由 OECD 统筹，参与国委员会、国际委员会、各参与国项目主管等机构共同完成。[④] 经合组织强调，PISA 旨在透过学生测试成绩和问卷调查，为各国政府和教育政策制定者提供多侧面教育信息，了解本国教育发展状况，认识造成当下教育状况的各种原因，从而为各国制定正确有效的教育决策及推进教育改革发展提供国际参照数据和成功经验。

在 PISA 中，学生以笔试形式完成试题，并填写一份有关个人背景及学习情况的问卷调查。评估的内容包括学生于每个领域中所需要获得的知识内容及结构，其中所涉及的过程，以及对知识及技能的运用。能力是 PISA 中的关键词语，是指评估学生知识、技能方面的深度。其中，阅读能力的评估要求学生在阅读不同种类的文章后，完成一系列不同类型的习作，习作的设计要求学生对文章有深入的理解和恰当的表达。评估所采用的文章除包括一般范文外，还包括名单、图表、表格、说明书等。数学能力的评估包括普通算术运算以及数学思考与分析。科学能力的评估要求学生应用科学概念，了解并判断自然界的现象。评估还测试学生对科学问题的辨别能力，以及是否懂得运用证据做科学化的推论，并将结论发表。评估所测试的科学概念包括科学在日常生活、健康、环境和科技各方面的应用等与学生的生活密切相关的一系列概念。此外，PISA 也十分重视测试课程领域以外的能力。如 PISA 2000 集中测试和研究学生的自我概念，即研究学生的学习动机及学习态度，而 PISA 2003 集中测试和研究学生解决问题的能力。[⑤] 在评价结束后，OECD 总提供一份包括 PISA 全部评价结果的国际评价报告。同时，各参与国也将提供一份本国实际教育制度的报告书。这个评价结果的摘要在 PISA 网站上发表。评价的结果将有助于我们了

---

① OECD. PISA 2015 Results (Volume I): Excellence and Equity in Education [M]. Paris: OECD Publishing, 2016: 26.

② OECD. Upcoming-Results from PISA 2018 [EB/OL]. (2019-01-05) [2019-03-12]. http://www.oecd.org/pisa/.

③ OECD. A Profile of student performance in mathematics [EB/OL] (2014-02-01) [2022-06-15]. https://www.oecd.org/pisa/key findings/pisa-2012-results-volume-i.htm.

④ 辛涛，李峰，李凌艳. 基础教育质量监测的国际比较 [J]. 北京师范大学学报（社会科学版），2007 (6): 5-10.

⑤ 孔凡哲，李清，史宁中. PISA 对我国中小学考试评价与质量监控的启示 [J]. 外国教育研究，2005 (5): 72-76.

解各国教育改革发展的方向。

PISA 可谓独出心裁，归纳起来主要是两点：一是素养理念得到了全方位拓展，不再囿于学校课程上的书本知识，将其延伸到了与学生生活环境密不可分的各种情境，注意培养将书本知识转变为在各种情境下加以灵活运用的问题解决能力—创新能力培养；二是重视知识与技能学习要服务于学习者自身发展需要并在社会上取得成功，迎合了自然人文主义价值的理性回归趋势，也更加关注学习者个体的学习策略、学习动机、学习态度的调控与运用，体现了终生自我学习的功能性定位。

（二）发展与特点

PISA 的第一代框架构建于 20 世纪 90 年代，其科学素养评估采用三维框架进行描述，即过程、概念和情境，其中过程是测评重点。PISA 2003 中，虽然过程仍然是主要的测评目标，但已经开始更多地测评公众对于科学的理解。PISA 2006 至今，陆续增加了多项未来公民核心能力与素养，提出行为应该由学生面临的情境和任务来定义，而非由科学规律决定，更加注重对于被试综合能力和认知的探查。对于测评手段的和途径的改良也一直在进行，比如使用概念图代替矩阵模型、率先开启大规模计算机评估等。此外，PISA 的突出转变还表现在对测评结果的定位和解读上，除公布各国在每一个测试项目中的详细排名外，其在每轮测评结束后提供的报告越来越详细。外延涉及教育公平、校园暴力等突出问题与教育成果间的关系，引导研究者理性看待教育测量的结果。

从评估理念上来说，PISA 评估的基本理念是基于终身学习的模式。PISA 在评定学生对学校课程以外知识的掌握程度的同时，集中研究学生对自我学习经验的反省能力，以及是否能够把所学的知识与未来生活联系在一起，以数学为例，PISA 对数学素养的评价是立足于学生的未来发展，评价学生在数学的知识与技能、态度与能力等方面的表现，其考查动机在于界定学生的发展潜能。

从评估形式上来说，PISA 测试以笔试形式进行，学生需要阅读问题（部分附有图表），然后以书面形式解答问题。同时，还要完成一份关于他们学习态度和学习方法的调查表。值得一提的是，作为一项长期的预测性的监控工具，PISA 评估的重点不在于考查学生能否回忆已有的知识，而是要评估学生能否探究和思考。这与我国长期以来所理解的“笔试主要用于考查知识记忆和简单运用”的评估理念有较大区别。同时，PISA 用调查的方式作为笔试测试的补充，可谓优势互补、扬长避短。

从评估范围上来说，PISA 是国际性大型测试。最大特色在于，它是一项能真正检测各国（或地区）学生的技能和知识的国际性比较研究，每届的被测试人数都在 20 万人以上，涉及 OECD 的所有成员国以及为数甚多的非成员国（或地区），而这些国家（或地区）大多是世界发达的国家（或经济发达的地区）。

从评估重点上来说，PISA 注重学生在实际的生活状态下的能力，在学校课程以外运用数学知识的情况。为了在项目和测验中，使数学能力变得有利于控制和具有可操作性，根据信息、表示、联系、交流、推理的程度，PISA 将数学技能分为六个水平，其中最低水平是水平 I——学生能回答相关的问题，这些相关的问题是学生所熟悉的，而且所有与问题有关的信息被清楚地刻画出来。学生能够根据对问题的直接指导，识别信息并执行常规程序，能够执行明显的操作并能马上对所给的刺激做出反应；最高水平是水平 VI——学生能够定义、概括和利用基于他们自己对复杂问题情境的调查和建模所获得的信息，能够将不同信息资源和表示联系起来并能灵活地进行转换。显然，处在水平 VI 的学生具有高级的数学思维和推理能力，能够运用这种洞察力、理解和对数学符号、形式运算和关系的把握，发展解决新问题的新方法、新策略，能够形成并准确地交流他们的活动，并能对有关的数学思维结果进行解释、论证，能够自觉反思这些数学内容相对于原始问题情境的恰当性。可见，与以往的评价相比，PISA 拓宽了评价的内容，使其更有实用价值，同时采用“能力水平”的策略分层检测学生的素养和潜能。

从评估题目上说，PISA 问题形式多样，内容注重关联。PISA 的问题形式主要涉及多项选择、封闭型问答和开放型问答形式及其组合。封闭型问答的题目与多项选择的题目有一些相似之处，但要求学生在正确与错误之间做出简单的判断。开放型问答题目对学生的要求有一些扩展，得出答案的过程可能会包括高级的思考活动，通常这些问题不仅要求学生得出答案，而且要求学生给出相应的步骤并解释如何得到答案的。同时，这种题目的关键在于学生可以通过解决较复杂的数学问题来证明自己的能力。

PISA 并不单纯调查学生对课程内容的掌握，也不关注各个参与国教学大纲的共同点，而是围绕学生应当学到的知识内容与结构、涉及应用的过程、运用取得知识与能力的情境这三个方面展开各领域的评估，以学生学业质量来反映基础教育的水平。大范围的学生问卷、学校问卷以及家庭和社区问卷也是 PISA 的重要特征，OCED 以此为依据来测量社会、经济、文化和教育等因素与学生能力差异间的可能联系。聚焦素养的测试和详尽的报告分析使 PISA 为各个参与国提供了包含知识、技能和能力方面的测量指标，又提供了调查所得的包含人口计量、社会经济、学校特点等与教育链接的变量信息的背景指标，因而容易驱动各国教育政策的变革。

（三）启示

PISA 在开展大范围的国际合作研究过程中，为世界教育研究、教育评价和教育政策的发展提供了一个范例，也给我们带来了重要启示。

1. 公平而卓越正在成为发达国家和国际组织衡量基础教育质量的新尺度

PISA 测试的方法显示，经合组织和发达国家的政治家和教育家们衡量基础教育发展水平的尺度标杆已经发生了巨大变化。他们已经不满足于建设几所好学校、培养几位精英和大师，而是更加关注政府是否能够让义务教育阶段的所有学生（不管他们的家庭出身、所在学校、迁徙状况）都受到高质量的教育，是否能够让所有学生都具备未来知识社会和工作世界所需要的知识、能力和素养。公平而卓越，这是新世纪向世界各国提出的一个双重指向、前所未有、更具挑战的教育发展目标。它既是所有家庭和学生对教育公平的诉求，又是未来综合国力的重要基础。所有希望提升综合国力、力争上游的国家都必须正视这一新的教育质量尺度。

2. 多维度、多学科、重数据与国际参照已经成为教育研究与教育评价的重要发展方向

PISA 测试作为一项国际合作研究，它始终坚持跨学科、多维度的特性。PISA 测试不仅有 60 多个国家的专家和几十万校长、教师和学生的参与，而且集中了大量的社会学、财政学、教育学、心理学、数学、阅读、信息技术和统计专家。来自各个学科的专家的智慧、方法和才能，保障了 PISA 测试研究的框架精细合理、标准统一有效、结果可靠可信，保障了 PISA 测试研究的结果产生了世界性的影响。

由于教育涉及各方利益相关者，受许多显性和非显性因素的制约，涉及经济、社会、科学和文化种种影响，教育研究和教育评价越来越离不开多学科研究、多维度分析、多种方法运用，越来越离不开细致准确的数据采集和统计分析，也越来越离不开国际参照。国际比较将给各国带来不同的发展路径、有益的发展经验和有效的改革方法。为了充分利用 PISA 测试的研究成果以促进美国的教育改革，美国联邦政府教育部请经合组织站在第三方的立场上，编撰可资美国学习的国际经验。为此，PISA 专家专门为美国编撰了《优秀的表现者与有力的改革者：PISA 给美国的教训》。

3. 教育政策的制定应该建立在研究、信息和数据的基础上

正如 PISA 主持者安德鲁斯·施雷歇（Andreas Schleicher）所说，“如果没有数据，你有的只是观点”，而仅凭观点是难以制定合理、有度、有效的教育政策的。PISA 以数据和证据为研究设计的出发点，PISA 测试研究以多维度搜集信息数据和系统分析数据为特点，因此，PISA 测试也在为各国提供借鉴和建议时，以多侧面、多层次的数据和证据为依据，从而使 PISA 提供的建议更有说服力。经过 PISA 测试研究，我们应该学会改变单向度、单方面的政策设计习惯，而应该注意政策制定、实施、评价中的各项内容，包括不同利益相关者、教育结果的多重意义、教育目标实现的条件、教育成绩获取的代价，将教育政策建立在多维度、多群体、多因素、多层面复杂系统分析和要素过程模型建构的基础上。

PISA 留给教育研究者、教育评价者和教育政策制定者的思考是多层面的，甚至 PISA 研究项目中的不足和缺陷都值得关注和研究，相信未来 PISA 等多项大型跨国

教育测试研究，会给世界各国教育研究和发展带来更多的冲击与启示。

二、NAEP（美国国家教育进展评估项目）

美国国家教育进展评估（The National Assessment of Education Progress，简称NAEP）是美国最大的学生评估项目，发端可追溯至20世纪60年代。由美国国家教育统计中心提供资金支持并管理，由国会成立的评价管理委员会负责开发评价体系和政策，于1969年开展第一次测评。

NAEP主要以4年级、8年级和12年级的公立或私立学校学生为样本，发展至今测量内容已经涵盖数学、阅读、科学、写作、艺术、公民学、经济、地理、历史、技术和工程素养等学科。1990年，NAEP确立了每两年一次的测评周期，1996年后更改为国家层面评估每年举行一次，每次评估2～3个学科，州层面的评估则每两年进行一次。NAEP可分为两个部分：第一是依照测评框架对学生具体学科的素养水平进行测试；第二则是通过问卷调查对学生、教师、学校管理者等背景信息进行收集，这些信息都将严格保密。

早期的NAEP框架与美国中小学课程纲领关系密切，无法很好地解释认知过程（布卢姆提出的“认知过程”）与科学探究间的区别和矛盾。直到1996年，伴随美国的国家科学教育改革，NAEP也开始逐渐拓宽评估领域，不再局限于固定课程的内容与理论。2009年至今，NAEP已经超越了传统课程及其改革的桎梏，开始强调实践能力的重要性，同时关注认知心理的新发展。在测评工具的变化上，NAEP在开展基于计算机测评的过程中，使用了统一的测评电脑以尽可能减少误差。在2014年之后的评估中，NAEP开始强调学生在真实情境中解决复杂问题的能力，在科学、技术和工程素养评估的交互式任务中体现尤为显著。

作为一项国家层面的基础教育质量评估项目，NAEP有着不同于国际评估的特殊功能，表现在以下两个方面：第一，具有评价和监督学生的学习成绩、协助美国国会对教育质量问责的基本功能；第二，具有作为制定州课程内容标准、设计州评价项目的参考依据，以及协助美国进行国际比较找出教育不足的衍生功能。

三、教育质量监测与评价的变化趋势

（一）教育质量监测与评价界定素养的内涵与维度不断发展和深化，更加科学、全面

国际基础教育质量评估项目旨在测评特定年龄青少年不同方面关键素养的水平；PISA重在评估参评国家与地区15岁青少年阅读、数学和科学素养；NAEP则全方位关注美国4年级、8年级、12年级学生的多项学科素养。从被评估素养的定义角度

来看，素养的范围界定趋于宽泛、能力水平要求趋于深化、测试维度趋于丰富是各项国际测评共同的变化特征。

（二）教育质量监测与评价对学生能力要求更加全面，更加关注能力对公民生活的作用

基础教育质量监测最根本的目的在于把握完成正常基础教育后青少年是否具备了教育政策制定者期望他们所能具备的能力，进而衡量现行基础教育是否适应特定社会或国家对于人才的基本需要。由于对教育和人才认识的局限性，早期的国际基础教育测评往往只评估适龄学生与学校核心课程相关的能力和素养，而随着教育的发展，越来越多非传统意义上的核心能力也被加入测评范围。以 PISA 为例，2000 年进行首次测评以来，逐步增加了一些新的测试领域，如 PISA 2003 增加问题解决能力，PISA 2012、PISA 2015 增加合作解决问题能力，PISA 2018 增加全球胜任力。

国际测评也已经不满足于对学生基本认知能力的评价，而是开始关注学生全面融会知识以继续学术生涯和职业生涯并最终提高终身生活质量的能力。

（三）教育质量监测与评价内容和手段的数字化、信息化倾向明显，现代科技有效助力测评的发展与变革

信息化和数字化是 21 世纪以来世界科技和文化革命性发展的标志，教育作为科技和文化事业中至关重要的一环，也因为这两者的出现而具有了更丰富的内容、更便捷的手段、更人性化的过程和更精确的反馈。迅速发展的数字化与信息技术对国际基础教育评估也产生了深刻的影响，几乎所有的国际基础教育评估都在近 10 年内越来越表现出对于电子信息、互联网等现代科学技术的重视，不仅体现在对学生理解能力和操作能力的评估与测量上，也体现在测量手段本身的革新上。比如，PISA 2018 在阅读素养的界定中，首次取消了“纸面阅读”的限定，将阅读的载体扩大到了屏显文本以及录音、电影、电视、动画等视觉语言，这意味着我们已经完全进入到一个数字化阅读的时代，新一代的学生必须具备处理数字化信息的技能。

（四）教育质量监测与评价使用的工具趋于多样化和情境化，重视质性研究与量化研究的结合

由于最开始的评价内容主要针对学生的各项学业成就，所以最初的测评工具大多仅限于单一的测量量表。随着教育研究者对学生能力表现背后原因的深入探查，影响评估结果的因素也被考虑进评估过程中，更多适应性测量工具被应用于评价当中。为得到更加客观的评价结果，NAEP 最先开始采用调查问卷的方式收集和分析

参评学生、教师和学校等关联信息。PISA 也开始在调查学生学业水平之外，通过问卷、访谈等方法搜集学生产生学习效果的背景信息，试图从根源层面对评价结果进行深层次解读。以 PISA 为例，PISA 2015 首次以问卷的形式从多个维度收集分析了参与测试学生的背景信息，比如参与国（地区）学生的生活满意度、作业焦虑、学校归属感、旷课等方面。学生所处的社会、文化、经济背景不同，很可能导致其素养和能力发展的差异，二者之间的因果关系，很难在量化数据中得以体现，而更容易从质性资料中被发觉，测量工具的多样化是为了满足这一类信息的收集。

四、 教育质量监测与评价国际经验启示

（一）在教育质量监测与评价中体现全面发展要求，促进立德树人根本任务的落实

PISA 创始人安德烈亚斯·施莱歇在其著作中认为，在当下的时代，学校所学的知识不足以应用一生，故教育就是要为人们提供可靠的导航，以帮助人们在日益复杂的世界中找到自己的出路。① OECD 于 2018 年 4 月在其官网发布《教育与技能的未来：教育 2030》（The Future of Education and Skills Education 2030，简称《教育 2030》），该倡议提出教育和教育者的共同愿景是帮助每一个学习者整体发展、发挥潜力，并塑造一个建立在个人、社区和地球福祉基础上的共同未来。② 我国在 20 世纪末就已经提出要“深化教育改革，全面推进素质教育”的理念，随后相关改革尝试也在不断进行。

因此，为进一步落实立德树人这一教育的根本任务，促进人的全面发展，我国的学生学业成绩监测宜进一步增强对学生综合能力的考查，以此唤醒一线教育者对我国基础教育课程改革的充分理解和贯彻，促进发展学生应具备的适应终身发展和社会发展需要的正确的价值观念、必备品格和关键能力。

（二）创设情境化的测试任务，检测和评价学生的核心素养水平

为应对新的时代挑战，各国结合自身社会和教育发展需求纷纷提出了面向 21 世纪的核心素养，强调要培养学生利用学科知识解决真实情境下的实际问题的能力。OECD 在《教育 2030》中提出，解决在特定社会、文化、公民、道德、经济和环境背景下的具体问题的能力，才是未来社会所需的变革素养的重要组成部分。而这些

① 施莱歇，等. 教育要面向学生的未来，而不是我们的过去［J］. 全球教育展望，2018（2）：3－18.

② OECD. The Future of Education and Skills Education 2030［EB/OL］.（2018－04－05）［2019－11－22］. http://www.oecd.org/education/2030/oecd-education-2030-position-paper.pdf.

能力和素养，通常通过解决实际问题来发展。[①] 正如 PISA、TIMSS、NAEP 等国际基础教育质量评测的测试任务越来越倾向于创设情境化的测试任务。2018 年 1 月，我国教育部颁布的《普通高中课程方案（2017 年版）》提出“围绕核心素养开展教育与评价”，并阐释了情境对发展学生核心素养的重要价值。[②] 同期发布的各个学科课程标准分别讨论了“素养”“情境”和“学科内容”之间的关系，给出从测试内容、具体任务和试题情境三方面设计考题来测试学科核心素养发展水平的建议。2019 年 6 月 11 日，国务院办公厅发布的《关于新时代推进普通高中育人方式改革的指导意见》提到“深化考试命题改革”，加强设计以生活实际为情境背景的试题。[③] 6 月 23 日，国务院印发了《关于深化教育教学改革全面提高义务教育质量的意见》，强调要重视情境教学，以提高教学质量。[④] 相应地，基础教育质量监测需要创设情境化的测试任务，检测和评价学生的核心素养水平，助力增强素质教育的实效。

（三）重视教育评价的全面功能，理性看待评价结果

需要警惕的是，有时教育评价最终的数据结果不一定能展现真实、全面的情况，反而有掩盖和埋藏问题的风险。例如，继 2009 年首次参与 PISA 取得阅读、数学和科学素养均位列第一的优异成绩后，上海在 2012 年的 PISA 测试中再次夺冠。但 OECD 的评估报告显示，上海学生平均每周做作业时间为 13.8 小时，位列参与评测的国家或地区的第一位；每周参加数学课外补习的时间则普遍为 2～4 小时（均值为 2.02 小时）。由此可见，上海中学生投入到学习中的精力和时间成本相当庞大，这是否挤占他们身体素质锻炼等其他活动时间并带来负面影响仍需探讨。再如 2018 年，我国由北京、上海、杭州和江苏四省市组成的联合体再度在 PISA 测试中夺魁。但 OECD 在其结果报告中指出，当中国四省市的学生面对涉及改善社会和情感的考察以及对学生幸福感的衡量等项目时，与表现优异的国家还有很大差距。

这些问题的存在印证了我们对于教育评价的功能应该具有更全面的认识，对于

---

① OECD. The Future of Education and Skills Education 2030［EB/OL］.（2018－04－05）［2019－11－22］. http://www.oecd.org/education/2030/oecd-education-2030-position-paper.pdf.

② 中华人民共和国教育部. 普通高中课程方案（2017 年版）［Z］. 北京：人民教育出版社，2018.

③ 国务院办公厅. 关于新时代推进普通高中育人方式改革的指导意见［EB/OL］.（2016－06－11）［2019－07－28］. http://www.moe.gov.cn/jyb_xxgk/moe_1777/moe_1778/201906/t20190619_386539.html.

④ 中共中央，国务院. 关于深化教育教学改革全面提高义务教育质量的意见［EB/OL］.（2019－06－23）［2019－07－28］. http://www.moe.gov.cn/jyb_xxgk/moe_1777/moe_1778/201907/t20190708_389416.html.

教育评价结果的分析和利用也应该更加客观。基于国际基础教育评估结果对政策进行调整时，必须考虑这些数据的代表性以及这些研究的局限性。对于最终教育质量的评价，应建立在衡量学习效率的基础上。要发挥利用评价对于教育教学的反馈作用，引导我们的学生把注意力从“更多的学习时间”转移到“高质量的学习时间”。

（四）利用新兴科学技术，增加评价的效度与信度

基于纸笔测试的传统测量具有操作成本低、适应范围广、公平度相对较好等显著优点，在信息技术广泛应用之前一直是教育测量的主流方式。但随着智能化的发展，数字世界在现实世界中的占比正在逐步扩大，不能在信息世界中自我导航的人可能无法充分参与未来的社会、经济和文化生活。与此同时，基于新兴科学技术的测评手段的优势也不断显现。计算机能够提供更加高效、便捷的评估，人工智能赋分也比人工评级更具有科学性。更重要的是，基于信息评估的大数据能够提供空前庞大的数据支撑和空前快速的数据处理，这对于基础教育评价来说无比重要，因为样本占总体的比例越高，评价结果就越具有可靠性。快速发展的电子信息技术，赋予了这一切的可能性。如何在接下来的教育评估中在更大范围内进一步发挥现代科技的显著优势，将是相关研究者们的下一个重要课题。

问题思考

1. 简述美国学校评价的特色。
2. 简述英国课程评价的特色与不足。
3. 我们可以从其他国家学生评价中得到哪些启示?
4. 教育质量监测与评价国际发展呈现怎样的趋势?
5. 试述教育质量监测与评价国际经验及启示。

参考文献

一、图书

[1] 王汉澜. 教育评价学 [M]. 郑州：河南大学出版社，1998.

[2] 胡中锋. 教育评价学 [M]. 3 版. 北京：中国人民大学出版社，2016.

[3] 金娣，王刚. 教育评价与测量 [M]. 北京：教育科学出版社，2002.

[4] 刘虹. 中国选士制度史 [M]. 长沙：湖南教育出版社，1992.

[5] 涂艳国. 教育评价 [M]. 北京：高等教育出版社，2007.

[6] 陈玉琨. 教育评价学 [M]. 北京：人民教育出版社，1999.

[7] 陈玉琨. 中国高等教育评价论 [M]. 广州：广东高等教育出版社，1996.

[8] 肖远军. 教育评价原理及应用 [M]. 杭州：浙江大学出版社，2004.

[9] 霍力岩. 学前教育评价 [M]. 北京：北京师范大学出版社，2000.

[10] 陈孝彬，高洪源. 教育管理学 [M]. 北京：北京师范大学出版社，2008.

[11] 范柏乃. 政府绩效评估的理论与实务 [M]. 北京：人民出版社，2005.

[12] 于军. 英国地方行政改革研究 [M]. 北京：国家行政学院出版社，1999.

[13] 刘志军. 教育评价 [M]. 北京：北京师范大学出版社，2018.

[14] 王景英. 教育评价 [M]. 北京：中央广播电视大学出版社，2004.

[15] 顾明远. 中国教育大百科全书 [M]. 上海：上海教育出版社，2012.

[16] 陶西平. 教育评价辞典 [M]. 北京：北京师范大学出版社，1998.

[17] 肖远军. 教育评价原理及应用 [M]. 杭州：浙江大学出版社，2004.

[18] WEBER E. 有效的学生评价 [M]. 国家基础教育课程改革“促进教师发展与学生成长的评价研究”项目组，译. 北京：中国轻工业出版社，2003.

[19] 陶西平. 教育评价辞典 [M]. 北京：北京师范大学出版社，1998.

[20] 田友谊. 当代学生评价的理论与实践 [M]. 武汉：华中师范大学出版

社，2012.

［21］涂艳国．教育评价［M］．北京：高等教育出版社，2007.

［22］李玉芳．多彩的学生评价［M］．北京：教育科学出版社，2009.

［23］田友谊．当代学生评价的理论与实践［M］．武汉：华中师范大学出版社，2012.

［24］唐晓杰．课堂教学与学习成效评价［M］．南宁：广西教育出版社，2000.

［25］李玉芳．多彩的学生评价［M］．北京：教育科学出版社，2009.

［26］许世洪，黄小平，王家美．基础教育质量监测研究［M］．广州：广东高等教育出版社，2016.

［27］李方．现代教育科学研究方法［M］．广州：广东高等教育出版社，1989.

［28］沈庆华，马以念．幼儿教育科学研究方法［M］．兰州：甘肃科学技术出版社，1990.

［29］王天一，等．外国教育史：上册［M］．北京：北京师范大学出版社，1995.

［30］张玉田．学校教育评价［M］．北京：中央民族大学出版社，2003.

［31］瞿葆奎．教育评价［M］．北京：人民教育出版社，1989.

［32］江山野．简明国际教育百科全书课程［M］．北京：教育科学出版社，1991.

［33］奥恩斯坦，汉金斯．课程：基础、原理和问题［M］．3 版．柯森，译．南京：江苏教育出版社，2002.

［34］施良方．课程理论：课程的基础、原理与问题［M］．北京：教育科学出版社，1996.

［35］钟启泉，李雁冰．课程设计基础［M］．济南：山东教育出版社，2000.

［36］陈玉琨，沈玉顺，代蕊华，等．课程改革与课程评价［M］．北京：教育科学出版社，2001.

［37］王斌华．教师评价：绩效管理与专业发展［M］．上海：上海教育出版社，2005.

［38］钟启泉，张华．世界课程改革趋势研究（中卷）·课程改革国别研究［M］．北京：北京师范大学出版社，2001.

［39］The National Curriculum in England，Framework Document［M］．London：Department for Education，2014.

［40］OECD．PISA 2015 Results（Volume I）：Excellence and Equity in Education

[M]. Paris: OECD Publishing, 2016.

[41] 中华人民共和国教育部. 普通高中课程方案（2017 年版）[Z]. 北京: 人民教育出版社, 2018.

二、期刊

[1] 曲正伟. 多中心治理与我国义务教育中的政府责任 [J]. 教育理论与实践, 2003 (17): 24 - 28.

[2] 贺武华. 略论义务教育发展与政府职能拓展 [J]. 教育发展研究, 2005 (4): 25 - 29.

[3] 宋农村. 县级政府教育政绩评价指标体系的构建: 基于"投入—管理—成效"评估模型的视角 [J]. 当代教育科学, 2011 (23): 36 - 40.

[4] 郑富芝. 政府教育职责及其评价 [J]. 教育发展研究, 2013, 33 (1): 1 - 4.

[5] 翁伟斌. 政府在教育发展中的职责研究 [J]. 教育科学研究, 2014 (5): 31 - 36, 40.

[6] 盛义龙, 李芝兰, 杨振杰. 委托代理理论视角下地方政府职能定位与作用: 以乡镇义务教育为例 [J]. 湖北社会科学, 2015 (5): 55 - 60.

[7] 张珏, 王秀军, 姚轶洁, 等. 教育现代化与地方政府履职评价研究 [J]. 教育发展研究, 2015, 35 (1): 34 - 38, 47.

[8] 赵丽娟, 王玥. 地方政府义务教育工作满意度评价指标体系构建研究: 以北京市为例 [J]. 上海教育科研, 2018 (12): 22 - 26.

[9] 张志勇. 推进党委和政府教育工作评价改革的有效路径 [J]. 人民教育, 2020 (23): 39 - 42.

[10] 蔡永红, 黄天元. 教师评价研究的缘起、问题及发展趋势 [J]. 北京师范大学学报（社会科学版）, 2003 (1): 130 - 136.

[11] 陈剑启, 江晓帆. 国内外关于学生评教的相关研究综述 [J]. 中国集体经济, 2008 (3): 182 - 183.

[12] 李凌艳, 陈慧娟. 推进我国基础教育质量监测制度建设的基本战略与体系保障 [J]. 中国教育学刊, 2020 (3): 68 - 73.

[13] 陈慧娟, 辛涛. 我国基础教育质量监测与评价体系的演进与未来走向 [J]. 华东师范大学学报（教育科学版）, 2021, 39 (4): 42 - 52.

[14] 徐淀芳, 纪明泽, 汪茂华. 学业质量绿色指标: 促进学生全面发展的利器: 上海市中小学生学业质量绿色指标评价改革概况 [J]. 人民教育, 2013 (18): 13 - 16.

[15] 陈效民. 改革义务教育质量综合评价的理性抉择: 关于上海市试行学生

学业质量绿色指标体系的思考［J］. 上海教育科研，2012（8）：5－8.

［16］辛涛，李峰，李凌艳. 基础教育质量监测的国际比较［J］. 北京师范大学学报（社会科学版），2007（6）：5－10.

［17］孔凡哲，李清，史宁中. PISA 对我国中小学考试评价与质量监控的启示［J］. 外国教育研究，2005（5）：72－76.

［18］施莱歇，等. 教育要面向学生的未来，而不是我们的过去［J］. 全球教育展望，2018（2）：3－18.

［19］吴颖民. 二战后美国基础教育课程改革的特点及其启示［J］. 课程·教材·教法，2008（8）：76－80.

［20］杨光富. 美国首部全国《州共同核心课程标准》解读［J］. 课程·教材·教法，2011（3）：5.

［21］杨光富. "竞争卓越"计划：推动美国新一轮中小学课程改革［J］. 外国教育研究，2010（6）：70－74.

［22］陈霞. 英国现行国家课程标准的特征及启示［J］. 课程·教材·教法，2003（6）：71－75.

［23］赵耸婷，许明. 英国中小学国家课程改革的新动向［J］. 外国中小学教育，2014（6）：11－17.

［24］邱美琴. 转型期英国教育改革的集权化趋向及其启示［J］. 当代教育科学，2007（5）：70－73.

三、 网络资料

［1］中共中央，国务院. 深化新时代教育评价改革总体方案［EB/OL］.（2020－10－13）［2022－08－30］. http://www.gov.cn/xinwen/2020－10/13/content_5551032.htm.

［2］中共中央办公厅，国务院办公厅. 关于进一步减轻义务教育阶段学生作业负担和校外培训负担的意见［EB/OL］.（2021－07－24）［2022－08－30］. http://www.gov.cn/zhengce/2021－07/24/content_5627132.htm.

［3］中共中央办公厅，国务院办公厅. 关于全面加强和改进新时代学校体育工作的意见和关于全面加强和改进新时代学校美育工作的意见［EB/OL］.（2020－10－15）［2022－08－30］. http://www.gov.cn/zhengce/2020－10/15/content_5551609.htm.

［4］中共中央办公厅，国务院办公厅. 关于深化新时代教育督导体制机制改革的意见［EB/OL］.（2020－02－19）［2022－08－30］. http://www.gov.cn/zhengce/2020－02/19/content_5480977.htm.

［5］中共中央办公厅，国务院办公厅. 关于减轻中小学教师负担进一步营造教

育教学良好环境的若干意见［EB/OL］.（2019－12－15）［2022－08－30］. http://www.gov.cn/zhengce/2019－12/15/content_5461432.htm.

［6］中共中央，国务院. 新时代爱国主义教育实施纲要［EB/OL］.（2019－11－12）［2022－08－30］. http://www.gov.cn/zhengce/2019－11/12/content_5451352.htm.

［7］中共中央，国务院. 关于全面加强新时代大中小学劳动教育的意见［EB/OL］.（2020－03－26）［2022－08－30］. http://www.gov.cn/zhengce/2020－03/26/content_5495977.htm.

［8］中共中央，国务院. 关于深化教育教学改革全面提高义务教育质量的意见［EB/OL］.（2019－06－23）［2019－07－28］. http://www.moe.gov.cn/jyb_xxgk/moe_1777/moe_1778/201907/t20190708_389416.html.

［9］国务院办公厅. 关于新时代推进普通高中育人方式改革的指导意见［EB/OL］.（2019－06－11）［2019－07－28］. http://www.moe.gov.cn/jyb_xxgk/moe_1777/moe_1778/201906/t20190619_386539.html.

［10］中华人民共和国教育部. 义务教育课程方案和课程标准（2022年版）［EB/OL］.（2022－04－08）［2022－08－30］. http://www.moe.gov.cn/srcsite/A26/s8001/202204/t20220420_619921.html.

［11］中华人民共和国教育部. 幼儿园保育教育质量评估指南［EB/OL］.（2022－02－11）［2022－08－30］. http://www.moe.gov.cn/srcsite/A06/s3327/202202/t20220214_599198.html.

［12］中华人民共和国教育部. 普通高中学校办学质量评价指南［EB/OL］.（2022－01－05）［2022－08－30］. http://www.moe.gov.cn/srcsite/A06/s3732/202201/t20220107_593059.html.

［13］中华人民共和国教育部等六部门. 义务教育质量评价指南［EB/OL］.（2021－03－04）［2022－08－30］. http://www.moe.gov.cn/srcsite/A06/s3321/202103/t20210317_520238.html.

［14］中华人民共和国教育部. 国务院办公厅转发教育部关于建立对县级人民政府教育工作进行督导评估制度意见的通知［EB/OL］.（2003－12－16）［2022－06－15］. http://www.moe.gov.cn/jyb_xxgk/gk_gbgg/moe_0/moe_1/moe_5/tnull_5439.html.

［15］中华人民共和国教育部. 教育督导条例［EB/OL］.（2012－09－09）［2022－06－15］. http://www.moe.gov.cn/jyb_sjzl/sjzl_zcfg/zcfg_jyxzfg/202204/t20220422_620486.html.

［16］中华人民共和国教育部. 国务院教育督导委员会办公室关于印发深化教育督导改革转变教育管理方式意见的通知［EB/OL］.（2014－02－07）［2022－06－

15]. http://www. moe. gov. cn/srcsite/A11/s7057/201402/t20140207_163918. html.

[17] 中华人民共和国教育部. 国务院教育督导委员会办公室关于印发《2019年对省级人民政府履行教育职责评价方案》的通知 [EB/OL]. (2019 - 06 - 21) [2022 - 06 - 15]. http://www. moe. gov. cn/srcsite/A11/s7057/201906/t20190627_388020. html.

[18] 中国教育督导. 一线呼声 | 山东潍坊：出台县市区党委政府履行发展教育职责清单 [EB/OL]. (2021 - 04 - 07) [2022 - 06 - 15]. https://mp. weixin. qq. com/s/EQdUZJ_3vwrmb4xkn9n6vA.

[19] 中国教育督导. 广西壮族自治区：创新市县政府履行教育职责评价机制 [EB/OL]. (2021 - 07 - 21) [2022 - 06 - 15]. https://mp. weixin. qq. com/s/lSJjx5ZKfwOInCwW0lUJcA.

[20] 湖南省人民政府. 湖南省人民政府办公厅关于印发《县级人民政府和县级党政主要领导干部履行教育职责评价办法》的通知 [EB/OL]. (2021 - 07 - 13) [2022 - 06 - 15]. http://www. hunan. gov. cn/hnszf/xxgk/wjk/szfbgt//202107/t20210716_19934884. html.

[21] 中国教育督导. 广西壮族自治区：创新市县政府履行教育职责评价机制 [EB/OL]. (2020 - 08 - 03) [2022 - 06 - 15]. https://mp. weixin. qq. com/s/w2S4x8QkGkRwwhvDPv2N - A.

[22] 董奇. 开拓创新，以高质量监测推动义务教育高质量发展 [EB/OL]. (2021 - 09 - 27) [2022 - 06 - 15]. http://www. moe. gov. cn/jyb_xwfb/moe_2082/2021/2021_zl62/202109/t20210926_567089. html.

[23] 上海教育. 上海市中长期教育改革和发展规划纲要（2010—2020 年）[EB/OL]. (2010 - 12 - 02) [2022 - 06 - 15]. https://edu. sh. gov. cn/jydd_zcwj_ddwj/20101202/0015 - jydd_178. html.

[24] 苏州市人民政府. 关于进一步推进中小学生学业质量阳光指标评价工作的通知 [EB/OL]. (2018 - 09 - 20) [2022 - 06 - 15]. https://www. suzhou. gov. cn/szsrmzf/bdwglywwjq/201809/Z774E278EI1IPXB09GI7M3YVS491L5VH. shtml.

[25] 苏州教育. 苏州教育评价改革持续推进，“阳光指标体系”到底是什么? [EB/OL]. (2017 - 01 - 23) [2022 - 06 - 15]. https://mp. weixin. qq. com/s/ckZC9iH8Bz5ODffnJcE_hA.

[26] 中华人民共和国教育部. 上海构建“绿色指标”评价体系引导学生全面发展 [EB/OL]. (2012 - 06 - 05) [2022 - 06 - 15]. http://www. moe. gov. cn/jyb_xwfb/s5989/s6635/201206/t20120605_139325. html.

[27] BEST U. S. High School [EB/OL]. (2019 - 01 - 20) [2022 - 06 - 15].

https://www. usnews/com/education/best-high-schools/national – rankings.

[28] OECD. Upcoming-Results from PISA 2018 [EB/OL]. (2019 – 01 – 05) [2019 – 03 – 12]. http://www. oecd. org/pisa/.

[29] OECD. A Profile of student performance in mathematics [EB/OL] (2014 – 02 – 01) [2022 – 06 – 15]. https://www. oecd. org/pisa/key findings/pisa – 2012 – results – volume – i. htm.

[30] OECD. The Future of Education and Skills Education 2030 [EB/OL]. (2018 – 04 – 05) [2019 – 11 – 22]. http://www. oecd. org/education/2030/oecd-education-2030-position-paper. pdf.